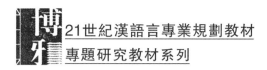

21世紀漢語言專業規劃教材
專題研究教材系列

音韻學講義

丁邦新　著
張渭毅　劉景耀　劉　芳　整理

图书在版编目(CIP)数据

音韻學講義 / 丁邦新著 . —北京：北京大學出版社 ,2015.7
（21世紀漢語言專業規劃教材）
ISBN 978-7-301-26087-6

Ⅰ.①音… Ⅱ.①丁… Ⅲ.①漢語—音韻學—高等學校—教材 Ⅳ.①H11

中國版本圖書館CIP數據核字(2015)第163194號

書　　　名	音韻學講義
著作責任者	丁邦新　著
責任編輯	王鐵軍
標準書號	ISBN 978-7-301-26087-6
出版發行	北京大學出版社
地　　　址	北京市海淀區成府路205號　100871
網　　　址	http://www.pup.cn　　新浪微博：@北京大學出版社
電子信箱	zpup@pup.cn
電　　　話	郵購部62752015　發行部62750672　編輯部62753334
印　刷　者	三河市北燕印裝有限公司
經　銷　者	新華書店
	650毫米×980毫米　16開本　15印張　230千字
	2015年7月第1版　2018年2月第2次印刷
定　　　價	36.00元

未經許可，不得以任何方式復製或鈔襲本書之部分或全部内容。
版權所有，侵權必究
舉報電話: 010-62752024　電子信箱: fd@pup.pku.edu.cn
圖書如有印裝質量問題，請與出版部聯繫，電話: 010-62756370

出版說明

《音韻學講義》是根據丁邦新先生2004年在北京大學講課的錄音整理而成的。2004年，著名語言學家、台灣"中研院"院士、香港科技大學人文社會學院院長丁邦新先生應北京大學漢語語言學研究中心（現更名爲"中國語言學研究中心"）的邀請，來北京大學作了一學期的漢語音韻學講座。聽課的師生普遍反映，丁先生講授的內容很有深度和新意。丁邦新先生在漢語音韻學研究方面的造詣早已爲學術界所公認，所以，北京大學漢語語言學研究中心在丁先生講課之後就向丁先生建議，將講座內容整理成書交北京大學出版社出版。這個建議得到了丁先生的同意。北京大學漢語語言學研究中心就把整理丁先生講課內容成爲書稿的任務交給了北京大學張渭毅副教授。張渭毅先生欣然同意，陸續將丁先生的講課內容逐節加以整理成稿；然後由丁先生本人最後修改定稿，交給本社出版。《音韻學講義》是丁邦新先生多年教學和研究的結晶，是一部高品質的學術專著，也是高等學校音韻學課程的很好的教材。本社謹以此書奉獻給讀者。

北京大學出版社

自　序

　　2004年的秋天，我剛從香港科技大學退休，接受北京大學漢語語言學研究中心陸儉明、蔣紹愚兩先生的邀請，到北大擔任了兩個月的漢語音韻學講座，算是研究生的課程。讓我想不到的是聽講的人在150人左右，包括校內的學生跟校外的同行。音韻學實在有一點冷僻，不算是一門普通的學問，在中文系的相關課程裡也是比較艱深一點的。竟然有這麼多人聽講，令我非常感動。不得不格外賣力，努力備課，唯恐讓聽講的人失望了。

　　當時我採取了一個別開生面的上課方式，總共16次課，主講一次，接著討論一次。討論課讓聽眾以書面提問題，我按照小條子逐一回答，全部的時間都用來答問。所以主講了8次，答問也有8次。這本小書就是8次主講的記錄，希望答問的部分在不久的將來也能整理成書，呈現給讀者。

　　主講的內容如何變成文字是一個大問題。整理的過程頗費周折，一共分三個階段：第一階段，北大的研究生秦曄、聶海平、孫順根據課堂錄音，整理出八次主講的初稿。第二階段，由北大的本科生雷瑭洵、葉述晃、向靈風、吉雪霏四位同學跟邯鄲學院的劉景耀教授和劉芳老師重聽錄音，在初稿的基礎上整理出第二稿。第三階段，由張渭毅先生在第二稿的基礎上再聽了兩遍錄音，校對內容、查考資料、補訂缺漏、潤色文字，編寫了書末參考文獻目錄，寫成了第三稿。我再在這個基礎上整個看了兩遍，把過多的語氣詞刪掉了，把當時的口誤改正了，把模糊不清的語句更換為比較通順的文字。我在這裡要向參與記錄的諸位先生鄭重道謝，尤其感謝渭毅花費了那麼多的時間作覆核的工作，並提醒我許多要改進的地方。當然，如果還有錯誤，一定是我的責任。

當年跟北大出版社郭力先生約定，後來杜若明先生催稿，現在王飆先生出書，我真是感謝他們鍥而不捨的認真。只擔心現在書稿問世，會不會已經過時？王先生的回答說，雖然過去了十年，還有出版的價值。同樣的問題我也問過渭毅，他說："鑒於目前國內還沒有類似的教音韻學的教材參考書，所以仍然有其獨特的價值和風格，當然有出版的意義。"這樣，我就放了一半的心。還有一半能不能放得下，要等讀者看過才知道。這十年裡我已經把講演中的想法寫成好幾篇文章，現在作為附錄，一併請讀者指教。

　　到北大的計劃最初是蔣紹愚先生的提議，等我到了以後，他正好到台大訪問。我原來在台大執教多年，這個情形有點像是兩校交換了一位教授。這在以前是不可想像的情景，兩岸的改變真是讓人放心。

　　在北大的那一段日子，除了備課、講課以外，我跟內人受到北大友好們的殷切照顧，最常去的地方就是未名湖。大雪的日子裡未名湖結了冰，湖上有許多人溜冰；凌晨無人的時候真是清幽，玉樹瓊花，饒有詩情。現在回想起來，好像心裡還有一股暖意。

　　我是台大中文系的畢業生，我敬愛的老師之一是臺靜農先生，他是北大畢業的。不知是不是受了他的影響，只要有感於心，就想發而為詩。這兩天我寫了一首詩記此一段因緣，請讀者跟我共享！

　　　　把酒長宵說四聲，何人回首記芳名？
　　　　未名湖畔寒鴉靜，紫禁城南新稿成。
　　　　舊韻奇文千古事，方言國語百年情。
　　　　蕭蕭風雪黃昏後，寂寂燕園燈正明。

　　　　　　　　　　　　　　　　　丁邦新
　　　　　　　　　　　2015年4月19日於灣區千石齋

目　　錄

第一講　研究漢語音韻學的資料和方法 …………………… 1
　一、開場白 ……………………………………………… 1
　二、研究漢語音韻學的資料和方法 …………………… 4

第二講　《切韻》的性質 …………………………………… 26
　一、細讀《切韻序》的啓示 …………………………… 26
　二、《切韻》的文白和"古今通塞" …………………… 33
　三、《切韻》的方言和"南北是非" …………………… 35
　四、《切韻》的性質 …………………………………… 36

第三講　中古音的擬測 …………………………………… 48
　一、中古音擬測的原則 ………………………………… 48
　二、聲母的南北差異——鄴下音系與金陵音系聲母的異同 … 57
　三、韻母的南北差異 …………………………………… 60
　四、一二等韻的南北差異 ……………………………… 66
　五、四等韻的介音問題 ………………………………… 68

第四講　重紐的檢討 ……………………………………… 71
　一、重紐的性質與結構 ………………………………… 71
　二、重紐的差別在介音 ………………………………… 75
　三、現代語言中能夠顯示重紐差別的資料 …………… 78
　四、重紐的南北差異 …………………………………… 86

第五講　從中古到現代的語音演變 ……………………… 93
一、語音演變的大勢 ……………………………………… 93
二、聲母的演變 …………………………………………… 96
三、韻母的演變 …………………………………………… 114

第六講　從上古到中古的語音演變 ……………………… 122
一、音節結構的改變 ……………………………………… 122
二、聲母的演變 …………………………………………… 129
三、韻母演變的大勢 ……………………………………… 134

第七講　漢語聲調的演變 ………………………………… 144
一、中古聲調的調值及平仄的意義 ……………………… 144
二、上古聲調的類別及其起源 …………………………… 152
三、合併與分化：從中古至現代 ………………………… 162
四、聲調的擬測 …………………………………………… 162

第八講　漢藏語的比較研究 ……………………………… 168
一、漢藏語的定義與研究方法 …………………………… 168
二、漢語跟台語的關係 …………………………………… 173
三、漢語和藏緬語的關係 ………………………………… 178
四、從漢藏語比較研究看上古音的問題 ………………… 180

參考文獻 …………………………………………………… 186
附錄一　論切韻四等韻介音有無的問題 ………………… 192
附錄二　從《切韻》的結構論擬測中古音系
　　　　　介音及元音的原則 ……………………………… 204
附錄三　上古陰聲字濁輔音韻尾存在的
　　　　　證據及其消失的年代 …………………………… 219

第一講　研究漢語音韻學的資料和方法

一、開場白

這個課程原來想叫"中古漢語語音研究"的，早先聯絡的時候，沒有跟我說有學分，後來說有學分，所以，我就想把這個課程的題目改成"漢語音韻學專題討論"。因爲這個課是給研究生上的，我假定所有聽講的人都唸過聲韻學，並且在漢語方面有相當好的基礎，所以我想把它定位爲一個討論課。我的設計是這樣：每週兩次課，每次講兩個小時，今天我講一次，下一次呢，我就不講了，我們討論問題。今天印發的材料裡面沒有給你們列出書目來，因爲這次課是一個開場白，我想檢討一下音韻學的資料和方法。

我想很多人都知道，很多書上都有這樣的資料、那樣的資料，只是我今天換個角度來想一想，重講一下這個問題。至於本課程的書目，以後我會依次早一點發給大家，我的書目大概也不會太長，因爲你們不是上我一個課，研究生一天到晚上很多課，哪裡能看得了太多呢？我總是希望能夠給你們一兩篇最新的研究成果，根據這個研究成果呢，你就可以看一看，後面的書目裡頭有沒有相關的資料，這樣，我就不必開很詳細的書目讓大家看。大概的情形就是這樣，一次課講完了以後呢，第二次課就討論。討論課可以這樣進行：你聽完了以後呢，可以回去想，把問題寫在紙上，不過希望不要寫一頁那麼長的一個問題，寫那麼長的問題很麻煩，我在這裡來不及回答。希望你簡單地說明你的問題在哪兒，到了禮拜五下一次上課的時候，我就把這個條子收集起來，一個一個回答。

從前呢，我開始教書的時候，我想很多在座的老師跟我有同樣的經驗,就怕學生問問題,一問呢,就怕不知道,我就臉紅了。然後我就說,對不起,下次我回答你。我現在過了六十歲以後,完全不在乎,所以你們儘可以問一些問題,問倒了也沒有關係,我也不會臉紅的,你們放心好了。

因為這是一個討論的課,所以我希望跟你們講了以後,你們要回饋你們的意見。有的問題呢,也許我可以給你們解惑,試試看能不能把它解釋了;有的問題呢,我也許真的不能夠解決,我得要想一想,也許想過以後還不能解決,那麼這就真是個問題。這也很好,讓大家知道,有些什麼問題我不能解決,留在那裡。在討論的過程中,有可能討論到一些實際的東西,也有可能討論到一些理論,還可能有很多地方我說得不清楚,沒關係,到時候你們就說明沒有聽清楚。但是,在今天的課上,我並不討論問題,因為我把所有的問題留在下一次。討論的時候,我希望從各位那裡能夠學到若干東西,因為我對中古音的想法,到現在還沒寫成一本書,雖然我已經有寫書的意願,有這個想法已經好幾年了。我希望藉這一次的機會,把一些沒有成熟的想法能夠跟各位談一談。我的話也許有不對的地方,有的地方可能有另外的講法,請告訴我,我非常感謝,因為我可以重新考慮。

以上就是我對這個課程的設計跟要求。張渭毅先生告訴我,修課的同學要寫個報告。這樣的話呢,修課的同學可以有兩個選擇:第一個選擇呢,就你自己寫一個報告;另一個選擇呢,你跟我定一個時間,我在這裡兩個月,可以在最晚的第三個禮拜以前我們見一次面,談一談,看看你要寫的東西行不行,大概要注意什麼問題,或者我個人有沒有能力能夠看你的東西。好不好?

我現在介紹一下我的出身。我是台大中文系畢業的,台大中文系大三開設音韻學課,我的老師是一位叫許世瑛的先生,他是王力王先生的學生。我後來在台大唸碩士,我的老師叫董同龢,董同龢先生也是王力先生的學生。所以像脂微分部這樣的看法,董先生做了以後,王先生後來想了想,有些地方大概就接受了他的意見。董先生假如在的話,今年應該93歲,他52歲就去世了。我覺得我們的學問有很多都是從他引發而來的;如果董先生不到台灣,恐怕就有一批學生會讀別的學科,我個人原來的興趣是讀《詩經》,

讀古典文學。研究古典文獻，就不一定走上音韻學的路。再後來呢，我就出國唸書，我的老師是非常有名的，是李方桂先生。李先生呢，也是董先生的老師，董先生自己講："我寫的文章，凡是嚴謹的地方，都是李先生教的。"所以，我跟李先生唸書呢，有一點兒像跟著長一輩的師祖唸書一樣。從那以後啊，我覺得學術的輩份很難說：我不能說我跟董先生是同輩，這有一點困難，如果比較起來的話，我是北大好幾位先生的晚一輩，比如像郭錫良先生，我比他晚一輩，因為他是王先生的學生，而我是王先生學生的學生。而我又不願意這麼做，因為這樣做有一個壞處，就是我把李先生也拉下來了，把李先生變成郭先生的同輩，這是不可能的事情，李先生一定比他長一輩，也許還不止一輩。趙元任先生去台灣講學的時候，那時候我唸大四。我有機會跟著董同龢先生給趙先生做記錄，記他講演的內容，後來就出版了，就是《中國語言》(即《語言問題》，商務印書館1980年再版)這部書。而趙先生是王力先生的老師，但跟李方桂先生是平輩論交的。

我講了這些東西，是想告訴各位：這個學問的傳承呐，至少我個人，是很受北大的影響。我進台大的時候，我的系主任是臺靜農先生，他是魯迅的學生，他是北大中文系畢業的。所以，我覺得我們那時從老師那裡得到的東西，很簡單地講，是一種胸襟。這種胸襟呢，就是說，我們可以聽不同的說法，我們可以看不同的東西。這個，我覺得就是北大的精神，我想，現在也應該還保持著。

董同龢先生是清華畢業的，那個時候，王先生大概在清華教書。李方桂先生也是清華畢業的，所以，我跟清華的關係也是那麼深。我常常感覺到，如果我有一點成就，有一些學問，大概是把北大、清華這麼一種傳統留下來了，我學到了一點。這一點呢就叫求真，我們做真正的學問，要有一個開放的胸襟。李方桂先生發表他的《上古音研究》的時候，我第一次讀這篇文章，有一些不同的想法要說出來，就做了一個報告，希望老師會聽到。所以，當李先生坐在臺下，我在臺上報告的時候，我心裡有一種很高興的感覺：我現在跟老師的看法不同，我可以向老師報告我是一個什麼想法。事後，李先生沒有同意我的看法，可是，他並不因為我與他的意見不同而不讓我發表，或者說"不對""絕對不對"。他說"不同意"。我以後會告訴各位他不同意的道理。到現在爲止，我還堅持我的意見，很有意思的是，從做學問的路上走過來，慢慢地有些說法就會得到證明。

以上是說我的出身跟北大的關係。我今天來講這門課，看到有這麼多學生、這麼多先生們真的對音韻學有興趣，我覺得真是很難得。但是，我有一個缺陷，各位要知道我的缺陷：因爲我在音韻學方面和方言學方面做了好些個研究，陸陸續續也做了幾十年了。但是呢，近若干年來，我因爲有行政責任，在香港科技大學擔任院長，做了八年，所以呢，我的閱讀時間非常少，可能有些大陸學者發表了好的文章而我沒有看到，很有可能我根本不知道。所以，我在這裡說的內容，如果有的時候沒有能夠提到某些先生的著作，或者是某人的意見與我接近，希望你們能夠告訴我。也許張渭毅先生可以指教我，因爲他對目錄熟得不得了。我最近看了他的文章，發現參考文獻裡面有好些有趣的文章，而我沒有看過。我現在退休了，我希望在寫中古音的時候，能夠補課，慢慢地把這些文章該看的都看一遍。但不能花太多時間，因爲一個人的精力畢竟有限。

我講音韻學，除了跟上課的研究生討論音韻學專題，還希望能夠引起一點興趣。唸音韻學不容易呀，唸音韻學的人，需要音韻學、歷史語言學的訓練，要有多多少少的語言學方法論的訓練，還要對很多方言或者語言有興趣。所以，你要做深入的研究不容易。可是，我覺得，北大這麼一個地方，不能沒有英雄豪傑之人來做這樣的研究。這個研究如果慢慢地不做了的話，太可惜了。所以，我在這一次的講演裡，要談一談音韻學資料和方法的問題，希望引起同學們的興趣。看一看我現在講的這些問題，究竟跟我們以前想的是不是有一些距離，有哪些地方可以重新考慮。這就是我的開場白，大概說完了。

二、研究漢語音韻學的資料和方法

(一) 從系統性看資料

我印發的講義分大綱和資料兩個部分。我的講法是，先列大綱，底下列資料，然後根據大綱進行講解。資料和大綱是配合的。

第一個要講的問題是研究音韻學的一些資料。這裡講的研究音韻學的資料，不限於中古音，凡是涉及音韻學的都要談。有的資料可能你們已經耳熟能詳，可是，這一次講課，我希望帶來一種對於音韻學資料不同的新想法。我的看法很簡單，就是從系統性看資料。

我們這門課程叫音韻學，什麼叫"學"呢？"學"就是有一個很清楚的系統。所以，有一些東西你叫"學"，我並不覺得是"學"。爲什麼呢？因爲沒有系統，沒有一個方法論，沒有一個可以遵循的方法論系統。沒有系統的東西，不是不可以做研究，可以做，但是，研究的結果可能會很零碎。所以，要從這個系統性的角度來看音韻學資料，我把它分成以下三種。

1. 有較完整的系統的資料，包括韻書（反切）、韻圖、現代的方言、譯音、傳教士的記錄、同族系語言。

（1）韻書。

韻書是一個相當完整的系統，比如《切韻》，是一部當時中國話的音節字典。當時語言所有的音節，在這部字典裡，都應該找得到。當然有些音節找不到，它可能漏掉了，也可能有一些口語不在裡面。但是，基本上，當時語言的所有音節都在裡頭，所以，這是一部音節字典。從這一點來說，中國人了不起，在那個時候就有一部全中國標準語言的音節字典。至於它的性質，我會在以後的課中談到。這部音節字典呢，幾乎每一個音節都有反切。各位都知道反切是幹嗎的吧？組成反切的兩個漢字，上面一字代表它的聲母，下面一字代表它的韻跟調。這樣說不見得都對，因爲有的時候上面的字也可能帶著介音，有的時候下面的字也會少了一點什麼東西。這麼一個設計，這麼一個方法，可以記錄所有的音節，你不能不說它有一個系統，它是一個非常完整的系統。

（2）韻圖。

我曾經想，當時的人真奇怪，爲什麼用這麼一個東西來標音呢？可能是當時受了外國的影響，比如印度的影響。做這個東西的時候，假定大家都看過韻書，把聲母跟韻母跟調填在一起，上面是聲母，下面是韻和聲調，再把韻書一個一個小韻代表字填進圖去，像東韻"東，德紅切"，用一個字"東"代表這一個小韻，"東"就是《切韻》東韻裡的一個音節，把這個"東"字填進圖裡。把韻圖又分成一、二、三、四四個等，有的字出現在一等，有的字出現在三等。"東"字出現在一等，而不是出現在三等。試問，如果當時沒有實際語音的根據，編者把哪些字放在一等，哪些字放在三等，一定有困難。換句話說，他一定有一個語音上的根據，才能把這些字放在一個恰如其分的地方。我說"恰如其分"這個話有問題，有的字放錯地方了，也許是編者偶爾發生錯誤；有的時候，受韻圖的限制使得他沒辦法放，得要挪一挪。但是，無論如何，它有系統，很完整的系統，因爲它把韻書裡的每一個字都用一個圖的方式來表示。我剛才說，韻書是音節字典，每個音節在韻圖上都有一個位置，假如沒有怎麼辦呢？按照從前舊的辦法，他就畫個圈圈，空在那裡，這個東西有一個說法叫做列圍。原來我學音韻學的時候不懂什麼叫列圍。列圍就是韻圖作者列了一個圈，寫作〇，在圖上空著。這些空兒很有意思：你看有些什麼樣的空兒，它空在哪裡；進而要想想爲什麼。比如我問你一個問題，現代漢語普通話爲什麼沒有 dang2、ding2、dong2、gang2、gun2 或者是 gong2 這樣的音節？爲什麼不送氣的聲母沒有陽平調的陽聲字？因爲它的演變使得它不可能有，陽平字是從平調來的，它得要送氣，所以，有 ting2, tang2, tong2。可是如果它不送氣，它就沒有。換句話說，這個就是空兒，這一空，就要列一個圍在那兒。所以，你要觀察現在的普通話演變的缺陷。你一看，這個地方沒有音，那個地方沒有音，爲什麼沒有呢？一定有它的道理。

我剛才檢討了韻書跟韻圖，說它們都有一個比較完整的系統，但爲什麼說"比較完整的系統"，而不說"完整的系統"呢？因爲我們語言中有好些東西用韻書是沒辦法反映出來的。比如說變調，假如說那時候有變調的話，我們不知道怎樣變調；如果還有連音變化，我們也不知道連音怎樣變化。這受限於中國語言音節的性質，單音節語言只能一個字一個字做，一個單位一個單位做。所以，我們不能說韻書是一個非常完整的系統，只能說是比較完整的系統，韻圖也是一樣。

（3）現代方言。

現代方言有完整的系統，這是沒有問題的。爲什麼呢？因爲講任何方言的人都可以溝通，比如，我是江蘇如皋人，講如皋話，我如果碰到一個老鄉，我就可以跟他講如皋話，完全可以充分地表述我的意見，所以如皋話是一個完整的系統。這個系統本身，方言之間彼此可以溝通，而溝通的結果可以把很多想法、很多東西都給說出來，就跟我們現在說普通話一樣。普通話也不過是方言的一種。既然這樣，它當然有一個完整的系統，如果沒有完整的系統，就不能溝通。

（4）譯音。

關於譯音，也許有不同的看法，如日漢譯音，指的是日本的吳音和漢音，這是董同龢先生的說法。譯音這個東西呀，有一點麻煩，究竟到什麼程度才算有一個完整的系統？我想，日本借去的吳音和漢音，因爲借去的相當的多，數量相當的大，所以，你就會覺得它是一個系統。但是，假如它借去的不多，它是不是一個完整的系統呢？也許不然，因爲有一些字它沒有借。因此，假如你用現在日本的吳音、漢音系統，要小心。因爲它們也曾經按照字典的規律把吳音一致化，原來吳音有好幾種，如果有一個字他不曉得，他就會去回頭看中國的反切是什麼，然後按照那個辦法，又回頭把吳音弄出來。所以，有人說吳音是當時實際的借音，其實不然，其中有些問題要考慮。所以，研究日文的人會用古日文的資料，如用萬葉集這種資料。我們要知道它確定的時代，然後來看當時的音是怎麼樣的。但是無論如何，這個譯音本身是有系統的。

（5）傳教士的記錄。

傳教士到中國來的時候，他們常常學中國話，有很多記錄。傳教士的記錄也有一定的系統。傳教士的記錄很好玩的，他到一個地方來學，然後他用他所熟悉的音標，記廣東話，記上海話，因爲他熟悉英文字母，還用他熟悉的辦法來拼寫這個字唸什麼，那個字唸什麼。你現在看那些東西啊，要能夠追尋他原來的記錄裡頭的音代表什麼東西，確實還有一個系統，因爲他有實際語音的根據。

（6）同族系的語言。

同族系的語言，既然是語言，當然它有系統。在後面的講課中，我會告訴各位爲什麼要做同族系語言的研究。龔煌城先生在漢藏語方面的研究，我覺得是在中國人裡頭做得數一數二的，非常好。有些人拿藏語、緬語來比較，可能只是說說罷了，我不一定相信。但是他的證據是確鑿的，一點一點給你看，元音的對當、聲母的對當，他一點一點給你看，你很難推翻。我告訴你，好的學問就是不容易推翻的。李方桂先生的文章發表好久了，現在清華要出他的全集，於是我有機會回頭重看他的文章。你要推翻他的東西真難，他說話很小心謹慎，不大能在文章中找到漏洞。找不到漏洞，你怎麼去推翻他呢？所以呀，龔先生對漢藏語的研究，我覺得現在做得非常好。麻煩的是，我跟他很難辯論，我不大敢跟他辯論，因爲他的證據確鑿得不得了。但是我心裡也有懷疑啊！就是他把西夏語看得很重。但他是一個西夏語的專家，我不是，我又沒有研究西夏文，所以我不大敢跟他在這個地方辯論。我說："西夏語是你擬測的嗎？你擬測的這個東西究竟有沒有根據啊？"在這個時候，他才會給我解釋。想來他的證據相當地確鑿。所以，同族系的語言，當然有系統。

2. 沒有清楚的系統的資料，包括異文、假借字、讀若、聲訓、直音。
（1）異文和假借字。

《書經·湯誓》說："時日曷喪，予及汝偕亡。"這個"時"，又寫做"是不是"的"是"。

一般的解釋是，"時日曷喪"：這個太陽什麼時候死亡？"予及汝偕亡"：我跟你一起死掉。

這個"喪"跟"亡"在這個地方是很有趣的，以後我們有機會再談到。"喪"可能是一個複輔音，因爲"喪"字從"亡"得聲，"喪"可能是"使亡"，"這個太陽怎麼樣才能使得你亡"，"使得你亡"怎麼樣呢？"予及汝偕亡"。"時"跟"是"是異文，"時日曷喪"的"曷"有的地方寫作"害"，是假借字。

（2）讀若、聲訓、直音。

《說文》裡頭有很多"讀若"和聲訓材料。前者如：

    祘，讀若筭。

丌，讀若箕。

森，讀若曾參之參。

後者如：

天，顛也。

馬，武也。

直音，即某一個字音，讀什麼音，就直接以同音字注音。例如：

《毛詩·關雎》："在河之洲。"《經典釋文》："洲，音州。"

《毛詩·關雎》："鐘鼓樂之。"《經典釋文》："樂之，音洛。"

也有的以同字爲直音，但加一個限制：

《史記·高祖紀》《索隱》引韋昭注："告，音告語之告。"

各位可以想一想，這種材料是沒有系統的。因爲異文、假借字是個別的資料；"讀若"是某些字的音；聲訓也是對某些字的說法；直音是某一個音與另外一個音的關係，比如說：冬天的冬，音東，東南西北的東。這代表什麼呢？只表示這兩個字同音，除此以外，很難表示別的。好了，你有了歷史的觀點，你會知道"東""冬"原來是不同音的，當你說它們同音的時候，顯然這個時候"東""冬"的讀音已經混同了，但是基本上沒有一個清楚的系統。

沒有人能夠告訴我，異文、假借字、讀若、聲訓、直音是一個很清楚的系統。《說文》裡的"讀若"，或者"讀與……同""讀爲……"的，大概有800多條。柯蔚南（South Coblin）曾做過仔細的研究，可以看得出來，某一類字跟某一類字有關係，但是系統性不是很清楚，沒有一個清楚的系統。

3. 介乎有系統與無系統之間的資料。

這類資料，可能有系統，也可能沒有系統。所以，我另外又列了一類：介乎系統有無之間的資料，包括古文字、詩文詞曲韻字、對音和借詞。

(1) 古文字。

這類資料是個大宗，我們的古文字這麼多，說它沒有系統吧，可它是文字，當然有文字系統。如果說它是一個很清楚的系統吧，不像。爲什麼呢？因爲都是個別的字。那麼，在甲骨文的時候，諧聲字（形聲字）大概在 30％左右，後來的形聲字越來越多。早期諧聲字那麼少，在所有的文字裡頭，如果是 30％左右，而這個諧聲關係本身又不能夠說定，我們只是說聲母同部位的字大概可以諧聲，可是同部位的鼻音或塞音不可以諧聲。在這種情形底下，我不敢說文字有一個非常清楚的系統，但是你要說它沒有系統，也不是，它多多少少有一個系統在裡面。所以，我把它定在有無之間。

（2）詩文詞曲韻字。

大宗的詩文詞曲韻字，比如說《詩經》韻字，有沒有系統呢？可能有。因爲可以用系聯的方法把它系聯起來。比如一個字，在某些情況下跟某些字押韻，然後又跟這另外一些字押韻，就可以將這兩部分字系聯在一起，把可以押韻的歸爲一部，清人就是這樣做的。可是，偶爾出了一個韻就糟糕了，就有可能把兩個不同的韻部放在一起，分析這些押韻材料，得要很多的時間，得要仔細地觀察。所以，清朝人的貢獻了不起，能夠在那個裡頭看得出來《詩經》的韻部，從少到多，一部一部分出來，到了王念孫、江有誥分成 21 部，這些都是了不起的成就。在離析韻字的過程當中，判斷韻與韻之間的關係，多多少少確實有一個系統，可是，不是完整的。

我隨便舉一個例子。有些韻部收 -m 尾，可能就只有一首詩或者兩首詩押韻，總共才有 8 個字押韻，我們怎麼能夠從少數 8 個字裡頭看到整個韻部的情況？這沒有辦法。所以，我們可以說，詩文詞曲的韻字似乎有系統，但是又不是那麼肯定。如果說它沒有，它有；如果說它很完整，它又不是。比如說周德清的《中原音韻》，它把元代所謂四大家的詞曲的韻字收集起來，編成韻書。可是，你想一想，確定這些韻字很難，爲什麼？當時的韻字讀音可能不同。所以，有些字兩見，有的時候在這個部，有的時候在那個部，爲什麼會有兩見呢？當時的押韻如此，它似乎有系統。所以，我覺得詩文詞曲韻字不是那麼好把握。

（3）對音。

對音是什麼呢？早期用中國字翻譯外國的地名，比如說，西域古國樓蘭，可能是 Krorayina。有人做了很多年的研究，像蒲立本

(Edward Pulleyblank)，他做了相當多的研究。我們究竟怎樣看待對音？你可以仔細從現在的對音想一想從前的對音。比如說美國的總統叫做 Kennedy，台灣呢，翻譯成"甘乃迪"，大陸譯爲"肯尼迪"。有些翻譯啊，真是奇怪極了，真是難以瞭解。譬如說，Washington 我們翻譯成"華盛頓"，wa-這個音節我們翻譯成"華"。可是，另外一個同樣的 wa-音節，有一個人——發明電燈的 Watt，譯爲"瓦特"，我不知道大陸這裡改成"華"了嗎？沒有吧。你想一想，同樣一個音節 wa-，爲什麼翻譯成兩個不同的字呢？有一定的道理。w 是半元音，我們的標準語沒有半元音的 w，要不然是向下變成元音開頭的 ua，要不然就向上變成輔音開頭的 hua，wa-這個東西介乎"瓦"和"華"之間，往上去就變成"華"，往下去就變成"瓦"，所以中國人就翻譯成爲兩個不同的字。這種現象麻煩得不得了。當你碰到這樣資料的時候，一定要小心謹慎地運用，弄清楚它所表示的語音究竟是什麼。

Chicago，我們翻譯爲"芝加哥"。以前，我不明白爲什麼 Chicago 變成"芝加哥"。可是你想一想，這可能是一個廣東人翻譯的，廣東人讀 /tsikakɔ/ 之類的音，就非常像 Chicago。遇到這樣的地方，你要想一想這是誰翻譯的？比如我問你一個問題："Holmes 是誰？"是"福爾摩斯"。爲什麼"福爾摩斯"的名字叫 Holmes 呢？我想一定是閩南人做的事。閩南人的 /fu/ 和 /hu/ 弄不清楚，所以，就把 /hu/ 翻譯成 /fu/ 了，因爲他覺得在他的方言中讀這個音。也許我這話說得太絕對了，對音一定是某個方言的人用這種方法來翻譯的。所以，我在美國的時候看一些地名，覺得簡直是莫名其妙。比如有一個地方叫 Oakland，oak 是"橡樹"，音譯成"屋倫"。後來，我才知道廣東人說"屋倫"就是 /oklən/，與 Oakland 像得不得了，屋子的"屋"本是收-k 尾的字嘛。這種對音我們怎樣來把握？能夠好好地利用它，就要有鑒別的本事，不能隨隨便便地說。

我曾經指出蒲立本用的資料的問題，他用了好多的對音，我把它們一個一個的翻出來看，每一個都去追尋它。我告訴諸位，最大的困難在於：我們不知道原來的語言、古代的語言經過了怎樣的流傳過程，怎樣演變的。我們不知道我們現在梵文的翻譯，是否直接從梵文翻譯來的,有沒有中間經過其他的語言?是不是經過巴利文呢?這個中間的過程你不清楚,而且你對它的歷史也不清楚。比如說古韓文跟現代韓文的關係怎樣?現代日文有5個元音。早先的日文可能不是5個元音,可能是8個元音。你要拿現代日文的讀法讀三國時候的某一個音,你怎麼知道從前的讀法是這樣的呢?如果我現在給你講話,我說,中國話就是這樣,但是,我這裡講的是現在的話,不是《切韻》的話,更不是周代的話。所以,在當你對這些條件不是很瞭解的時候,你要說比較肯定的話,真危險。我也不敢說你錯,我也不敢說你對,我就不敢用。你說我這個對音系統怎麼怎麼樣,我姑妄聽之而已,我不敢用啊。所以,蒲立本用了很多對音的資料,結果他說上古音只有兩個元音:一個ə,一個a。我就從來不相信。所以,他氣得不得了。我在文章中批評他:我說最基本的元音是3個:i,u,a,這是音韻學中最基本的三個元音,你弄出兩個元音,這不是一個自然的語言。他耿耿於懷,所以他對我不大客氣。

(4) 借詞。

借詞跟對音差不多。借詞是借出去的,我們知道漢語常常有些文化詞借出去,又借回來。那麼,當時的中國話是怎樣的?是從中國話的哪個方言借出去的?比如說,我們知道,汕頭話有許多詞借到泰語去。從閩語的角度去看吶,知道當時的中國話是怎樣的,它是怎樣借的,以及借的時代。這個借詞進去了以後,走的怎樣的方向,受到泰語音韻結構的制約?又是怎樣調整的?我們就不了解了。所以,就系統而言,借詞這個東西,我說它在有無之間,跟古文字,跟詩文詞曲韻字,跟對音,都是有問題的部分。

(二) 各種資料的性質和局限

1. 以上三類資料是否能顯示整個音節?

我為什麼要提出說這個問題呢?因為,既然漢字是單音節,你就必須要照顧到整個的音節,這個資料你才能夠用。不然的話,有了這個,忘了那個,或者你就不能把音節清清楚楚地表現出來。

所以,按照是否能顯示整個的音節,我把這些資料又分成以下三種：

（1）能夠反映整個音節的資料，包括韻書和反切、韻圖、現代方言、譯音、傳教士的記錄、同族系的語言等，還可以有直音，直音也可以顯示音節，如"東，音冬"，它整個音節都在那兒，雖然它的讀音範圍可能有一點不同，但是基本上直音在這個地方能夠顯示整個音節。

（2）不能顯示整個音節的資料，有詩文詞曲韻字。詩文詞曲韻字只有韻腳，你不知道他的聲母怎樣，沒辦法顯示整個音節。

（3）介乎能與不能顯示整個音節之間的資料，包括古文字、異文、假借字、讀若、聲訓、對音、借詞等等。

2. 以上三類資料能否顯示實際語音？

按照能否顯示實際語音，可以把音韻資料分成以下兩種：

（1）能夠顯示實際語音的資料，包括現代方言、譯音、傳教士的記錄、同族系語言、對音、借詞。這些資料都能顯示實際語音，不過，有的實際語音大概需要追尋一下才能得到。

（2）不能夠顯示實際語音的資料，包括直音、詩文詞曲韻字、韻書（反切）、韻圖、古文字、異文、假借字、讀若和聲訓。

直音不反映實際語音，如"冬，音東"，你只知道"冬"等於"東"，至於這個"冬"唸什麼，沒有辦法知道究竟它的實際語音是什麼。

至於詩文詞曲韻字，因為某字跟某字押韻，它們押韻是不錯，但是，它的實際語音可以有多種不同的唸法，我對《切韻》的想法就是基於這個認識。如東韻字的"東"和"同"，有的方言說 [‿tung] 跟 [‿tʻung]，有的方言讀 [‿tang] 跟 [‿tang]，你問它押韻不押韻，它們當然押韻了，都是東韻，但是它的唸法天差地遠。現在中國方言裡面的字音，有好多不同唸法，但是它們押韻。為什麼押韻呢？因為它們演變的途徑是一個方向。所以，押韻不代表實際的語音，你只能說某一組字在一起押韻，但是這一組字代表什麼語音，不知道。

韻書（反切）、韻圖一點兒不反映實際語音，只知道它有一個框架，可是不知道實際語音是什麼。所以，我們對於反切有好多種看法，對韻有好多看法，原因就在這裡。

古文字也不反映實際語音，如諧聲字：江，從工聲，就唸工嗎？

現代唸[jiang]，從前是不是完全一樣的讀音呢？可能不一樣，可能有聲調的不同，可能有聲母細微的不同，也可能韻母有細微的不同。但是，無論如何，我們不知道它的實際語音，只知道語音關係。

異文、假借字、讀若、聲訓都是只給我們間架，從這些資料裡頭沒有辦法知道實際語音。

所以，清朝人的研究登峰造極，把古韻分成21個部，但是，他們不知道各韻部的具體讀音，只能猜測。在沒有音標工具的時候，他們的研究只能到此爲止。而有了音標以後，我們的研究才能夠走上一個不同的發展道路。因爲音標能夠記萬國之音，所以，我一直覺得，用音標跟不用音標，在音韻學研究上有很大的區別。有人說，你用了音標嘛，這個音就是隨你說嘛，你說是[a]，或者說是[e]，你說是哪一個，你隨便說。可是，如果你隨便說，就不能把前一個音說成是後一個音。對於古音，可能有些地方會有不同看法，可是慢慢地，就不能隨便地說。比如說，一等韻是什麼元音，二等韻是什麼元音，基本上都定下來了，沒有人說它是 i，只能說是怎樣的 a：前 a 或後 a。這讓我覺得，沒有音標，我們恐怕就不容易把實際語音說得確切。假如沒有實際的語音，我們對於《切韻》的分佈就沒有辦法說明。在這個地方，我們借助西洋的語音研究，讓我們清清楚楚曉得實際語音是怎樣唸的。音標的出現是一個重要的里程碑。

3. 爲什麼要問這三個問題？

在我學習音韻學的時候，覺得有很多譯音材料，是可以利用的。可是，後來我才發現，要用這個東西的時候，似乎是有條件的。比如蒲立本，這個人用功得不得了，而且有相當深的功力，可是得出的結論是那樣地極端：上古音是只有兩個元音的系統。我覺得奇怪，他是怎樣弄的？原來是資料本身使得他這樣。這個資料不是完整的，它不夠，所以，他才會往那個方向想。我這個話說了以後，寫出來了，他不高興。所以，在第一次漢學會議上，他就說："丁批評我，三個元音是基本的，兩個元音不可以。其實，在高加索發現一種語言，就可以解釋爲兩個元音。"我覺得，解釋爲兩個元音怎麼可以呢？你曉不曉得我們普通話也可以解釋爲一個或兩個元音？假如我們給它前後加老長老長的條件去解釋,是可能的。但是,我們不能用解釋的方法,要有條件來衡量。

音韻學資料有沒有完整的系統？能否顯示整個的音節？能否反映實際的語音？爲什麼要問這三個問題？因爲我們要釐清這些資料的性質究竟是什麼,這是衡量資料性質的三個條件。所以,我剛才講的過程當中,對每一種資料的性質和局限大致做了說明。如果說過頭的話,就危險了。

你現在看一下我們印發的材料,滿足三個條件的資料,即：有較完整的系統,能夠顯示整個音節,能夠顯示實際語音的資料有哪些。有的不行,比如韻書、韻圖是很好的資料,可是它不能反映實際語音。剩下的符合三個條件的資料,就是我底下歸納的：

（1）現代方言。

（2）傳教士的記錄：近代方言。

傳教士的記錄是什麼呢？我叫做近代方言,好比一百年前的上海話,或者一百五十年前的廣州話。

（3）對音：古代方言。

比如說吳音跟漢音是一個很好的系統,那麼它顯示什麼呢？它是古代的方言,我們說吳音可能是吳地區借去的,雖然有人對此有不同意見,但是基本上是這個看法：唐朝借去的叫漢音,但是早期借去的音叫吳音。

（4）同族系的語言：遠古方言。

我告訴你,有一次,一個外國人,他是美國語言學會的會長,到台灣去訪問。李方桂先生給我寫信,他說："你去接待他。"所以,我就從頭接待。他一下飛機,就問我："你講什麼話？"我說："我講幾種話,基本上是國語。"他問："本地人講什麼話？"我說："本地人講閩南話。"他問："彼此聽不聽得懂？"我說："聽不懂。"他說："Oh, that's different language, not dialect."絕非方言。可是,我就感覺這話不對。我們一向說閩南話就是中國的方言,就像客家話一樣,這是語言和方言的界限問題啊。在語言學家裡面,有很多不同的看法。他的話,我大爲吃驚。可是,我怎麼解釋給他聽呢？說閩語只是中國的一個方言,而彼此完全聽不懂。這個問題,在我心裡啊,前前後後好久,困擾了十年,我想來想去,沒辦法解釋啊！我後來想,這個問題可以解釋。因爲他問你:"你們能不能互相聽得懂?"這個話有問題,你要從頭開始追究他的問題。我告訴諸位,聽不聽得懂有程度的不同:某一個方言跟某一個方言可以聽懂70％,某一個方言跟另外一個方言可以聽懂50％,另外一個方言可以聽懂30％,你把一頭一尾兩個方言放在一起,就聽不懂。但是,方言當中的過程是一個連續的連環圈,中國的方言是個連環的圈圈,所以,聽不聽得懂,有程度的不同,不能隨隨便便說聽不懂的就是語言,聽得懂的就是方言。這個問題問得不對。那麼,什麼叫做聽得懂聽不懂呢?你如果聽得懂百分之幾又怎麼樣?這樣算下去以後,可以認爲這些方言可能有同一個來源。除了閩語以外啊,我們說方言都從中古音變出來。這個話說了以後,就產生一個問題:藏文跟漢語是方言呢,還是兩個不同的語言呢?咱們現在都承認它們是兩個不同的語言。最早的時候,它們可能是比較接近的方言,因爲有很多東西是相同的,後來越變越遠,這完全是個時間的問題。當兩者很接近、在一起的時候,可能是方言;當它走得遠了以後,就聽不懂,有些東西產生了改變,就變成了另一個語言。我們現在想一想,從上古音到現在普通話,變了多少?!更何況不同的語言!古代漢語和現代漢語差那麼遠,最簡單的變化,如普通話裡的入聲統統丟掉了。如果今天沒有保存-p、-t、-k入聲尾的方言的話,我們怎麼知道當初入聲韻尾是怎麼分的?方言分化演變這麼厲害以後,你本身聽不聽得懂這個方言,不能夠說明問題。而且,一個不懂四川話的人,你去聽四川話,第一天你聽不懂,到第二天你就可以聽懂一點點,"那是啥子喲",聽懂一點,第三天,你可能就聽懂了別人在說什麼。可是,我告訴你,你如果聽日文,聽一百天都聽不懂,因爲你聽的完全是兩個不同的語言,你聽英文也是一樣。所以,聽得懂聽不懂,一方面有程度的不同,另一方面有時間的不同。我覺得我是可以回答這個問題的。中國的方言彼此連成一個連環,當個別的圈圈接近的時候,彼此可以聽懂,遠了就不懂了。但是,這一串兒連環也有問題。它產生的問題是:同族系的語言,早先就是像方言一樣,彼此差不多,後來越演變越遠,就變成不同的語言。我們現在聽不懂藏語,讓你聽一百天也不會聽懂。按照龔先生的研究,漢語和藏文的關係絕對沒有問題,可以擬測出一個原始漢藏語,可以知道最早漢語、藏語是怎麽樣的語言。我覺得這是一個相對的看法,不是絕對的。

我上面講的符合三個條件的資料:現代方言、近代方言、古代方言,還有遠古方言,通通都脫離不了"方言"二字,無論是什麽時候的東西,都脫離不了方言,爲什麽?因爲它是語言嘛。我們可以利用所有的好的資料,即系統的、表示實際語音的、能夠表示整個音節的資料。它們都反映了實際的語音,也就是不同的方言,只不過時代不同而已。

(三)爲什麽要擬音

我剛才也提了一點,說清朝人對韻部的研究非常了不起,能夠對韻部的劃分那麽細密。如《詩經》之部和幽部這兩個相鄰的部,經常有出韻的情形,之部是一個部,幽部是一個部,可是之、幽兩部之間來往很多,之、幽、宵、侯這個次序顯示韻部之間的合韻關係。之部、幽部爲什麽合韻那麽多呢?清人說不清楚。好了,假如我們用李方桂先生的說法,之部的擬音是一個 *əg,幽部是一個 *əgw,原來,之部、幽部的差別就是它們的韻尾有圓唇和不圓唇的不同。此處擬音是有爭論的,不過我們可以說,之部、幽部主元音相同,韻尾有點不同,所以,之部和幽部常常在一起押韻。宵部是 *ag,侯部是 *ug,它們的關係是韻尾相同,主元音不同。如果你不擬音,你怎麽解釋之幽宵侯之間的距離?關於之部跟陽聲韻、入聲韻的關係,我們知道之部是 *əg,它的陽聲部是蒸 *əng,入聲部是職 *ək。你看,它們的相同之處是主元音相同,韻尾上有一點不同:有的是濁塞音,有的是鼻音,有的是清塞音。當我這麽解釋的時候,你就比較能夠清楚地把握之、蒸、職部的關係。所以,一定要擬音,儘管構擬不同,各人不一樣。比如,我剛收到鄭張尚芳講上古音的一本書《上古音系》,儘管我可能有些地方和他的看法不同,但是必須要擬音。有了擬音,才能夠說得比較具體,才能清清楚楚地解釋當時的語音關係是怎樣的。

我說漢語音韻學是漢語史的一部分,漢語史研究的對象既然是歷代漢語的實況,自然要設法瞭解實際語音。以前,我覺得漢語音韻學是皓首窮經的東西,有那麽多的韻書、韻圖,在那裡頭找它的分類。其實不是。音韻學是活的東西，所有我們能用的最好的材料，不是現代方言，就是古代方言、遠古方言，總是用一些不同的實際的東西給它下定義。比如，《切韻指掌圖》是什麼時候作的？是誰作的呢？是根據什麼方言？你馬上就得說："哦，它大概是宋代的，它大概是根據自己的方言。"那麼，作者到底說什麼方言呢？關於《切韻》的性質，周祖謨先生做了詳細的分析，討論了參與分析的人的籍貫，但是籍貫是沒有用的，籍貫可能跟他實際說的話天差地遠。我們應該追蹤這個人工作的歷程，他在哪兒做官，在哪兒幹了什麼，然後推測他大概說的什麼話。比如說，吳敬梓的《儒林外史》，前面32回大概跟後面的不大一樣，是不是兩個人作的呢？所以，你看，任何東西都要歸到實際語言上，才會有意義。韻書、韻圖，任何東西都是如此。我們怎能不用擬音來討論音韻學？怎麼能夠把音韻學想成一個呆板的東西？它是活的東西，是實際的方言，又要配合早期的音韻框架。我們看韻書或韻圖是怎麼樣的：先有一個框架，這個框架要用現代的方言把它填實，而填實的時候一定要照顧到每一個方面。如果語音史做得好，漢語史的對音、譯音等每一個部分都可以說得清楚：爲什麼會這樣，爲什麼會例外。比如，我到香港的雜貨店，那裡有一樣東西寫作"袜"，就是褲子，因爲廣州話[ku][fu]讀音是一樣的，他就造了一個新的方言字"袜"。所以，我們一定要瞭解方言字的來源和音變過程，對譯音和借詞也是如此。

我曾經有一個想法，希望每兩百年有一個音韻字表，我們現在有了上古音韻表、《切韻》字表，希望兩漢、魏晉、南北朝各有這麼一個語音演變的表。比如朱慶之先生討論佛經，如果一看佛經用字，知道西漢時是那這個音，東漢時是這個音，到南北朝時是這個音，那麼，你再來跟梵文對音，就容易得不得了。我們希望有這麼一個東西，但是，這個東西，說了多少年，到現在也沒人能真正好好地做。現在也許有希望，張渭毅先生在這兒，他有這個想法，做這個字表出來，我想這也是有可能做出來的，不過這有先天的困難，漢代跟魏晉積累了大量的東西，都是詩文韻字，剛才稍微說了，詩文韻字不顯示完整的系統，它的聲母不能顯示出來，所以，聲母部分一定要另外加別的材料，配合起來用才行。

(四) 歷史比較法及內部擬測法

我現在講方法。其實啊,可以看一下徐通鏘先生(1991)的《歷史語言學》,已經介紹得很清楚了。我想,在這兒的北大的學生大概都讀過,其他的人都知道歷史比較法和內部擬測法大概有些什麼內容。我開頭提到,我跟李先生的一點看法不同,我想用這個實際的例子來說明一下內部擬測跟歷史比較的關係。

諸位知道,《切韻》裡面的群母、喻三跟匣母的關係。這三個聲母:群母是三等,基本上是開口;喻三是三等,基本上是合口;匣母是一二四等,匣母既可與群母配成一個音位,也可以與喻三配成一個音位,傳統的看法是"喻三歸匣",差不多成爲定論了。到了李方桂先生(1980),他有了新的想法,群母可以和匣母喻三配成一個音位。他就擬測了一個介音[j],一下子把三者都合在一起,他這個[j]呀,有好幾個方便之處,請看資料:

上古音	中古音
*g+j—(三等)	>群母 g+j—
*g+(一、二、四等)	>匣母 ɣ—
*gw+j—	>喻三 jw—
*gw+j+i	>群母 g+j+w—
*gw+(一、二、四等)	>匣母 ɣ+w

各位可以看一看,中古音群母的開口有 g+j—,群母的合口是 g+j+w—。匣母一二四等開口沒有問題,一二四等合口是 ɣ+w,所以,匣母的開合也沒問題。但是喻三只有合口,沒有開口。我剛才講了,喻三字大部分是合口,所以,在李先生的系統裡面,這是沒有問題的,他把這三個聲母統統地合在一起,可是喻三有小部分開口字,像"矣、焉"怎麼辦呢?李先生把它們處理爲例外,他說:"少數開口字可以暫時保留,另有解釋。"像"矣"*gwjəg > *jwjəg > *jəg,因爲是語助詞輕聲的緣故,失去圓唇是例外。李先生的處理言之成理。但是,我發現其中 gw+j+i 和 gw+j,一個是群母,一個是喻三,j 跟 ji 是不同的介音。他本來用 j 跟 ji 來分韻,就是說上古到中古不同的韻母,一個是 j,一個是 ji。他又用 j 跟 ji 來分聲母:一

個是喻三,一個是群母。所以,很容易想像,當初用同樣的一個 j 來分兩種東西的時候,難免就矛盾,難免就衝突了。也許它有一個小韻,應該是 ji 介音,可是它偏偏是喻三;也許另有一個韻,它應該是 j 介音的,聲母偏偏是群母,怎麼辦呢?

我從李先生文章裡找出不少例外來,例如:

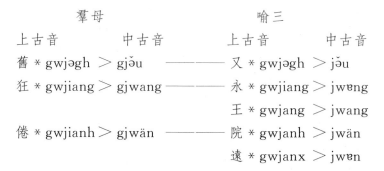

可以看出,李先生的規則無法解釋少數羣母的合口字,也無法解釋少數喻三的開口字。怎麼會有這麼多例外?而且例外字很奇怪,有時候是很普通的字。我想這樣的處理可能不行。於是我就回到傳統的說法上,"喻三歸匣",在李先生的系統裡增加 ɣ 和 ɣw 兩個音位,喻三跟匣是 ɣ 和 ɣw,群母是 g 和 gw,新規律如下:

上古音	中古音
*g＋j－	＞群母開口 g＋j－
*gw＋j－	＞群母合口 gjw－
*ɣ＋j－	＞喻三開口 j－
*ɣw＋j－	＞喻三合口 jw－
*ɣ＋(一、二、四等)	＞匣母開口 ɣ－
*ɣw＋(一、二、四等)	＞匣母合口 ɣw－

我的這個辦法,把群母、喻三、匣母的開合口安排在適合的位置。可是,我說這話的時候,李先生在臺下。後來我問他:"您覺得怎麼樣?"他說:"你增加了兩個音位,當然好辦啊。你解釋古代的東西,增加了音位,當然就很容易解釋。"他說的對啊,我保留了 g、gw,又增加了 ɣ、ɣw,我的目的是希望解釋例外,例外怎麼辦呢?只好加音位。但是,我並沒有想出新的說法,等於又回到了董同龢先

生的說法上了。我的解釋有個缺點：g、gw 是普通的音，只接三等 j 介音韻母，怎麼不接一、二、四等？比如，g、gw 怎麼不接 a 元音類的韻母呢？所以，我這個地方是有缺點的，這個缺點是 g 不接 j 以外的韻母，爲什麼？

我並沒有把這個問題做完，我後來就想這個問題。沿著這條思路，我在《從閩語論上古音中的＊g》(丁邦新 1983)一文中，把閩語中聲母讀 k- 的匣母字擬成上古的＊g-，因爲閩語是中國方言中唯一不是從中古音發展而來的。我的看法是，閩語大概是漢代分出來的。羅傑瑞(Jerry Norman)也是這個看法。我們的看法差不多是同時提出來的，我在兩篇文章中都提到了這個問題：在 1979 年的時候，我就已經兩次說明閩語在漢代形成，只是我的證明在 1983 年完成，我是從語音的角度證明的，羅傑瑞是從詞彙的角度證明的。所以，對上古音的研究可以用閩語來看。因爲，閩語裡頭有一類匣母字，像"糊、猴、厚、行、寒、汗、懸、含、鹹、滑"等，都是唸不送氣的 k，注意這些字是匣母字，我就想這一類字最早會不會唸 g 呢？我把中古匣母字一分爲二：一部分來源於 ɣ、ɣw，另一部分來自 g、gw，換句話說，g、gw 是中古匣母一部分字的來源。這樣，解釋了爲什麼閩語有的匣母字古代唸 g，現在還唸 g。一方面解釋閩語讀法的來源，另一方面使我的擬音＊g 和＊gw 也接-j-介音以外的韻母，一等字如糊猴，二等字如鹹滑，四等字如縣懸。接-j-介音的仍然是後來的群母字。這個想法並沒有得到李方桂先生的同意，他覺得增加音位自然解釋的範圍比較廣。但他有一個很開放的態度，容忍學生跟他說不同的意見。這樣，我就得到以下演變規則：

上古音		中古音
＊g＋非 j一韻母	＞	ɣ—匣母開口的一部分
＊gw＋非 j一韻母	＞	ɣw—匣母合口的一部分

我認爲匣母有兩個來源，其中一個來源是 g、gw。當時，我做到這裡就停了。我用的是內部擬測法，從音韻結構內部分配來想匣母的原始音可能是什麼樣的，完全沒有用外部的材料。以後，直到前幾年，石陂的閩語研究成果出來了，這個"陂"字，我們可能唸"皮"啊什麼的，但是當地人唸"悲"陰平，我們尊重當地人的唸法。

匣母字在石陂話裡有讀 g 的,有讀 ɣ 的;群母字有讀 g 的,有讀 k、kh 的。我一看,大爲高興,請看材料:

(1) 匣母字讀 g- 的:

行(走)giag⁹　鹹 geiŋ²　寒 guaiŋ²　猴 gəu²　鹹 geiŋ²
厚 gəu⁵　汗 guaiŋ⁵　繫 gai⁵　縣 gyŋ⁶

(2) 匣母讀 ɦ 的:

紅 ɦəŋ²　鞋 ɦai²　喉 ɦəu²　桁 ɦaiŋ²　閑 ɦaiŋ²
河 ɦɔ²　旱 ɦuaiŋ⁵

(3) 群母讀 g 的:

渠 gye⁵　權 gyŋ²　騎 gi²　徛(立)gye⁵　跪 gy⁶

(4) 群母讀 k、k' 的:

茄 k'yo²　瘸 k'yo²　窮 k'ueiŋ²　舅 kiu⁶　臼 kiu¹

我把石陂讀 g 的字與其他方言比較:

	例字	廈門	福州	石陂
古匣母字	猴	kau²	kau²	gau²
	厚	kau⁶	kau⁶	gəu⁵
	寒	kuā²	kaŋ²	guaiŋ²
	汗	kuā⁶	kaŋ⁶	guaiŋ⁶
古群母字	徛	k'ia⁶	k'ie⁶	gye⁵
	騎	k'ia²	k'ie²	gi²

原來廈門唸 k 的,石陂唸 g,這就是我原來想像推測的,可能閩語中唸 k 的匣母字,它的來源是 g,我從這個地方得到了證明,而且我在文章已經證明,這個 g 不可能是後來演變的,不可能是從 k 或 k' 變來的,這個 g 是早先就有的。這樣一來,我們就可以把匣母這部分字分成 g 和 gw 兩個來源。

可是群母字呢,也有唸 g 的,群母字唸 g 的,就是像"渠、權"等字,也有唸 k、k' 的。爲什麼群母字既有唸 g,又有唸 k、k' 的呢?我在《語言學論叢》第二十輯討論了閩語的 g、k 的層次問題。其中一部分內容討論群母字爲什麼在閩語中有的唸 k,有的唸 kʻ？這是由於層次的不同,早先的層次是 g,後來的層次是 k、kʻ。唸 k、kʻ 也有層次的不同,它早先是 k,後來變成 kʻ。石陂話多了一個層次,更早期的唸 g,我的說法得到了證明。

可是,另外一部分唸 ɣ 的匣母字表現如何？原來,石陂話的匣母字有唸 ɦ 的。ɦ 是濁的喉擦音,濁的喉擦音跟濁的舌根擦音非常相近,如紅顏色的紅、鞋子的鞋、喉嚨的喉這些字。在這個地方,我們清清楚楚地看到匣母有兩個來源:一類唸 g,一類唸 ɦ。唸 g 的就是我當初推測的 g 跟 gw,唸 ɦ 的就是我推測的 ɣ 跟 ɣw。所以,當我得到了這個證明資料的時候,我非常地高興。我當初的一個想法,現在可以證明,這同樣歸功於李先生:原來匣母有兩個來源,是老師早期的說法,他早年說匣母有兩個來源,後來他放棄了,而我證明了老師的說法。把他早期的說法跟晚期的說法相比較,早期的說法更好一些。所以,我現在認爲,群母與匣母的關係是完整的:群母既接一、二、四等,也接三等,那麼一、二、四等就變成匣母的一部分,列表如下:

上古音　中古音	上古音　中古音
*g+j－＞群母開口 g+j－	*gw+j－＞群母合口 gjw
*g+(一、二、四等)＞匣母開口 ɣ－	*gw+(一、二、四等)＞匣母合口 ɣw
*ɣ+j－＞喻三開口 j－	*ɣw+j－＞喻三合口 jw－
*ɣ+(一、二、四等)＞匣母開口 ɣ－	*ɣw+(一、二、四等)＞匣母合口 ɣw－

從這個地方可以看出來,我先是用的是內部擬測法,後來我又用石陂話、福州話、廈門話來作歷史比較。如果沒有歷史的比較、方言的比較,你根本沒有辦法說清楚。我現在就是證明給你看:我用內部擬測法和歷史比較法兩個方法合起來的時候,我可以把問題說得明白。原來,中古的匣、群、喻三的來源都是兩個。匣母的一部分跟群是一類,匣母的另一部分跟喻三是一類,這是我的一個想法。這個想法是不是就對呢？我也不敢講。我得到石陂話證據之前,大概在 1977 年發表第一篇文章時討論這個問題,後來又一直

在閩語中找證據,到 1993 年我這個想法才得到證明。在這裡,我用歷史比較法證明了內部擬測法,它可能是對的。我到現在爲止,還沒有放棄這個說法,儘管有的人不見得同意。但是,沒有關係。因爲不同的說法就是擺出來讓大家看,看哪些說法更好一點,我希望我的說法好一點。

這裡還牽涉到另一個問題,李榮(1965)曾經討論過匣母字中的六個字"銜寒汗猴厚懸",加上其他"攔攢鯁隉咬環懷"等七個字,認爲從現代方言看來,在《切韻》時代群母屬於一、二、四等。這篇文章很出名,很多人用,徐通鏘先生也用他這個看法。但我不覺得這話完全對。"攔鯁"是見母字,"攢隉"這兩個字是口語字,"咬"是疑母字,"環懷"是匣母字,當他把這七個字跟前面六個字合起來來解釋一個現象,說群母有一、二、四等,解釋得不完全對。因爲有些字可能是後起的字,後起字我們沒有辦法推得更早,他雖然列出方言特徵字,但是"環攢"是吳語的話,是不是能夠推到上古去,我不敢講。所以,我的看法跟他不同,對於資料的用法不同,解釋不同。我不覺得李榮先生的說法能夠令人信服,把見母、疑母、匣母種種的東西推上去,說群母有一、二、四等,這話有點危險。我的說法是不是一定正確呢?不一定,但我覺得可能是比較好的說法。

(五) 音韻學與方言學結合,漢語與非漢語結合

音韻學與方言學結合,漢語與非漢語結合,這是我這幾年來一直倡導的。因爲我覺得學問不要劃定一個界限,比如說:我是搞漢語的,你是搞非漢語的,咱們老死不相往來。我是弄音韻學的,你是搞方言的,咱們沒關係。千萬不要這樣想。諸位從我剛才所講的已經清清楚楚看出來音韻學跟方言學的關係,它們一定要結合。我們講現代音韻,講近代音韻,講古代音韻,一定要跟方言結合。只要做好這兩個結合,音韻學、方言學才會有新的生命,才能夠把它們的來源和演變說得清清楚楚。

同族系的語言是遠古的方言,也是一樣。我們不跟非漢語結合,怎麼辦呢?當然"非漢語"這個詞有點含糊,我說得大了一點,比如說阿爾泰語,顯然是非漢語,似乎同漢語並沒有關係。可是,當你把兩者結合起來,你就可以瞭解很多東西。比如,橋本萬太

郎，一個很好的日本學者，他早就說過，現代的北方話受阿爾泰語的影響，原來說阿爾泰語的人後來說漢語，所以，聲調變成四個。你可以看現在南方的聲調多，北方的聲調少。爲什麼少？因爲受阿爾泰語的影響。我告訴你，聽起來很有道理，是不是真相，真是很難說。有人說現在的北京話原來是滿洲人講的話。我告訴諸位，我們聽是一回事，要解釋它是另外一回事。所以，我花了很多時間，寫了一篇文章，研究 17 世紀以來到現在的韻部的演變，做的結果看得清清楚楚：是漢語自身的演變，漢語沒有受到滿語的影響，沒有受到蒙古語的影響。這是漢語本身的演變。聲調少，是不是受阿爾泰語的影響？我不完全相信。中國語言的詞從單音節走上雙音節這條路以後，慢慢地它的音節的調發生了變化。在北方話的系統裡，例如，銀川話只有三個調，從四個調變成三個，難道是滿語的影響？難道是阿爾泰語的影響？它是最近才發生的變化，而且我們看得出來，它連音的時候還是四個調，它合起來的時候，不連音的時候是三個調。所以，你看，有些東西，你要不從語音史的角度把它理清楚，簡直說不清楚。滿語跟蒙古語對漢語有影響，可是，它們的影響只在詞彙部分。

第二講 《切韻》的性質

上個禮拜三啊，我們討論問題的時候，有一位先生問我：《切韻》的語音是否是隋朝的標準語，當時有沒有標準語？如果有，它的方言基礎是什麼？我這個問題沒回答，我說下次上課的時候會講。因爲今天要講的是《切韻》的性質。

一、細讀《切韻序》的啓示

現在講陸法言的《切韻序》。我有一些關於《切韻》的問題，這些問題，也許從前人有的想到了，有的沒有想到。在我的感覺中，我們看一個文獻，可能有不同的解釋。如果它是文句的問題，就比較簡單，也好解釋，也許後人會比前人講得好一些。但是，有一些問題，如果你沒有想到，你就不會向那個方向去找。那麼，我想到的問題是什麼呢？

第一個問題：參加討論《切韻》內容的九個人，他們怎樣溝通？他們說什麼話？討論了多久？

如果我們現在要寫一部《切韻》，那麼，各人講的話有點兒不同，我們怎麼溝通呢？我們現在用普通話。可是，我們想一想，那個時候的人是怎樣溝通的？他們九個人一定能夠彼此聽得懂吧。不然，無法溝通他們討論的內容。這個問題，也許是從前人不大想到的。

第二個問題是：討論的主要內容是什麼？其次的內容是什麼？

這個問題，有人談過。現在，我們可以再回頭看看。

第三個問題：他們有沒有談到讀書音？如果談到，讀書音和白話音有什麼關係？

這個問題很重要。在 1960、1961 年左右,國內的學界有一次關於《切韻》性質的大辯論,參加的人有王顯、邵榮芬、何九盈、黃淬伯、趙振鐸、周祖謨。最後,周祖謨先生(1966a)寫了一篇文章,就是《〈切韻〉的性質和它的音系基礎》,這篇文章出來以後,至今差不多有三十幾年了,沒有人提出異議,他的結論是:《切韻》討論的是當時的讀書音,代表 6 世紀文學語言的語音系統。

我現在提出的問題是:《切韻》記載的九個人討論的是讀書音嗎?如果是,他們怎樣溝通?他們的讀書音與白話音之間有什麼不同?我們現在的讀書音與白話音有什麼不同?普通話的讀書音與白話音差別比較少。可是,我要寫一個字,你不認識,怎麼辦呢?查字典。編字典的人怎麼知道這個字的讀音?如果他從前也沒有唸過,那麼,他查反切,查韻書,看它是哪一個韻,反切是什麼,有沒有同音字,如果有的話,跟同音字一樣注出來;如果沒有的話,他根據那個反切推,看看什麼樣的聲母、什麼樣的韻母,現在變成什麼,就推出這個字的讀音。可以想像,編字典的人對於讀書音的看法,不見得會一致。你要不相信,可以看《中華大字典》,或者是《國語字典》《國語辭典》,裡頭有好多讀書音,大家的看法是不一致的。那麼,當時參加討論《切韻》的人有沒有談到讀書音?如果確實有,它跟白話音有什麼不同呢?我們從現在的角度看,現在的讀書音跟白話音的系統大概是一致的。有沒有人能夠舉些例字說:這些字只有讀書音才有,白話音沒有。個別字,比如"僧",平常口語叫和尚,這個"僧"字沒有同音字,假如說這個字是文言音的話,那麼,白話音裡就沒有這個音節。讀書音跟白話音的差別究竟在哪裡?我們要深入探討這個問題。有沒有人能夠回答我:讀書音跟白話音有差別,是在什麼時候?為什麼會產生差別?隋煬帝的時候,要讀經取士,在那個時候就有一種官定的音,後來要考試,做詩詞要押韻,《切韻》才開始盛行。隋唐以後,才有文白的差別。在隋朝以前,我相信讀書音跟白話音唯一的不同,就是有些字白話裡不說,讀書音說。但是,根據現在研究讀書音、白話音所有的成果來看,讀書音跟白話音的系統基本上是相當一致的。就是說,讀書音跳不出白話音的系統,它們的系統差不多。閩語有一點例外,但也沒有太大的差距。我以後再解釋原因。所以,隋朝時,恐怕讀書音跟白話音還沒有那麼大的區別，這八九個人討論問題的時候，他們的讀書音跟白話音的不同是什麼呢？

第四個問題：《切韻》序中談到的方言有哪幾種？最重要的是哪幾種？

問過這麼些問題以後，我們再回頭來看《切韻序》。就《切韻序》談一談這幾個問題。

> 昔開皇初，有儀同劉臻等八人同詣法言門宿，夜永酒闌，論及音韻。

我第一個問題是，這八個人到陸法言家論及音韻的時候，講的什麼話？我們可以相信，各人大概可能有一點兒南腔北調，但是彼此可以溝通，應該沒有問題。我是拿我們現在的語言行為來想的。就是一個江北的人，一個廣東的人，一個吳語區的人，三個人一起講話的時候，可以溝通，彼此絕對聽得懂。但是，恐怕會有一點兒不同。他們講了多久？這個問題很難回答。我們從前的理解是"夜永酒闌，論及音韻"，說是夜長，酒喝得差不多了，他們就論及音韻。"夜永酒闌"，如果認為是一個晚上，我以為有問題。我覺得奇怪，如果是一個晚上，吃過飯以後，論及音韻，這麼多問題啊，不是一兩個韻，他們怎樣談？而且，為什麼這八個人要去陸法言的家裡去住呢？這一點沒有正式可以引用的資料。我後來就問研究隋唐史的人。他們說，當時的人到另外一個人的家裡去討論問題，要住的話，總會住上幾天，恐怕不是一個晚上。如果只是一個晚上討論那麼多問題，這是極難極難的事情。在一個晚上把整個韻討論完，然後還討論一些字音，即使是專家，也不容易。

我們假定這八九個人可以溝通，而且有點南腔北調，有什麼根據呢？

周祖謨先生曾經做很詳細的研究，分析這八九個人的生平、仕宦歷程和交遊。他說，五個人代表鄴下，三個人代表金陵。換句話說，大概這些人主要分兩組：五個人以洛陽、鄴下音為主，另外三個人在金陵住了很久，對金陵音特別熟。所以，我猜想，這些人說話的時候會南腔北調。但是，南腔北調主要的就是洛陽、鄴下音和金陵音這兩個方言。

以今聲調既自有別,諸家取捨亦復不同。

我的第二個問題:討論的問題主要是什麼？其次是什麼？"以今聲調既自有別","聲調"恐怕是泛泛而談,是說各地方的說法有點不同;"諸家取捨"顯然是從前的人、從前的韻書取捨不同。取捨的東西是什麼呢？一定是音,是個別字的音,而且我相信不大會是說話中的白話音,這些音恐怕不是那麼難。對於韻書來講,諸家取捨的恐怕是讀書音。底下又說:

吳楚則時傷輕淺,燕趙則多傷重濁,秦隴則去聲爲入,梁益則平聲似去。

這裡說到了吳楚、燕趙、秦隴、梁益,只有吳楚是南方,其他三個地方都在北方。基本上討論了聲調差異:"秦隴則去聲爲入,梁益則平聲似去",牽涉到去聲有沒有韻尾,入聲怎樣變去聲,這是很麻煩的問題,我們先不去追究。

又支脂魚虞,共爲一韻;先仙尤侯,俱論是切。

意思是說,有的人把支脂混用,有的人把魚虞混用,我們到下一講擬音時再談。

欲廣文路,自可清濁皆通。

"清濁"有很多講法,在這裡基本上是指押韻。你們有沒有人做詩啊？我做傳統的舊詩,做詩要押韻,我就希望找一個韻,肯定哪一個字在哪一個韻。我是用方言唸,才能做詩,可是我的方言跟韻書不一致。我做詩的時候,就會把方音帶進去,比如有一句詩蠻好的,後來翻開韻書一看,出韻了,比如說本來要用東韻的字用了鍾韻,或者用了冬韻,就不押韻了,那怎麼辦呢？所以,要廣文路,要讓用的人方便一點。

若賞知音,即須輕重有異。

什麼叫賞知音？指做詩所用的一些分辨音韻的技巧。舉個例子,唐代詩人杜甫是個大家,他到晚年時說:"晚節漸於詩律細,誰家數去酒杯寬。"(《遣悶戲呈路十九曹長》)我老了以後,漸漸地對於詩律看得比較細。假如一首律詩只是講究"平平仄仄平平仄",七言絕句28個字，五言絕句20個字，只是二四六八句要押韻，第一句可押可不押，那麼，你想一想，這個詩律簡直是太簡單了，只不過是平仄，然後要押韻，總共就二十幾個字而已！我小孩子的時候就會，你不停地練習，馬上就會。爲什麼像杜甫這樣一位詩人，到了老年才對詩律漸漸認識得細密一點？這裡面一定有許多聲音的技巧在裡頭，而這個技巧不是普通人能夠做到的，所以，如果要"賞知音"的話，就要費點事。比如杜甫的詩說："功蓋三分國，名成八陣圖。""功蓋"是雙聲，"名成"是疊韻，那個時候是雙聲、疊韻，現在也還是雙聲、疊韻。清朝人做過關於杜甫雙聲疊韻詩的研究，尤其是律詩，上句（出句）雙聲，下句（對句）雙聲，或者上句疊韻，下句也疊韻，運用的技巧妙得不得了，甚至有的地方出句用半疊韻，對句也用半雙聲。杜甫說"晚節漸於詩律細"，我們應該看他老年的詩歌。他的《秋興八首》的詩律，真是細得不得了，你們知不知道什麼叫"四聲遞用"？就是在不押韻的一、三、五、七的句子裡，最後一字希望不要老用同一個聲調的字，你說他每一首都如此麼？不一定，但是老年寫的詩，像《秋興八首》這樣的詩，就是這樣。

好，我們現在回到《切韻序》。我覺得在這裡輕重和清濁都是泛泛而談，不是實指。《切韻》是給別人用的，所以，如果要廣文路，可以清濁皆通。如果要賞知音呢，就要輕重有異。他們那些人都是知音之人，尤其像顏之推，都是對音韻有特別研究的人。

> 呂靜《韻集》、夏侯該《韻略》、陽修之《韻略》、周思言《音韻》、李季節《音譜》、杜臺卿《韻略》等，各有乖互。

這裡的錯字先不管，夏侯該有人說是夏侯詠。這些人的韻書各有乖互，這裡討論的當然是讀書音。

> 江東取韻，與河北復殊。

請注意，前面提到了吳、楚、燕、趙，這裡的江東跟河北，就是那四個地方，妙得很。江南的韻與河北的韻不一樣。下面說：

> 因論南北是非，古今通塞。

緊接著就討論"南北是非"，究竟是南對還是北對。這個"南北"是指什麼？一定是指江東與河北，因爲他是沿著上面的句子下來的。

"古今通塞"講的是什麼？是指從五家韻書到九人所處時代的讀音存在的語音差異。

> 更欲捃選精切，除削疏緩，蕭、顏多所決定。魏著作謂法言曰："何不隨口記之，我輩數人，定則定矣。"

這段話非常出名。民國初年的時候，趙元任先生等成立了一個"數人會"，作爲一個研究國語的社團。我曾經看過"數人會"的一個介紹，總共有哪些人，是什麼樣的背景，很有意思。周辨明大概就是其中的成員，他是福建人。

說到這裡，我大概回答了一開始提出來的四個問題。首先，因爲《切韻》是韻書，參加討論的九個人主要討論了江東的韻和河北的韻的問題；其次是賞知音，韻的分合也有賞知音的問題。裡面討論到五家韻書，當然也談到了讀書音。讀書音與白話音有什麼關係呢？這裡沒有提，諸位可以看顏之推的《顏氏家訓·音辭篇》，裡面批評很多字唸錯了，這個字唸錯了，那個字唸錯了，好多地方都是讀書音。可是，沒有提到當時文言與白話有什麼不同。我剛才講，讀書音大概起源於隋代，是在明經取士以後才漸漸盛行起來的，讀書音與白話音有差別，大概是在隋唐以後。可以想像，那個時候，讀書音跟白話音的距離不是太大。所以，他們討論的是讀書音。我的推測是讀書音跟白話音沒有太大的差別，不然的話，應該會見於記錄，而我們一點都沒有看到。而且，顏之推還說南方人與北方人，做官的人與普通的人，誰的話說得標準，我們可以推想，當時的說話沒有太大的差別。拿現在實際方言來看，閩語是最複雜的。爲什麼閩語的讀書音與白話音的差別那麼厲害？因爲閩語在漢代以前就分出去了。如果閩語在漢代以前就分出去了，那麼，後來中原音的演變跟閩語的白話音的情形就不一樣，後來的讀書音與前面的白話音之間的距離就比較遠，當這個距離比較遠了之後，它的文白就相差得多了。所以，在整個官話區，文白的差別不是很大。我們現在的話裡頭，是文言、白話都有。有很多字，假如你找一個普通人，他是一輩子不說的，他一輩子的用字是有限的。各位知不知道你們大概用多少字？鄭錦全先生的研究說明，一個人最多用 8000 字，就是"詞涯八千"，那還是從讀書音來說的。我個人可能用三四千字，也可能更少。有許多字，一個人不認識，他一輩子也不會說的。那麼，我們這些人，認識很多字，有很多字是別人不會說，而我們司空見慣。我們會說很多成語，可是這些用字，在白話音系統之內幾乎是很少很少的。根據這個道理，我推測當時九人談論的雖然是讀書音，但是跟白話音的距離一定不是那麼遠。假如有人能挑戰我這一點，我非常高興。因爲這是我討論的一個重點。我相信那時文白的距離非常近，是由於還沒有科舉考試，科舉考試還沒有推行或考試不是那樣的厲害。等到科舉考試考得厲害以後，唐朝馬上編《唐韻》，當時讀書人就說《切韻》有很多窄韻，有的韻非常難用。所以，唐初的時候，許敬宗奏明皇上，就說這個韻和那個韻考試時可以同用。如果我們的腦子裡有文白層次的想法，就會回到《切韻序》裡去問這個問題。這個問題，《切韻序》沒有給一個肯定的回答，可是給了反面的回答，就是它基本上沒有提到讀書音與說話音有什麼不同。顏之推也沒有提到。假如我現在說，《切韻》是一個系統，是一個白話音的系統加上許多讀書音進去，而讀書音並沒有超出白話音的範圍。請注意，我的這個意見與周祖謨先生相當不同，因爲他說，《切韻》是以 6 世紀讀書音爲準，我的說法是以當時的白話音爲準，把讀書音放到白話音的系統中去。很明顯，這個地方我一說白話音以後，你馬上就要問，他們說什麼白話音？白話音有兩種：一種是鄴下音，另一種是金陵音。這是我的推論，我是一個一個環節連過去的。我的結論，簡單地來講：《切韻》是白話音與讀書音混雜的東西，但是它的系統主要是白話音系統。白話音是什麼系統呢？你一講話，就要說白話啊，就不是一個書面的東西，因爲九個人討論的，一定是有方言根據的，主要的方言根據是江東話跟河北話。

我不曉得我這樣的推論大家覺得如何？尤其是對此有研究的先生們贊不贊成？我們可以辯論，但是我覺得《切韻》的性質的確如此。《切韻》有沒有談到方言？談到了。我剛才講到，《切韻序》有六個地方談到方言，但是最主要的是江東與河北，因爲他說"江東取韻，與河北復殊"，其他地方只是批評清淺、重濁，或者去聲、入聲怎樣。在這裡，很清楚地看出兩者的取韻不一樣。

以上我講的就是"細讀《切韻序》的啟示"。爲什麼要細讀《切韻序》呢？因爲你有許多問題，我有許多問題，當我們心裡有許多問題的時候，我們就到文獻中找一找，看能不能找到適合的答案。如果不能，我做一個假設，做一個推論，這個假設對不對？關係到我對整個中古音的看法。

二、《切韻》的文白和"古今通塞"

《切韻》的文白情形，我大致已經說到了，恐怕是以兩個地方的白話音爲準，把讀書音加上去，而且它是講押韻的。這個時候，它就有"古今通塞"的問題，爲什麼"古今通塞"呢？"古今通塞"是什麼？

我是這樣做的：看一看"古今"中的"古"字，可以古到什麼時候？究竟涵蓋什麼時代？當時討論音韻的人如何了解古代？他們有什麼根據？

至今我們所能見到的最早的音注資料都是東漢的，所以我推論，"古"到東漢。這可以從以下三方面觀察：

1. 據周祖謨（1966a：436—438）對五位作者的研究，可知陽、李、杜三位和顏之推同朝共事，都仕於北齊。夏侯該仕於梁，時間早得有限，只有呂靜是西晉人，時代最早。那麼，在"我輩數人"論韻的時候，他們所討論的韻書最古的是西晉的《韻集》。最早的韻書是魏李登的《聲類》，我們現在看到的只有輯佚的很少内容。換句話說，晉以上的韻書，我們今天看不到。這裡提到的最早的韻書是呂靜的《韻集》。你想想，如果他們要討論的東西在《韻集》以前，根據是什麼呢？不知道。

2. 《顏氏家訓》說："古今言語，時俗不同，著述之人，楚夏各異。"在這一段話之下，顏之推提出來批評的音注有若干種，現在把時代確定的排比如下：

東漢：許慎《說文解字》之"讀若"、服虔《通俗文》。

魏：李登《聲類》。

晉：《穆天子傳》郭璞注、呂忱《字林》、呂靜《韻集》、劉昌宗《周官》音。

這些材料都是顏之推批評的對象。我爲什麼要指明顏之推呢？因爲顏之推是那長安論韻的九個人之一。可知顏之推批評的最早的音注資料，早到東漢，這也是中國語言學史上開始有音注的時代。陸德明《經典釋文》中所引經典的音注最早也是到東漢。從東漢到魏晉，應該就是《切韻序》中的"古"。東漢以上就沒有可以憑藉的資料了。

我相信我的推論是對的。"因論南北是非，古今通塞。""今"當然是當時，"古"到什麼時候呢？頂多到東漢，因爲是顏之推批評的這些東西，東漢以上根本沒有談。

3. 從《顏氏家訓》批評古音不當時所舉的例字看來，顏之推指出哪個字唸錯了，哪個字唸得不好，這些字《切韻》也都沒有採用。研究者對此早已有共識，認爲這是《切韻》序中所說的"蕭、顏多所決定"的注腳。顏之推說得多，起決定作用，因爲他懂得多，他精通金陵音和鄴下音兩方面的知識，而且他熟悉讀書音，並有許多的批評。《顏氏家訓》中說："今之學士，語亦不正；古獨何人，必應隨其訛僻乎？"

所以，周祖謨先生說，《切韻》從今不從古。他的話是正確的。在這種情形下，我們知道，當時討論的內容，是讀書音，而且把它推到古的時候，所謂古，最早到東漢，東漢以上不可能再有任何資料給他們討論。當然，我們也很難說，因爲中國人的師承很厲害，讀書音是一代一代的老師教給學生，傳下來的，老師說這個字怎麼唸，那個字怎麼唸，這個字音有可能來源很早。但是，到他們討論的時候，所有這些音都應該納入到他們當時的語音系統。

如果我現在告訴諸位，我講的字音是唐朝的，你們一定會覺得奇怪極了：你怎麼會講唐朝話？我們講的都是當代話，只有一種音。比如，"僧"字唸 seng1，我是跟老師學的，我的老師是跟他的老師學的，有一種傳承。對於常用字音，容易取得共識，對於個別非常用的字音，當時不常用，只是讀書音裡有，各人可能有不同的看法。

這種情形，即使有些問題，也大概是零碎的，不會是系統的，在《切韻》裡也有，諸位可以翻開《切韻》看一看。《切韻》裡有許多字音沒有注解，從《廣韻》就可以看得出來注解的內容，《廣韻》很多字音的解釋,告訴你是什麼意思,有的字音的解釋不告訴我們,只是說見於《方言》,或見於什麼文獻,爲什麼不說呢?因爲,實際上,這是當時讀書音的東西,它是傳承的,有延續性的,當時根本不知道它的實際用法。所以,顏之推討論的是讀書音,所有的問題都是書面上的。讀書音的內容,我個人一再說明,是不出白話音的範圍的。

三、《切韻》的方言和"南北是非"

我剛才已經提到,"南北是非"的"南北",主要是指江東、河北。能不能拿當時其他人的東西來對照一下看看呢?陸法言《切韻》作於601年,陸德明生活在550到630年,顏之推生活在531到597年,他們的時代差不多。我們看看那個時代的人怎麼說。

一般說來,大家都承認當時有南北方言的差異。至少有以下五項主要的證明:

1.《切韻序》說:"吳楚則時傷輕淺,燕趙則多傷重濁,秦隴則去聲爲入,梁益則平聲似去。……江東取韻,與河北復殊"。我不必再說了。

2. 陸德明《經典釋文序錄》說:"方言差別,固自不同,河北江南,最爲鉅異。或失在浮淺,或滯於沉濁。"

請注意"河北江南,最爲鉅異",這裡也言明河北、江南的方言彼此有很大的差異。這句話與"江東取韻,與河北復殊"完全一致,而且連形容詞都很接近:陸德明說"浮淺、沉濁",《切韻》序說"輕淺、重濁"。如果說兩者之間沒有關係,我不相信。一定是當時的人覺得南方的話跟北方的話有大的區別。這個區別就是南方浮淺,北方沉濁。陸德明沒有參加《切韻》的討論,但他是一個很出名的學者,對音韻精通,在《經典釋文》中有他許多見解。

3. 顏之推在《顏氏家訓·音辭篇》說:"自茲厥後,音韻蜂出,各有土風,遞相非笑,指馬之喻,未知孰是。共以帝王都邑,參校方俗,考核古今,爲之折衷。權而量之,獨金陵與洛下耳。南方水土和柔,其音清舉而切詣,失在浮淺,其辭多鄙俗。北方山川深厚,其音沉濁而鈋鈍,得其質直,其辭多古語。然冠冕君子,南方爲優,閭里小人,北方爲愈。"

這個地方呢,講南方音、北方音的對立,就是金陵音和洛下音的對立。北方普通人說的話,讀書音跟說話音之間的距離是比較近的,文、白基本上一致,大概沒什麼問題。而南方不大一樣,南方因爲有閩語,有吳語,文、白相差較大,我們以後再說。

4. 對《切韻》序裡所說當時討論音韻的"我輩數人"的方言背景,周祖謨先生曾經做過詳細的研究,上面已經提到周祖謨(1966:439-441)指出其中三人代表金陵,五人代表鄴下。代表金陵的三人之中有顏之推,而陸法言也是生於鄴城的。

5. "我輩數人"論韻時批評過當時所見的五種韻書,其中呂靜《韻集》時代較早,他是任城(今山東曲阜)人,《韻集》可能是北方韻書。其餘四種都是當時人所編,陽休之《韻略》、李季節《音譜》、杜臺卿《韻略》都是北方韻書,而夏侯該《韻略》則是以南方方言爲背景的。

根據這些資料,從我的分析來看,《切韻》時代最主要的方言區別是江東、河北方言,即南、北方言,以金陵、鄴下方音爲代表。當時其他人的討論也是這種區別。諸位想一想,如果我說,《切韻》是用兩個方言合起來的東西,這話有沒有根據?我想,應該有。周祖謨先生說,《切韻》是以當時的讀書音爲主。這一點,我已經一再說明。有人說《切韻》是以洛陽音爲準,加上金陵音的內容,這個意見跟我的意見差不太多,可是我基本上認爲是兩個方言合起來的東西。兩個方言怎樣合起來?我告訴諸位:三四個方言合起來很難,兩個方言合起來,不是太難的問題。等我們討論擬測的時候,我會告訴諸位,看它是怎樣把兩個東西合在一起的。但是,我想說明:假如我們認爲《切韻》是兩個方言合起來的東西,就把《切韻》擬測爲一個系統,這可能有點不對。以往的研究者都是把《切韻》擬測爲一個音系。我現在的想法是:我們是否可以擬測兩個系統,一個是江南的,一個是河北的。我們這麼做,有沒有道理呢?

四、《切韻》的性質

關於《切韻》的性質,我已經講了,我的看法跟別人的不大一樣,我相信它是一個以白話音爲主,再加上讀書音,主要是金陵和鄴下兩個方言合成的東西。所以,它是有實際語言做根據的。

1995 年,有兩篇文章討論到漢語音韻史研究的方法論,我寫了《重建漢語中古音系的一些想法》(丁邦新 1995),與此同時,羅傑瑞和柯蔚南合寫了一篇文章 A New Approach to Chinese Historical Linguistics(Norman & Coblin 1995)。我剛才講的東西差不多都在我的文章裡,大家可以找來看一看。羅傑瑞和柯蔚南的文章也是討論《切韻》的性質,他們的意見有四點:

1.《切韻》並不代表任何時代任何地點的一個活方言,根據《切韻》所擬的中古音因此不是一個語言,既無音韻結構,亦無詞彙文法可言。

這是一個很重的批評,等於把以往《切韻》的研究一竿子打盡。他說,《切韻》不代表任何時代任何地點的一個活方言。既然不是一個活方言,你怎麼能擬音呢?而且,它又沒有音韻、詞彙結構,也沒有文法結構。所以,假如按照我的說法認定《切韻》的性質,那麼,我們就得對這個問題予以回答。各位知道,在現代西方的漢學家中,懂漢語音韻和方言的,羅傑瑞和柯蔚南兩位是非常好的,他們的見解,我們不能不重視,不能不加以辯駁。

2. 毫無根據說《韻鏡》代表唐代的長安話。

這個論點我暫時不論,因爲,他們批評的是蒲立本,說蒲立本是錯的。蒲立本認爲《韻鏡》代表唐代的長安話。

3. 唐代的長安話未必是一個舉國奉行的官話(koine),尤其不能說這種長安話取代了唐以前的多種方言。

這個論點也是針對蒲立本說的,所以,我也不論。

4. 不能說閩語以外的各種方言都從《切韻》來,因爲《切韻》不是一個真實的語言,而是傳統音韻注釋的記錄。

這個意見我非要回應不可!

以上是他們提出的很特別的問題和看法。

現在來看我的文章。我的文章說《切韻》不是一個活方言,而是兩個活的方言融合在一起的音系,一個是北方的鄴下音,一個是南方的金陵音。因此,不能擬測爲一個單一的音系。羅傑瑞和柯蔚南說:"《切韻》並不代表任何時代任何地點的一個活方言。"這句話不對。《切韻》不是一個方言，而是兩個方言——江東方言與河北方言兩個活方言。假如把不大常見的讀書音挪開，把偏僻的字拿掉不管，只管平常的字音——白話音，那麼，《切韻》就是兩個地方的白話音合起來的，我們可以設法還原。如果我們能夠還原，是不是就能解決他們提出來的問題？在這樣的情形下，我們就可以說，《切韻》既有音韻結構，又有詞彙、文法結構。因為，《切韻》既然是兩個實際的活方言，當然有實際的詞彙，有實際的文法。

可是，我們知道《切韻》是韻書，韻書是以押韻內容為主的，是讓人押韻的時候拿來參考的東西，它不討論文法，是很自然的事。我們不能要求韻書討論文法，我們的字典也很少討論文法，即使現在也如此。那麼，《切韻》是不是討論詞彙？我想，應該有。《切韻》裡有當時的詞彙，即使現在，有的詞彙還保留著，只是我們沒有能夠釐清它，是兩個地方共有的呢，還是一個地方獨有的呢？是什麼樣子？我們可能很難很難釐清。

前些時候，我在中國語言學會講演，我有一個想法，就是關於詞彙研究。諸位知道，我自己並不特別做，但是我的想法可能有一點道理。我們總是說，我們對"古漢語詞彙是怎樣演變的"不清楚，有好多人做這樣的研究，如蔣紹愚先生就說我們對常用詞的注意不大夠。我們應該做一代一代的、以一本書為單位的詞彙字典，比如漢代《說文》裡解釋的部分，相信是東漢人習用的字。《說文》九千多字，每一個字都有注釋，有的是單音詞，有的是複音詞，我們把注釋的詞彙拿出來，就是可靠的詞彙表。每一代不同的字書，都會有這樣的詞彙，因為它都有解釋。既有解釋，就有共通的東西。不要管它的音，也不要管它上面注的字，只管它注釋的部分，把這個部分統一起來，擺在不同的詞彙表裡。這個時候，我們就可以說，在什麼時候有什麼樣的詞彙。如果用這個辦法，我們要注意，比如《玉篇》《篆隸萬象名義》裡面用的是什麼？是不是就代表押韻字？是不是代表了金陵音？當時的北方韻書用的是什麼？如果我們能做出從古到今的詞彙集，研究不同時代的詞彙系統，就可以說，這個詞是這個時代的，那個詞是那個時代的。

我曾經做過一點點研究。我們知道，"打"字是很後起的，閩南話裡沒有"打"字，閩語不說"打"，說 p'a（拍）。關於"打"字，已經有人寫過好多文章,討論"打"字原來是什麼意思。後來"打"字的用途多得不得了,有人寫了一本書叫《打雅》,就像《爾雅》一樣,把所有的"打"字都彙集在一起。你想想,打人的"打",後來變成打油、打酒、打電話的"打"。所以,"打"的用途之多,多得不得了。這個詞什麼時候有的?如果我們有這樣一個詞彙集,我們可以說:《說文》裡沒有"打"字,有"擊"字,是側擊、旁擊、正面擊,到了《廣韻》,就變成了"打",有好幾個地方變成了"打",就是從旁邊怎麼打。我們可以把《說文》的解釋跟《廣韻》的解釋合在一起看,你才發現,原來,詞彙的不同,很顯然是時代的關係造成的。假如,我們有一個詞彙集,我相信,這個詞彙集會有北方方言鄴下的詞彙,也會有南方方言金陵的詞彙,我們也會擬音。"既無音韻結構,也無詞彙文法",這句話就可以打折扣。我們可以證明,我們的詞彙是怎樣的。當然,我們可以進一步說,文法既然回到實際語言中,就可以用比較有把握的書或者材料來說明。

羅傑瑞和柯蔚南的第四條批評說,不能說除掉閩語外,其他各種方言都是從《切韻》來的,因為《切韻》不是一個真實的語言。我現在說,《切韻》是兩個方言的語言,所以,我說,除掉閩語,所有的方言都是從這兩個方言來的。有一些方言是從金陵下來的,即江東的;有一些方言是從河北下來的,就是北方的。所以,除了閩語以外,中國現代的方言都是從這兩個大的方言演變而來。為什麼這麼說?原因是,除了閩語以外,現代所有方言的語音區別都可以在《切韻》裡找到。現在羅傑瑞和柯蔚南把《切韻》推翻了,認為《切韻》不是一個活的方言,這一點是站不住腳的。

我有根據說《切韻》是南北兩個方言融合的音系,而且這兩個方言之間有較大的不同。那麼,來自當時南北兩大方言的現代方言,是哪些呢?在這裡,我自己遭遇了一個困難,就是沒有辦法把它們釐清:現在哪些方言是從《切韻》哪個方言來的。官話是從河北方言來的,吳語是江東方言來的。但是其他方言呢?現在,我在想一些辦法在做,想的結果是,基本上把中國的方言分成三類:一類是從河北鄴下這個方向來的,一類是從金陵這個方向下來的,一類是閩語。項夢冰先生在做贛語研究,我想知道,如果贛語分成兩個,究竟哪一個贛語是從北方來的,哪一個贛語是從南方來的,還是兩個都是從某一個地方來的呢？我就不敢講。我這裡只是一個想法，到目前為止還沒有真正找得到一個辦法。你有辦法麼？我有辦法。我現在是想，當時長安論韻九人提到的哪些音怎樣，哪些音怎樣，尤其是顏之推說的南人不分船禪和從邪，北人分。我們從這裡看哪些方言是合於這個標準，哪些方言是合於那個標準。反過來，我們就把這些方言納入河北方言，把那些方言納入江東方言。問題是：客家話怎麼辦呢？客家話究竟是什麼時候到南部去的呢？有人說是方言一波一波過去的，那麼，客家話代表的是南方的，還是北方的呢？如果我說是北方的，就要拿出證明。所以，我想，我大概有辦法，慢慢地把這些方言分開。一類是從河北下去，一類是從江東下去，當我們這麼做了以後，我就可以用這些方法擬音。下一講，我會談擬音，儘管還沒有成熟，儘管還沒有一個具體的、好的結果，但是我的方向是這樣的。我們就能夠說閩語以外的方言都是從《切韻》的兩種方言來的，因為《切韻》是兩個方言的混合，它加進去了傳統的音韻注釋。所以，我們用這樣的方法來研究中古音是合理的。我針對羅傑瑞和柯蔚南的意見，給出了這樣的答覆，因為我們不能夠不理人家，他們提出了方法論的問題，不答不行，你一個勁兒做自己的，這不可以，你非要回應不可。像這樣重要的文章，我們一定要答覆。

所以，我們這個討論課非常有意思，假如你們有什麼意見，告訴我，你們問的問題我都收在裡面，我想將來我寫文章或者寫書的時候，我就會想到：哦，原來你們有這個問題，我就可以在寫的時候把這個問題解釋清楚。你們儘管提問題，在這個地方我就可以多說幾句話，我真的從你們那兒得到了些好處，我們教學相長。

下面回到剛才的話題。羅傑瑞和柯蔚南的結論是：我們需要從一個新的角度出發，嘗試從方言的比較做起，必須結合傳統的比較方法和歷史文獻來研究，在兩者之間取得一個平衡點。所謂方言的比較，應離開"字"的比較，從詞彙着手，並注意文法，因此需要一個方言的分類。根據分類才能了解各大方言區的內涵，然後再在同一大方言區裡做次方言的比較，從而釐清漢語的歷史演變。

他們的話有的地方對，有的地方不對。我們研究方言，希望從小的方言開始做起。比如，我們為北京、天津、唐山這三個比較接近的方言擬測一個古音,如北京說"飛"55,天津說"飛"11,它的聲調究竟是什麼樣?有什麼不同?我們以後會有一次課專門談論聲調的問題。我們推測古音的最理想的辦法是,通過層級比較,然後把大的方言推上去,得到兩個中古音系。我們應該這樣做。可是,他們的意見是要脫離"字",要把"字"拋開,應該從詞彙著手。這裡,我們對"字"要有比較深入的了解。如果說字是一個一個的文字的"字",這句話可能有道理,因爲我們的白話音不唸字。我們現在文盲有多少?歷代的文盲有多少?我告訴你,一大群人。可是我們歷代的語言是靠這些人傳的,大部分的說話人,他們懂多少讀書音呢?他們知道的東西,都是實際語言中存在的東西。我的岳母一個字不認得,可是她記得很多江陰的俗語,江陰的成語她會講,並且懂得它們的意思。我常常覺得奇怪,她怎麼能口耳相承?我們得要描寫這些實際語言的情形。假如在實際語言的描寫當中,我們再把讀書音放進去,這就是《切韻》的做法。可是,如果我們離開了"字",離開了語言當中的一個單位,一個音節,像中國的單音節字,可能會發生問題。他們的意思是從詞彙入手,從詞彙入手有什麼困難呢?有什麼問題呢?

我仔細想一想,怎樣從詞彙入手。請注意,脫離了語言當中的一個基本單位、最小的單位——詞素,會產生什麼樣的問題?趙元任先生曾經說,詞素差不多跟中國文字的字是基本上一致的。

各位請看"桃花"這個詞在各地方言的情形:

方言點	詞目		字目	
	桃花		桃	花
北京	tʻau2 xuar1		tʻau2	xua1(花兒 xuar1)
濟南	tʻɔ2(42—→45)xua0		tʻɔ2	xua1
西安	tʻau2 xua1		tʻau2	xua1
太原	tʻau1 xua1		tʻau1	xua1
武漢	tʻau2 (213—→21)xua1		tʻau2	xua1
成都	tʻau2 xua1		tʻau2	xua1

續表

方言點	詞目	字目	
	桃花	桃	花
合肥	tʻɔ2 xua1(212—→21)	tʻɔ2	xua1
揚州	tʻɔ2 xua1	tʻɔ2	xua1
蘇州	dæ2(24—→22) ho0	dæ2	ho0
溫州	dɜ2(31—→21) ho1(44—→33)	dɜ2	ho1
長沙	tau2 fa1	tau2	fa1
雙峰	dF2 xo1	dF2	xo1
南昌	tʻau2 fa1	tʻau2	fa1
梅縣	tʻau2 fa1	tʻau2	fa1
廣州	tʻou2 fa1(53—→55)	tʻou2	fa1
陽江	tʻou2 fa1	tʻou2	fa1
廈門	tʻo2 (24—→33) hue1	tʻo2	hue1
潮州	tʻo2 (55—→213) hue1	tʻo2	hue1
福州	tʻɔ2(52—→44) ua1(x—)	tʻɔ2	xua1
建甌	tʻau5 xua1	tʻau5	xua1

　　這裡音標後的數目字 1357 表示陰調，2468 表示陽調，0 表示輕聲。不分陰陽調的方言只用 135 表示，如太原。

　　我們不管變調，來看以上方言的聲母韻母。所有在左邊出現的和跟在右邊出現的，完全一樣。所以說，從詞彙出發，就是從"桃花"出發，得到的結果是"桃"加"花"，兩者之間完全一樣。所以，在不脫離字的情況下呢，一個"桃"字，一個"花"字，知道怎麼唸，它的詞彙，其實就是"桃""花"加起來。這裡有變調，我們可以暫時不管，因爲變調是另一種情形，就聲韻部分來說，可以認爲，兩個音節的詞彙，實際上是兩個單音節的字加在一起得來的。假如是這樣，請問，脫離了字，詞彙有什麼意義？因爲二者是完全一樣的，脫離了字，詞彙就沒有意義。

再舉個例子，看看"螳螂"這個詞在各地方言的情形：

方言點	詞目：螳螂 t'aŋ2 laŋ2
北京	刀螂 tau1 laŋ0
濟南	刀螂 tɔl laŋ0
西安	猴子 xou2 tsʅ0
太原	扁擔婆 pie3 tæ5 p'ɤl，pæ3 tæ5 p'ɤl
武漢	休子 ɕiou1 tsʅ0
成都	孫猴子 sən1 ɕəu2 tsʅ0
合肥	刀螂 tɔl laŋ0
揚州	刀螂子 tɔl laŋ0 tsɛ0
蘇州	螳螂 dɒŋ2 lɒŋ2
溫州	剪鋸娘 tɕi3 tɕy1 ɲi2，tɕi3 tɕ·iəu1 ɲi1
長沙	禾老蟲 o2 lau3 tsən2
雙峰	禾老蟲 əu2 lɤ3 dan2
南昌	螳螂 t'ɔŋ2 lɔŋ3
梅縣	螳螂□ t'ɔŋ2 lɔŋ2 ɛ3
廣州	馬狂螂 ma4 k'ɔŋ2 lɔŋ2
陽江	馬騮狂 ma3 lɐu2 k'ɔŋ2
廈門	草猴 ts'au3 kau2
潮州	草猴 ts'au3 kau2
福州	草蜢哥 ts'au3 maŋ3 kɔl
建甌	蘆螞 su5 ma3

　　以上資料是根據北大的《漢語方言詞彙》，絕對可信。"螳螂"可是最通常的一個詞彙，詞彙的差別到了這樣的程度，試問，你怎樣能夠擬測它是從什麼詞彙來的？你沒辦法。我們怎麼能夠得到詞彙早先的面貌？得不到。如果從詞彙入手，打開詞目看一看，一大堆詞彙，差別懸殊，我們怎樣能從詞彙的比較，做古音的擬測？

即使是接近的方言,也不可能。我曾經試過,比如"太陽"或者"月亮",在各地的叫法不完全相同,而做的結果還是一個一個的字,只有"日"字可以比較,因爲有人說"日頭","日頭"可以用,而"日頭"正是那兩個字,還是脫離不了字。"月亮"呢,我們家裡叫 liaʔ yoɹʔ,亮月,亮字又改變了調,像入聲。整個地比較一下,除掉沒有辦法用的,真正能夠用的也只是"月"字。換句話說,等於是在各方言中求一個最大的公約數似的,因爲每一個東西都只能找到一點嘛!像這樣的例子,根本沒有辦法找,我只能說,大概"螳螂"的"螂"字可以用,這個字困難得不得了。我曾經做過"太陽""月亮"的方言比較,只有"日""月"可以用,如果脫離漢字、脫離語言當中的詞素,有什麼意義呢?沒有意義!

以上說明,脫離"字",而走上完全的詞彙比較的路子,完全是理想,能不能做到,是個問題。我不覺得這樣可以做,困難重重。假如這樣做,可能還有別的毛病,請看:

方言點	詞目:痣
北京	痦子 u5 tsɹ0
濟南	痦子 u5 tsɹ1
西安	魘子 iæ̃3 tsɹ0
太原	黑魘 xəʔ7 ie3,紅魘 xuŋ1 ie3
武漢	痣 tsɹ5
成都	痣 tsɹ5
合肥	痣 tʃɹ5
揚州	痣 tsɹ5
蘇州	痣 tsʻɹ5
溫州	痣 tsɹ5
長沙	痣 tsɹ5
雙峰	痣 tsɹ5
南昌	痣 tsɹ5

續表

方言點	詞目:痣
梅縣	痣 tsɿ5
廣州	痣 tʃi5
陽江	痣 tʃi5
廈門	痣 ki5
潮州	痣 ki5
福州	痣 tsei5
建甌	痣 tsi5

"痣"在廈門、潮州唸 ki5，注意這是陰去字，當我們碰到這種情況的時候，如果脫離中國的"字"，你不去管字的問題，我們會想它是什麽字呢？第一個反映就是胎記的"記"。因爲"記"是陰去字，有一個東西叫胎記，就是小孩身上的記號，是出生的時候被人踢了一腳，踢出來的，所以屁股上是青的，就是胎記，是見母字。當我們看到 ki5，想到的就是"記"，因爲它是見母字。如果脫離了"字"，就不會把廈門的 ki5 跟"痣"放在一起想。其實，"痣"是章組字，照三系聲母的字，閩語有讀 k、k'、x 的，比如，"枝"唸 ki1，"齒"唸 k'i3，"痣"唸 ki5，把章組唸成 k、k'，完全合於聲母的演變，這是閩語裡保存得很古的一個層次。假如脫離了中國的"字"，對不起，這個地方可能會是錯誤的，你可能就想成了胎記的"記"。

我舉這些例子是要證明一件事情，證明什麽呢？人家的批評不一定對。羅傑瑞和柯蔚南都是我的好朋友，在他們的文章出來以後，有一次見面，我見到柯蔚南，我說，你們講的詞彙的那一部分，我根本不能同意。他說，那個不是我的結論，是羅傑瑞說的。所以，我想說，朋友的討論見之於文字的時候，得要想清楚，你有一個理想可以，可是這個理想怎麽實現？我認爲，脫離中國的"字"來擬測古代的語言，太困難。

我剛才談到歷代詞彙集的問題，我曾經試着拿河北方言的詞彙來比較，所有的"打雷""響雷""雷公"，共同的只有一個"雷"字，所能擬測的就是這個字。我對詞彙研究的想法是，一方面有歷代的詞彙集，另一方面有現代各方言的比較，這個比較能夠做到什麼程度，就到什麼程度。我們可以用現代方言推測最靠近的幾個方言，它們最大公約數是什麼，是"雷"。"雷"字什麼時候出現的？《說文》的解釋字就有。我不是說《說文》的字裡頭有，是說《說文》的解釋裡有。也許《說文》的解釋跟上面的被注字是兩回事。如果注一個大家不認識的字，不常用的字，注釋用的那個字可能是常用的。假如，我們能夠把這兩個連起來，一個是歷史上各代的東西，一個是方言推上去的，這個時候，我們的漢語史研究可以是相當全面的。因為，我們說下面上去的和上面下來的，兩個可以對到一起。這正是研究語音的人現在要做的事。比如，我說閩語是漢代分出去的，這句話根據什麼呢？我的證據是，閩語的某些音只有在漢代，才會有可能變出去，後代就不可能了。同時，我們又有上古音到中古音的演變規律，把兩漢、魏晉音連起來看，只有在這個時候，它才能分出去。我說，閩語是漢代遷出去的，這個結論很難推翻，因為我有幾個證明。假如我們用這樣的方法研究詞彙，有一個歷代的詞彙集，有現代各方言的詞彙比較，我就可以說這個詞彙什麼時候開始的。比如說"打"這個字，這樣推上去的結果，大概是東漢以後出現的，假如我說的不錯，你就不容易推翻我。有些字書雖然有缺陷，可是出現的詞彙現象，價值是很大的。比如，敦煌變文資料，是白話文，關於"打"字，浙江的蔣禮鴻先生專門做了研究，變文裡就有"打"字，是一個新的用法。可見"打"字的範圍擴大了，到現在用法越來越多，"打"字變成手的動作，甚至不是手的動作，如打聽的"打"，是耳朵的動作，是動詞的虛化。詞彙的虛化，應該跟整個的歷史結合起來，假如我們能夠做到這一點，我覺得我們對漢語史的了解就真正深刻了。

下面說說我的結論。我的文章基本上也說《切韻》不是一個活的方言，不能擬測為一個單一的音系，而是南北兩個方言的融合，一個是北方的鄴下音系，一個是南方的金陵音系。《切韻序》中記錄參與討論的九個人可以彼此溝通，主要討論的是字與字可不可以押韻的關係，其次才是聲類的問題。但可以押韻並不代表讀音相同，所以，我們沒有理由給《切韻》擬測單一的音系。這是我擬測兩個音系的最大根據。這邊的人，甲字與乙字可以押韻；那邊的人,甲字與乙字也可以押韻,但是可以有不同的讀音。各位懂不懂這個意思? 比如"東",這邊的人唸[tung],那邊的人唸[tang],語音都不一樣。但你問他押韻不押韻,他統統說押韻。所以,既然是可以押韻的東西,兩個方言的語音儘管不同,都可以押韻是有實際的根據的,不一定非得認爲是一個方言。

我的想法,跟以往研究《切韻》的人大不相同。如果我的說法站得住腳,也許可以給中古音的研究開一個新的面貌。我可能做得不好,我一個人也做不了,但是以後的人可以繼續做。我 1995 年發表的文章,到現在爲止,已經快十年了,並沒有人反對我的意見。有些人殊途同歸,像梅祖麟先生常常講古江東方言,就是我所說的《切韻》的金陵方言,這個看法很一致。另外,別人也引用,但是這個方法究竟站不站得住腳,是我們要討論的。我這次來,就是想把不成熟的想法跟諸位談一談。談談可以,寫文章就難了。因爲,寫文章,人家要挑你的。我告訴你,你寫文章不小心,一輩子會後悔,因爲你寫出來,就改不掉了。所以,寫文章的時候,要千萬小心下筆,千萬不要把話說過頭,絕對不要說過頭話。你自己有一點懷疑,你就說你有一點懷疑,你覺得這個地方寫起來不那麼自然,不那麼順,你就把你那個感覺說出來,你就說我寫起來感覺不順,正面理由是什麼,反面理由是什麼,我爲什麼選擇正面的理由,我爲什麼選擇第三個理由,理由何在,不要隨便把話講死。現在,我可以跟你們講一講,如果我講錯了,發表的時候就可以改一改。所以,你們最好多給我一點意見。

我認爲傳統的音注最早到東漢,他們討論的讀書音涵蓋東漢到晉,西漢及以前根本沒有資料,無從談起。讀書音的系統大概受當時兩個主要方言的白話音系的調整。注意呀,我說讀書音的系統大概受當時兩個主要方言白話音系的調整。我認爲現代方言除閩語白話音外,應該分兩組,一組從鄴下音系演變而來,一組從金陵音系演變而來。

好,我講完了。

第三講 中古音的擬測

一、中古音擬測的原則

中古音的擬測，我還沒有一定的想法，是我長期要做的計劃。現在，有一點兒頭緒，所以，我想先講一些原則的問題，從《切韻》的結構論擬測中古音的原則。我們首先要想一想，是不是能夠擬測我所說的兩個音系。怎樣擬測呢？有些原則要定下來。

（一）一個簡單的原則就是，同韻的字南北兩個方言未必同音

這一點我已經講了很多次，我想這個應該是沒有問題的。比如，"車、遮"兩字，我的如皋話是 tsʻa1、tsa1，普通話是 tʂʻɤ1、tʂɤ1，廣東話是 tsʻɛ1、tsɛ1，你要問：這兩個字押韻不押韻？是押韻的。但是，我們不一定能擬測同一個音。如果南北兩個音系分開擬測，就能夠體現字音的不同。我會給大家看我所想的有哪些音不同，不是很多，我們可以大致看一下。上一次有人問我："你這樣擬測的時候，比如說北方音系，能否涵蓋當時其他北方方言的音系？"我說："不一定。"這兩天，我在想這個問題，發現有些地方是可以這麼做。所以，我試試看能不能夠把方言中很顯著的東西放進去，可是怎麼放進去，有一點兒困難。同韻的字，南北兩個方言未必同音，就是這個意思。你們也可以說，在北方還有其他的方言，也未必同音。這樣說，我也同意。比如，現在鼻音尾的字"安、煙、灣、鴛"，一個方言唸 an1、ian1、wan1、yan1，另外一個方言可能是 ā1、iā1、wā1、yā1，像這樣的方言情形我認為很容易處理，不需要費很多力氣來解釋許多方言的不同。假如北方有三個方言，而我擬測的鄴下音系，用一兩條規則就可以解釋其他方言。諸位要知道，當我們用一兩條規則來說明音韻現象，不同系統的人聽了會覺得很難的，但是規則寫出來之後，就很容易。

但是，另外一種情形就很難了，比如說，廣東話的 k'u，接 u 的時候 k' 就變成 f，你知道有這樣的規則，可是乍一聽，聽不懂。比如，他說 fɔ1 tai6，"科大"，我就想不到他說的 fɔ1 是"科"字。實際上，它影響的只是一部分規則。所以，我們要曉得，當不同的方言之間發生關係的時候，可能一兩條規則就可以解釋。這是一個原則。

（二）韻的分合

韻的分合很簡單，我的意思是，陸法言定《切韻》稿子的時候，哪個韻跟哪個韻合，南北可能是不一樣的，例如：

北方的韻	ab		c
南方的韻	a	bc	
韻書	a	b	c

因爲南北的押韻情形不一樣，所以，到了陸法言的時候就變成了三個韻。周祖謨先生的觀察是對的：《切韻》從分不從合。這種情形，到我擬測的時候，把北方擬成兩個韻，南方也擬成兩個韻。沒有一種語言是分三類韻的，實際上涉及兩個方言，北方分兩個韻，南方也分兩個韻，只是它們的範圍不同，因此《切韻》變成三個韻。

從理論上來說，把兩個方言的韻類加在一起，合成新的韻書，並無困難。例如以全王（王三）韻目下的小注爲例，我們可以做一些推演的練習：

1. 小注："冬，無上聲。陽與鍾、江同韻，呂、夏侯有別，今依呂、夏侯。"

   陽休之   呂靜、夏侯該   《切韻》
   冬＝鍾＝江 冬≠鍾≠江   冬≠鍾≠江

如果我按照陽休之的辦法把三個韻擬成同一個音。各位請注意啊，我說同一個音這個話啊，說得不大準確，應該是擬測一個可以押韻的音，也許它們的介音不同。比如，"安煙灣鴛"，據我所知，北京人過去有兩派，一派說這四個字可以押韻，一派說不行："安灣"押韻，"煙鴛"押韻。我不曉得現在的情況怎樣了。我們知道，"煙"ien是從ian來的，"鴛"yen是從yan來的，在早期的時候就可以看得出來實際上是同一個韻的字，後來是i、y的關係使得元音產生了變化。現在的山東一些地方，像煙臺，是 aĩ iaĩ waĩ yaĩ，完全可以押韻，主元音都是 a，很容易比較出來。押韻並不代表同一個韻母，可以押韻並不代表同音，可以是介音的不同。所以，當冬、鍾、江押韻的時候，我可以擬測成兩個或三個韻母，有介音的不同。

2. 小注："願，夏侯與恩別，與恨同，今並別。……恩、呂、李與恨同，今並別。"

<pre>
夏侯   呂靜、李季節   《切韻》
願＝恨≠恩   （願≠）恨＝恩   願≠恨≠恩
</pre>

小注中沒有提到呂、李對願韻的處理，但是可以猜測至少不跟"恨、恩"兩韻相同。這等於說把夏侯的兩韻加上呂、李的兩韻，合為三韻。用圖解來表示比較清楚：

夏侯	願		恩
呂、李	（願）	恩	
切韻	願	恨	恩

這就是典型的《切韻》的韻類，兩個相同的韻可以變成三個不同的類。嚴格一分，就可以變成a、b、c三韻，其實並沒有。當然，人家也可以攻擊我說，如果按照這個辦法擬測成單一音系，就可以說它是當時的讀書音或者是文學語言。但是實際上，沒有這樣的東西，因為《切韻》是兩個方言，韻的範圍不同，就可以分成三個，這也是一個原則。我們要了解到《切韻》中有這樣一種情形，可能兩個方言中的兩個韻變成三個，關係是錯綜複雜的。

(三) 一、三等可以同韻,二、三等可以同韻

第三個原則是說,我們觀察到《切韻》中包含兩種韻母的韻一共有四個:

東韻:一等韻母,三等韻母

戈韻:一等韻母,三等韻母

麻韻:二等韻母,三等韻母

庚韻:二等韻母,三等韻母

這個情況大家都知道,可是我覺得擬測音系的人,尤其是近來,似乎沒有人太注意這個情況。我覺得這是《切韻》中非常重要的一個消息,讓我們來注意這個問題。你想想看,一等三等同韻,二等三等同韻。為什麼會有兩個不同等的韻母在同一個韻裡?我們反過來看,一等的唐韻、三等的陽韻是獨立的韻。這個是我們擬測上的一個大的問題。我現在還沒有完全弄清楚怎麼辦,但是我大體上有一個想法。我們知道,唐、陽是不同韻的,東一、東三是同韻的,麻二、麻三是同韻的。

我們以東一、東三為例來講,它們是同韻的,而唐、陽是不同韻的,在擬測上怎麼辦呢?高本漢原來的辦法是唐跟陽的元音相同。我們先不考慮擬音,先說這四個韻在 193 韻或 206 韻裡,各有兩個韻母。真正出現兩個等的韻母的,只有這四個韻。我的解釋很容易:三等有 j 介音,所以當東一是 ung 的時候,東三就是 jung,麻二假如是 a 的話,麻三就是 ja。我的想法,一等和三等、二等和三等,這兩個韻在一起,最大的可能是加上了介音,可以使它們同韻。但是,唐、陽後來的擬測是 ang、iang,這需要解釋:同韻的主元音當然相同,不同韻的主元音為什麼也是相同的呢?這顯然是結構上不同。大家注意:這裡沒有一四等同韻,沒有三四等同韻,沒有二四等同韻,也沒有一二等同韻。這是結構上的消息,告訴我們:一、三等可以同韻,二、三等可以同韻。這個問題我想了很久,非常相信三等有介音 j。現在有人把二等擬測出一個介音來,兩個介音都接同樣的元音,我不大相信。假如二等介音是一個 e,由此 ea 和 ia 可以放到一個麻韻裡去,那麼為什麼沒有單元音 a 跟 ea 同韻?所以,我確信一等元音沒有介音,二等也是一個沒有介音的元音,這是一

個原則。你如果想推翻這個看法，要擬測二等介音，那麼就要解釋爲什麼沒有一種單元音跟這個二等韻母押韻。因此，我不大相信《切韻》可以有二等介音。這是《切韻》本身給我們的一個消息。

　　我們繼續解釋這種現象：東一、東三不分，麻二、麻三不分，庚二、庚三不分，唐、陽卻是分開的。我大致可以回答，但不是很好的回答。好的回答是：押韻的時候，在陸法言的感覺中，或者是那些人的感覺中，東韻要押韻，如 ung、jung，像是一個韻的東西，而 ang、iang 不大一樣，在他的感覺裡頭，ung、jung 這兩個韻母像是同一個韻，而 ang、iang 卻不是，這是一個說法。假如這個說法對的話，我們就得對東戈麻庚這四個韻想一想，是不是什麼元音接 j 時候，讓我們聽的人覺得更接近。這個解釋，有一點困難，因爲麻韻接 j 不好解釋。另外一個解釋，就是《切韻》偶爾的一個疏忽，本來陽、唐是押韻的。如果唐韻的字是大量的，如"光、綱、當"等一等字自押，陽韻字一定是三等字在一起押韻，假如它們基本上是兩個方向的話，陸法言這幾個人就會決定一個是唐韻，一個是陽韻，並不是表示這兩個不能押韻，是可以的，但是，它大致可以區分。我自己做魏晉以來的押韻研究，何大安做南北朝的押韻研究，唐陽一直是一起押韻的，既然一直一起押韻，爲什麼到了《切韻》分開了呢？這完全是用韻人的感覺。我這樣的解釋，是爲把唐、陽擬測同樣的元音、只是介音不同的這個說法給一點理由。第一個理由能不能說得通，還有待解決。但是，ung、jung 和 ang、iang 可能給人的感覺是押韻不同，ung、jung 的距離近一點，ang、iang 的距離遠一點。

　　至於三等韻的介音是 j，差不多大家都同意，沒有大的分歧，我相信三等韻是 j。這樣擬測，根據是什麼呢？這是根據中國方言的比較來的，我下面也會用中國的方言做一點分析。

（四）《切韻》中的三等韻特別多，占全部韻數的 49%

　　對這個現象有許多解釋，早年蒲立本認爲，三等韻是從長元音來的。後來，大體上認爲，一二四等和三等韻來自不同的音節，三等韻是從有降調重音的音節來的。包擬古認爲有兩種 j，一早一晚。鄭張尚芳跟蒲立本相反，認爲是從短元音來的。斯塔羅斯金也有相同的意見。羅傑瑞則將上古漢語的音節分爲三種，認爲三等韻是最自然的普通音節腭化的結果。只有柯蔚南和龔煌城認爲三等韻的-j-是原始漢藏語就有的,龔煌城最主要的證據就是西夏語顯然保存了原始漢藏語的介音-j-。我說這麼多的原因,是讓大家知道:當我們擬測三等韻的介音時,是有分歧的。-j-從哪裡來?這些人的解釋是說,他們並不是否認三等-j-,只是上古的來源有不同看法:有人說是長元音,有人說是短元音。柯蔚南和龔煌城認爲三等韻的-j-原始漢藏語就有,從上古一直到中古,這樣的解釋當然更方便。所以,我也遵循大家的意見,認爲三等有-j-,-j-使得聲母 k 可以腭化,在歷史上有很多演變是受到-j-的影響。照我這樣說的話,一等的是元音,二等的是元音,三等的是介音-j-加元音,一等跟二等是不同的元音,只有不同的元音加-j-才可以在同一個韻裡存在。

潘悟雲《漢語歷史音韻學》(2000:20)中說:

> 鄭張尚芳把三等音擬作ɨ,在前高元音前讀作i,在唇音前讀作u,本文贊同鄭張尚芳的觀點,但是用更常見的音標ɨ來代表這個音位。

對我來講,我不覺得同意這樣一個看法會有困難,但是,我需要花好多的時間來辯解。你說這個央高的元音ɨ爲什麼不好?我個人不贊成的原因,因爲要解釋這個擬音,我要費很大的力氣。他說:"在前高元音前讀i,在唇音前讀作u。"這個ɨ,我就不敢用。不敢用的原因是,當我們說ɨ這個音,在什麼情形下唸做什麼,在另外情形下唸做什麼,根據何在?它一方面是i,一方面又是u,可是,我們又寫作另外一個ɨ,像這樣的說法,我自己是儘量避免的。這是對三等韻介音比較新的一個看法。

我剛才已經說了,對於二等介音是 e 的看法,我也不怎麼贊成,我也不知道將來我寫成文章的時候怎麼辦。一個辦法是,我只說自己的話,不批評別人的東西。因爲批評別人的東西,得有好多家,你是一一批評,還是怎麼辦?所以,我想,最大的可能是,我的說法是用這樣的證據,你的說法證據何在。我不批評你,不能避免的時候,我也許只會說一說:這個方法我不能贊成。比如說,麻韻的二、三等同韻時,我認爲二等是單元音,三等是同一個單元音加-j-。這個看法只是我個人相信,別人也可以有不同的解釋。

(五) 系聯的意義

下面是李榮《切韻音系》(1956)系聯匣母的結果：

(1) 何^{韓柯}韓^{胡安}戶^{胡古}侯^{胡溝}黃^{胡光}胡^{胡雅}下^{胡吳}痕^{戶恩}諧^{戶皆}鞵^{戶佳}

(2) 雲云^{王分}筠^{王麐}韋^{王非}王^{雨方}羽雨^{于矩}尤^{羽求}于^{羽俱}

李榮的系聯很簡單，總共有兩類，一類是匣，二類是喻三，即云母，有的人說是喻三。(1)(2)兩類上字系聯不起來，可是，他並沒有給任何的理由，就把這兩類放在一起。

邵榮芬的看法一樣，他連字的次序都完全一樣，下面是邵榮芬《切韻研究》(1982)系聯匣母的結果：

何³韓^柯韓^{胡安}戶²⁴^{胡古}侯²^{胡溝}黃²^{胡光}下¹⁵^{胡雅}胡⁹⁴^{戶吳}痕^{戶恩}諧^{戶皆}鞵^{戶佳}雲^{王分}云²^{王分}筠^{王麐}韋²^{王非}王⁹^{雨方}雨羽⁴^{于矩}尤^{羽求}于¹³^{羽俱}(雲字以下應有斜線分開，無法系聯。)

他們都是用《切韻》做的系聯。系聯不起來的反切上字，我覺得是一個麻煩的問題。《切韻》的系聯代表很強烈的類的區別，假如喻三跟匣是分開的兩類，根本不能系聯。現在，用別的證據，例如譯音的證據來說喻三跟匣不分，我接受起來有點困難。換句話說，我們在系聯和擬音當中採取一種怎樣的原則去把握它？我覺得不能夠按照我們的想法或者假設來做，因為有一些事情是鐵的事實：不能系聯，就是兩類，為什麼說是一類呢？《篆隸萬象名義》裡邊可以系聯，它是一類，周祖謨先生已經指出來了，這個時候，我就說，在北方匣、喻三是兩類，在南方是一類。不能夠因為你覺得這個現象是怎樣，就把不可以系聯的東西系聯起來了。假如這樣做的話，我們的系聯還有什麼意義？但是，系聯有時也不是一成不變，有時候是有困難，反切上下字兩兩互用不能系聯。在這種地方，可以有不同的解釋，利用陳第的分析條例、補充條例，可以不同的處理方法。但是最基礎的，如果兩類字絕對沒有來往，別的條例也不能用，我一點都不相信這兩類可以系聯起來。所以，現在有的人把匣、喻三通通系聯起來，在我來講，我不能接受。

(六) 結構＋系聯＋方言＋譯音(對音)

我的看法是：結構＋系聯＋方言＋譯音，合在一起看。我這樣排次序的先後,是有意義的:結構最重要。比如說同韻未必同音,韻的分合,兩個韻母爲什麼在一個韻以及它所顯示的意義。

然後是系聯。因爲系聯有不能分的地方,不能分的原因,因爲反切不是一個一個重新造的,它有歷史淵源。如果一看前面的音沒有問題,或者沒注意,就用了,那麼就產生問題了。有的是兩兩互爲反切的現象,如何看待這些問題?

然後是方言。我把方言放在譯音的前面,不知道諸位是否還記得我在第一講提到的各種資料的優點和缺點?方言是活的,是我們可以把握的語言,對於譯音,產生的困難是,我們對它的歷史不太清楚,比如說漢越語,我們對越語的歷史不清楚。對於借到韓國的音,對於韓語的歷史我們不清楚,至少不是很清楚。我用過 15 世紀以後《朴通事》《老乞大諺解》中關於注音的部分,很有趣,一邊是舊的,一邊是新的,新的東西隨著時代變,可以看得出 15、16 世紀音的改變。但是,韓國的拼音文字產生於 15 世紀,再上面就是漢語,對於 15 世紀以前借去的音是什麼情形,我一點都沒有把握。我不是不用,只是把它作爲次要資料。

我批評蒲立本的文章,費的力比較大。我把他列出的字,比如說是收 s 尾的,一一分析,然後我就說譯音這個東西危險。譯音不是不能用,而是危險。不是不能做輔助的證據,而是不能做主要的證據。我覺得我們現在做研究,既不能不用譯音跟對音,自然要用。比如說梵文,梵文的對音有好幾家,尉遲治平先生,劉廣和先生,好多先生在做,但是四等韻有沒有介音的問題,同樣做梵文研究的人,看法不同。最近,尉遲治平先生就發表一篇文章,他認爲四等韻有介音,其他的人認爲四等沒有介音。我個人是相信四等有介音 i 的,我等會兒告訴大家我爲什麼這麼想,我老早就讀馬學良、羅季光兩位先生發表的四等韻沒有介音的文章,我一點都不相信。我現在有兩個證據,很清楚是有介音的。但是,不能超越的一個障礙是梵文沒有介音。現在,尉遲治平先生說,梵文對音可能也有介音。梵文有 e 音,漢語沒有,因爲漢語用四等字來對譯 e,所以漢語四等沒有介音,這話危險。如何確定譯音的時候一定是用相同的音而不是用相近的音呢?我曾經講過 Chicago、Kennedy 的翻譯,你覺得哪個音近,就用哪一個,是不是同音?一點都不敢講。

我覺得一本書裡大量用譯音的東西，至少我是有一點擔心，我不會用作主要的證據。我會用方言做主要的證據。因為方言是我們可以把握的，而且我們知道它是怎樣的情形。對於譯音跟對音，最主要的問題是來源不清楚。梵文的譯音是直接從 Sanskrit 來的嗎？當中有沒有經過巴利文呢？當它轉過來的時候是怎樣的情形呢？我們借到外國去的東西，所謂譯音，是從哪一個方言借去的呢？當時從長安借過去，方言上有沒有調整過呢？凡是不能夠解答這些問題的時候，我就不敢用，或者我將它用作輔助證據，當我的主要證據很清楚的時候，我用輔助證據說：你看這個譯音是如此。

從《切韻》的結構論擬測中古音的原則，我的結論是：結構重要，系聯重要，方言重要，然後，才是譯音跟對音。當我們把這些加在一起的時候，就可以考慮，也許我們的擬測是對的。擬音這個東西，有人說是鬼畫符，你愛怎麼說就怎麼說。我不完全相信，我們誰都沒有見過鬼，吳道子畫鬼，他愛怎樣畫就怎樣畫。《切韻》的韻不是這樣的，擬測不是這樣。關於擬測，除了我剛才講的以外，沒有講的，比如說，要注意語音演變的規則，語音的演變規則和擬的音是否可能存在，都要加以解釋。比如，蒲立本說：上古漢語只有兩個元音。我覺得這違背普通語言學最基礎的原則。所以，在這裡，有很多東西在起作用，就好像是兩條線交叉可以有一個點，假如我們用結構加方言兩條線，這個時候，可以有其他的線來證明這個點。假如我說漢代的音怎樣，你就會看《漢書》"匈奴""鮮卑"這些不同名稱的譯音，我們現在所知道的，比如說"烏弋山離"對譯 Alexandria，當初的"離"字怎麼是 dria，當我們有了兩線一點後，再把其他的線加進來。換句話說，這時候的研究不是兩條線，而是三條到四條線，線越多，解釋得越好，如果不能解釋得那麼多，就先留着。我不能解釋的，先用方言的證據，然後才是譯音（對音）。對於譯音的問題，我可能不知道如何解釋，只好放在一邊。我就明明白白地說，我的方言的證據跟譯音的證據不一致，不知道怎麼辦。

以上所講的擬音原則，是比較重要的部分，至於其他的部分，比如說，一個韻裡頭擬測相同的元音、相同的韻尾，我不用再說。當然，你可以說這是擬音的原則，這個大家都知道，很少有人為相同的韻擬測不同的韻母。所以，我希望我們看《切韻》的時候，能夠注意結構，有結構的觀念。比如，陽聲韻與入聲韻相配，如東屋、陽藥相配，是《切韻》的特點，可是我們知道，早先在上古音中入聲韻不是與陽聲韻相配的，入聲韻是與陰聲韻相配的。諸位要了解這一點。有些人在寫文章的時候，我以爲他沒有弄清楚。所謂陽聲韻與入聲韻相配，如東董送屋，是指陽聲韻與入聲韻的元音相同，韻尾不同，一個是陽聲韻，一個是入聲韻，並不是說可以押韻，這是結構上的不同。但是，上古的陰聲韻配入聲韻，是可以押韻的。比如，上古的之部字，與它的入聲字相配，彼此可以押韻。上古陰入相配是押韻，中古陽入相配是結構的不同。我曾經想，《切韻》的音，有哪些是不容易改變的？有沒有這樣的音呢？因爲，在現代方言中有些音不容易改變，我們就可以找到它早先的形式，容易把握。如果變得厲害了，就難於把握。我覺得，我們對中古音的想法應該開闊一些，只要符合語音規律，只要能夠解釋的最多，就是我們要做的。

二、聲母的南北差異——鄴下音系與金陵音系聲母的異同

鄴下音系					金陵音系				
幫 p	滂 ph	並 b/bh	明 m		幫 p	滂 ph	並 b	明 m	
端 t	透 th	定 d/dh	泥 n	來 l	端 t	透 th	定 d	泥 n	來 l
知 ṭ(tr?)	徹 ṭh(thr?)	澄 ḍ(dr?)/ḍh(dhr?)	娘 ṇ(nr?)		知 ṭ(tr?)	徹 ṭh(thr?)	澄 ḍ(dr?)	娘 ṇ(nr?)	
精 ts	清 tsh	從 dz/dzh		心 s	邪 z	精 ts	清 tsh		心 s	邪 z
照二 ts(tsr?)	穿二 tsh(tshr?)	牀二 dz(dzr?)		審二 s(sr?)		照二 ts(tsr?)	穿二 tsh(tshr?)	牀二 dz(dzr?)	審二 s(sr?)	
照三 tɕ	穿三 tɕh	牀三 dʑ	日 ɲ	審三 ɕ	禪 ʑ	照三 tɕ	穿三 tɕh		日 ɲ	審三 ɕ	禪 ʑ
見 k	溪 kh	群 g/gh	疑 ŋ	曉 x	匣 ɣ	見 k	溪 kh	群 g	疑 ŋ	曉 h	匣 ɦ
影 ʔ	喻三 j	喻四 ji				影 ʔ		喻四 ji			

請看上表第一行：幫滂並明。我把鄰下的並母擬作 b、bh，這是我老早研究聲調的時候，注意到閩語爲什麼濁聲母有的變清聲母送氣，有的變清聲母不送氣。我發現，歷史上並母字曾經有這麼一個過程，從 b 變成 bh，一直到 12 世紀的時候，龔煌城先生做西夏語的對譯工作，還看得出來，對譯的全部是清的不送氣音。所以，後來我在寫《論官話方言研究的幾個問題》的時候，其中一個問題就是這個問題。我想，客家話濁音變成清的不送氣，假如我們說客家話是從北方來的，爲什麼現代北方話中沒有一個方言是這樣子。後來，我根據羅常培先生的研究，發現原來在北方話中就有一個並母變成送氣的清音，所以，如果並母變成送氣清音，一定是這個 bh 的後裔。另外，還有全部變成不送氣的，所以，我在方言裡找了一些證據，比如山東一些地方的白話音，所有的濁聲母今讀都不送氣，所以，我要把一部分方言的區別放在 b、bh 上。換句話說，北方話有一類是 b，以後就變成 p，清化以後變成 p，不送氣；有一類變成 ph，就是清化以後變成送氣；當然還有平聲送氣，仄聲不送氣，跟官話一樣。

在南方金陵音系，我暫時擬了一個 b，我沒有太大的把握，這個地方是不是應該擬成 bh，擬成 bh 有道理，就是因爲吳語的清音濁流。這個擬音我還沒有想定，但是大概南方是一類，北方可能是兩類。如果並母是這樣的話，定、澄、牀二、群也應該是這樣的。照三的牀母爲什麼不是這樣的？因爲這牽涉到禪母與牀母的關係。這一點，好多學者都認爲禪母與牀母放錯了位置，我想可能是對的。我沒有一一檢討方言的情形，現在暫時留一個空白。

然後，各位看，在金陵音系中，沒有從母，很顯然，從母和邪母是一類，南人從、邪不分，《顏氏家訓》中說得很清楚："以錢爲涎"。照二的部分，我沒有把俟母放進來，也許我應該把它放進去，我有一點遲疑。因爲這個俟母只牽涉到兩個字，李榮、董先生都認爲應該有一個俟母，我曾經寫過一篇很小的文章，沒有發表。看起來俟母不獨立也不是不可以，因爲只牽涉到兩個字，我沒有構擬，將來我可能把它補上去，也不一定。

然後是第六行照三組聲母的音：我用 tɕ、tɕh、ɕ 表示，比較通俗，船、禪不分，是 ʑ 的音，所以我拿掉了金陵音系中的船母。

見系部分：曉、匣兩個聲母的擬音不同，北方的是 x、ɣ，南方是 h、ɦ，這完全是根據吳語的關係推測的。

影母這一欄：鄰下有喻三、喻四，擬爲 j-跟 ji-，我是沿用李方桂先生的辦法，我自己的想法還沒有定，也許改爲 ɣwrj-，但是基本上它是兩類。在金陵方面，沒有喻三，喻三跟匣合在一起。目前看起來，兩邊的聲母有這些區別。有的是音的區別，有的是類的區別。

其實，以上擬音是好多人講的，可是，我把它定爲兩個方言的音系以後，我覺得它就有實際的意義。但是，講來講去，好像就是從一個《切韻》的音系變來的，其實不是，它是兩個音系合起來，可能在某些部分還可以加強，我目前只是用最簡單的辦法來呈現。

各位馬上就可以問我：做了半天，你只有結構分析和系聯，沒有方言、譯音的根據。我沒有做方言的原因，是因爲高本漢以來的人都用了很多的方言證據，後來我的老師董同龢先生也是這樣做的，實際上不再需要方言的資料來一一證明。比如說滂母是 ph，透母是 th，這是大家已經熟知的事情，已經不需要來證明。所以，我這裡沒有方言，也沒有譯音。

這裡可能有一、兩個問題，例如日母，高本漢說它是 nʑ。我早就認爲是舌面音，因爲從 n→ʑ→z 是很容易的事情，吳語裡唸 n 的、唸 ʑ 的都有。所以，高本漢把這些音合在一起擬作 nʑ，我不大相信。潘悟雲最近在書中對日母的解釋，我覺得蠻好的。他認爲是舌面的鼻音，跟我的看法一模一樣。

我告訴各位，一方面，我讓你們有什麼意見要想一想再發表，另一方面，你的東西要快點兒發表，這真是麻煩。橋本萬太郎到台灣去，我跟他講，我最近發現閩語的變調可能是它的原調，連在一起的唸法可能是早期的說法。他聽了："欸，這個蠻有道理的。"結果，過了一年，他寫了一篇文章，講宜蘭的變調，他跟我寫了一封信，他說："我好像記得你說過變調跟本調的關係，宜蘭就是這個樣子。"哎呀，我一聽，不得了，我得趕緊寫，因爲這個是我的一個想法和發明。我不寫，他寫了，我得引他的，對不對？這個就麻煩了。於是，趕緊寫，最後，在同一期紀念趙先生的文集裡頭發表（見《史語所集刊》50.2:257－271，1979 年）。在同一期發表，我可以說是我的意見，而不是抄他的意見。不然，不知道的人就說你是跟著他來的。還好，在同一期發表的，來得及。有一篇文章就慢了，就是王士元先生講潮州話上、去聲的區別的時候，我有一個批評，那個批評我已經在台灣的討論會上說過了，稿子也有了，題目是《潮州方言中聲調演變的問題》，就是沒發表。可是，就在沒發表的時候，歐洲丹麥的 Egerod Søren 就寫了一篇文章，他說："這可能是語言文白異讀的問題。"他的看法和我一樣，但我做得更仔細。可是我沒辦法，發表的時候只好說，Egerod Søren 已經有這個看法，一點辦法都沒有。所以，假如你有一個新的想法，一方面你要快點發表，如果你覺得別人不會說的話，你就放慢一點，多想一想。同樣的事情，李方桂先生的《上古音研究》，是他晚年一個最大的貢獻，可是，他先把這個想法在台灣的一個暑期班上講，當時在座聽講的就有周法高先生。他聽講完了，很快就把他的上古音系寫出來，然後在李先生的《上古音研究》的前一年就發表了。所以，我每次碰到這個事情，就說他是聽到李先生的講演後才有這些想法的。這種情況是不是抄襲別人的成果，真是難說。所以，我每次談到上古音的時候，一定說明這個事情，在文字上我也說。不然的話，後人來看，周先生早一年就發表了，那李先生不是跟著周先生的想法走的嗎？不是的，他是聽了李先生的講演才去寫的。所以，這個真是難。算了，我說了好多題外話。

三、韻母的南北差異

我對南北兩地韻母的區別，主要是根據《顏氏家訓》："北人以庶爲戍，以如爲儒，以紫爲姊，以洽爲狎。"然後是《全王》的小注，比如："冬，無上聲。陽與鍾、江同韻呂、夏侯有別，今依呂、夏侯。"我稍微做了一個區分，我的辦法是的根據五家韻書。晉代的呂靜是最早的，陽、李、杜是北方的，夏侯該是南方的。如果這裡有夏侯別或夏侯同，而結果陸法言分別的，我認爲是南方的區別。因爲，夏侯該代表南方，陽、李、杜是北方的，當這三個人相同、只有夏侯別的時候，這種《切韻》的區別，我認爲是南北的區別。

請看下面的表，根據五家韻書以及顏之推的說法，我對鄴下音系跟金陵音系的不同做了區分：

鄴下音系及金陵音系的韻目異同

		鄴下音系				金陵音系			
		一等	二等	三等	四等	一等	二等	三等	四等
果攝	開	歌	麻	麻戈		歌	麻	麻戈	
	合	戈	麻	戈		戈	麻	戈	
遇攝		模		魚虞		模		魚虞	
蟹攝	開	哈(灰)	皆	祭	齊	哈(灰)	皆	祭	齊
	合		皆	祭	齊		皆	祭	齊
	開	泰	夬	廢		泰	夬	廢	
	合	泰	夬	廢		泰	夬	廢	
	開		佳				佳		
	合		佳				佳		
止攝	開			支				支	
	合			支(脂)				支	
	開			(脂)				脂	
	合							脂(之)	
	開			之				(微)	
	開			微				(微)	
	合			微					
效攝		豪	肴	宵	蕭	豪	肴	宵	蕭
流攝			侯(尤)				侯(尤)		
				幽				幽	
咸攝		談覃	銜(咸)	鹽嚴	添	談覃	銜咸	鹽嚴	添
				凡				凡	

續表

攝	開合	鄴下音系 一等	二等	三等	四等	金陵音系 一等	二等	三等	四等
深攝				侵				侵	
山攝	開	寒	刪	仙(先)		寒	刪	仙(先)	
	合	桓	刪	仙(先)		寒	刪	仙(先)	
	開		山	元			山	元	
	合		山	元			山	元	
臻攝	開	痕魂	/	真(臻)		痕魂	/	臻(欣)	
	合	痕魂	/	真(臻)		痕魂	/	臻(欣)	
	開							真	
	合			諄				諄	
	開			欣					
	合			(文)				文	
宕攝	開	唐(陽)				唐		陽	
	合	唐(陽)				唐		陽	
梗攝	開		庚	庚	青		庚	庚	青
	合		庚	庚	青		庚	庚	青
	開		耕	清			耕	清	
	合		耕	清			耕	清	
曾攝	開	登		蒸		登		蒸	
	合	登		蒸		登		蒸	
通攝		東		東		東		東	
						冬		鍾	
江攝		(冬;鍾;江)					江		

下面逐攝討論：

1. 遇攝：在鄴下，魚虞是合的；在金陵，魚虞有別，根據是《顏氏家訓》，所以，我認爲，這是南北不同的地方。

2. 蟹攝：咍灰兩韻都是合的，夏侯是混同的，陽、李、杜也是混同的，可是呂靜有別，所以《切韻》從呂。我對這一點有所懷疑，呂靜咍灰有別是不是早期的現象？因爲我做魏晉的押韻研究，知道咍、灰是押韻的。所以，這個地方是不是"古今通塞"？假如代表的是古時候的韻，在《切韻》時代，咍、灰在南北是不分的。因爲陽、李、杜和夏侯都不分嘛，只有呂靜才分。

3. 止攝：北方支、脂合，根據是北人"以紫爲姊"，只有顏之推是有區別的，所以，《切韻》的區別，大概是根據顏之推的說法，可是北方支、脂是不分的；南方脂、之、微不分，因爲夏侯根本放在一起，是"大亂雜"；所以，我們可以看南北分韻很有意思：南方的夏侯分兩組韻，一組是支，一組是其他的韻。而到了北方呢，支、脂是混的，可是之、微是分的。你看，把這兩個地方的分韻加起來，就會變成支、脂、之、微四分，對不對？這個問題很麻煩，因爲爲什麼止攝有這麼多三等韻，怎樣擬測，真是問題。可是，你想，這是兩個方言混合的結果，混同起來了就很難擬測。而我現在則很容易擬測，北方這邊三類，南方那邊兩類，至少不是四類，很容易把其間的關係理清楚。所以，我覺得我分南北大概有一點道理。

4. 流攝：侯、尤南北都合起來了，夏侯同，其他的也同，可是呂靜是分別的，我懷疑它是早期的東西。我們可以看魏晉是不是可以押韻，南北朝是不是一起押韻。

5. 咸攝：兩個二等韻銜、咸分，夏侯別，北方不分，我在這裡遭遇了一個困難：北方的三個人也不一致，陽同，李別。我就沒有辦法，只好空着。

6. 山攝：夏侯先、仙同，南方是一個韻；北方呢，先、仙可能是一個韻，但是呂靜別。這裡有一點麻煩的是，我沒有劃出來給大家，就是北方的先仙跟山可以押韻。從押韻關係來說，何大安先生做《南北朝韻部演變研究》(1981)的時候，就注意到山跟先仙押韻。我現在想把韻目部分跟魏晉南北朝的實際押韻情況合起來看，是不是能夠給我們一個比較清楚的觀察？有人批評說，我用押韻的東西來談《切韻》，這樣不合理，因為押韻是個人行為。但是，我們不要忘記《切韻》就是給人押韻的書。既然是給人押韻用的書，難道不能用押韻的東西參考嗎？所以，我覺得好像我們應該多一個線索來看這個問題。

7. 臻攝：痕、魂跟元，夏侯可以押，我歸為一類；在北方，痕、魂押韻沒有問題，跟元是不是通押，有一點困難。

真、臻，夏侯別，南方是兩個，北方恐怕是混同的，妙的是，夏侯臻跟欣是同的，北方呢，欣跟文是同用的。所以，把這種錯綜複雜的關係加在一起，《切韻》通通給分出來了。實際上，兩個方言混起來才會這麼複雜。我們批評《切韻》說，哪裡有這麼一個方言，有那麼多韻？分成兩個方言就可能了。我們曾經做過閩語的研究，閩語的韻母很多，可是也不能到《切韻》的數目。

8. 宕攝：唐跟陽，夏侯有別，各位記不記得我剛才講唐、陽的問題？從魏晉到南北朝，唐、陽通押非常多，兩者通押有幾百篇。所以，我產生一個困擾，唐跟陽是不是兩個不同的韻？我是不是要擬測不同的韻母？這又回到我原來的問題上。我在做魏晉的押韻時，就很猶疑，我就把所有人的東西擱在一起，看押韻不押韻。我當時有一個原則：如果是押韻的，一定是同樣的元音，同樣的韻尾。但是，我沒有說，如果分成兩個部的話，也可能有同樣的韻，同樣的韻尾。這話我沒敢說，這是有可能的。唐、陽是不同的韻，至少《切韻》分得清清楚楚。可是，從前到後，兩個韻一直是通押。那麼，為什麼要分成兩個韻呢？這不是跟東一東三一樣的情形嗎？我覺得這是它們不一致的地方。我已經給了兩點理由，但是不一定能圓滿地解釋。但是，這是一個事實，從現在的方言看，唐和陽沒有分成兩個的，所以，我現在採取同樣的辦法，認為是一樣的，就好像我說"安"跟"灣"可以押韻，可是區別韻母的時候，它們是兩個東西。我懷疑陸法言在做這些東西的時候，他自己也是很難把握，所以，他參考諸家韻書，可能自己的判斷會有一點點出入：唐和陽可能是兩個東西，究竟要不要合在一起？也許他心中有底：如果要"賞知音"的話，就要分得清清楚楚。等一下我們看到梗攝的四等韻實際的例子，就能夠清清楚楚看到，陸法言是根據少數人的認識分出來的。

9. 梗攝:四等韻總共有五個:齊先蕭青添,四等韻單獨押韻,從南北朝時代就有一些線索。清、青一直是押韻的,兩個總是在一起,根本分不開,可是有一個詩人連續用了十幾個青韻字,都是四等的青韻,青、清究竟有沒有別?一定有。什麼區別?是介音的區別。清、青可以押韻,押韻的非常多,主元音一定相同,韻尾一定相同,可是有幾個人分辨的時候,就注意到了青和清有一點的不同,所以,有人連用十一個字。我們到底要不要注意那個連續用了十一個青韻字的詩人的看法?怎麼看大部分人混用的情況?有人說,用統計的方法統計一下就行了,我告訴你,才不一定呢。假如有一百個清、青通押的例子,可是,就有一例詩人連用十一個四等韻的字,你怎麼辦?我告訴你,這就是給你一個訊息,在這個時候不要看統計,而是要注意某些人的分辨是清清楚楚的,而且表現爲不同的韻目。是不是可以押韻呢?當然可以,因爲這個元音相同。這就是我認爲四等韻有介音的一個重要理由。從古以來,一直到《切韻》,庚部字就是押韻的,南北朝的時候,清青也押韻。但是,有人把四等字分開,所以,我才相信四等字不是元音的區別,而是介音的區別。

10. 通攝:冬鍾跟江的關係,我沒有定的原因就是冬無上聲。陽與鍾江同韻,呂、夏侯有別,今依呂、夏侯。南方是分別的,古時候也是分別的。可是在當時的北方,我以爲是押韻的。我看何大安的書裡面,在北魏北齊的時候,東鍾江是一個韻部,一起押韻。

以上我根據韻目小注,把《切韻》離析爲兩個音系,還不曉得成敗如何。但是,我感覺,比從前的人把《切韻》擬成一個音系好解釋一點。爲什麼有那麼多韻呢?爲什麼會有那麼多的分別?因爲是兩個方言的混合。兩個方言湊起來是很容易的。是不是這樣?我也猶疑,文章發表了十年,我認爲以往《切韻》單一音系的看法是錯誤的,我只是在前人的研究上前進了一點點。南北的區別,誰沒有看出來呢?周祖謨先生看出來了,每個人都看出來了。可是,我就不懂,既然看出來,爲什麼還要擬成一個音系呢?前前後後,到現在爲止,都承認周先生一個讀書音的看法。其中一個原因是,他們相信《切韻》以洛陽音爲基礎。而我認爲是當時南北兩個方言,顏之推說得那麼清楚。當然有些問題不是南北就可以解決的,簡單的問題,要想好久才能答覆。這個問題我想了好多年,我現在問你,我看你們有沒有人答覆。《切韻》中平聲是兩卷,上平、下平,是兩個部分,上去入各一卷,各有一部分,平聲字爲什麼那麼多?實際語言里爲什麼平聲字多得不得了呢?有沒有人給我一個答案?我想了好久啊,我的答案很簡單:因爲平聲是一個最自然的音,發音時它根本不用費力,如發[a55],就這個樣子,尤其是不高不低的[33]這個調,我曾經推測過這個調,我相信它是[33],這樣就容易了。所以,你現在看,很多字往陰平走,這方面陳重瑜有好多研究。比如我說"微小""微風"的微[wei35],現在唸[wei55],"危險"的危[wei35]現在也唸[wei55],這些字爲什麼都往陰平[55]走呢?最主要的說法是,因爲它容易發。我認爲中古音的平聲可能是33調,平聲字多的原因,不是因爲南北的混合,而是語言的自身演變如此。

四、一二等韻的南北差異

請看下面的資料。我現在談的都是結構的問題,我還沒有談擬音呢。我剛才已經說明,有很多地方你不用做,即使將來我要寫,我也說這個可能是高本漢或者其他的人在這個方面做過的。

一二等韻在方言的差異

韻攝	字例	北京	廣州	梅縣	高安	長沙	雙峰	蘇州	溫州
山攝寒韻	干	kan	kɔn	kɔn	kon	kan	kæ̃	kø	ky
山攝刪韻	奸	tɕien	kan	kian	kan	kan	kæ̃	kɛ	kan
咸攝談韻	甘	kan	kɐm	kam	kon	kan	kæ̃	kø	ky
咸攝銜韻	監	tɕiɛn	kam	kam	kan	kan	kæ̃	kɛ	ka
蟹攝泰韻	蓋	kai	kɔi	kɔi	koi	kai	kue	kɛ	ke /kai
蟹攝佳韻	街	tɕie	kai	kiai	kai	kai	ka	kɒ	ka
效攝豪韻	高	kau	kou	kau	ku	kau	kɤ	kæ	kɔ
效攝肴韻	交	tiau	kau	kau	kou	tɕiau	tɕiɤ	kæ	kuɔ

我們知道很多人做了研究,如張琨先生認爲《切韻》有前、後 a

的區別,一等是後 a,二等是前 a,這種區別在蘇州話中還有。我想看一看一二等韻究竟有什麼區別? 假如一二等韻弄清楚的話,就可以籠罩好多韻。一等韻,凡是有對比的,北京話中沒有變;二等韻,因爲介音的關係使得它變成高一點的元音,實際上就是 a。換句話說,這裡一二等的區別,只是在二等有一個介音使得元音升高了,二等的介音從何而來? 我們以後大概會說到。但是,爲《切韻》擬測二等的介音,我不贊成。廣東一等是 ɔ,二等是 a,梅縣一等是 ɔ,高安一等也是 o,二等是 a,長沙、雙峰一二等都一樣。蘇州、溫州完全不同,一二等完全有區別,基本上山咸攝一個是高圓唇元音,一個是展唇的元音。在上面的表裡,我把北京、廣州、梅縣、高安算做一類,就是來自鄴下《切韻》;蘇州、溫州算做第二類,就是來自金陵《切韻》;長沙、雙峰在這裡沒有用,也許在別的地方管用。如果我們認爲,寒刪韻的上古元音是 a,上古的一二等是可以押韻的,一直到魏晉都可以押韻。只要能押韻,我就說元音相同。因爲上古的一二等可以押韻,所以,上古的二等有介音,是 r,這是李先生的說法,我確信無疑。漢代到魏晉一二等都是可以押韻的。當有 r 的時候,一等的 a 就變成高一點的 a,然後在北方就是 ɑ,即:

　　　* a → a / r_
　　　北方:a → ɑ 或 ɔ

所以,我擬測一等的時候,就說主要元音是一個 ɑ。這樣一來,就把山一等、咸一等元音變成 ɑ,蟹一等元音變成 ɑi,效一等元音變成 ɑu。二等保留 a,所以,大多數的二等字都是 a,即使不是,也是低元音變過來的。

好了,南部怎麼樣呢? 金陵也可以有規則,二等的變化是:

　　　* a → a / r_
　　　南方:a → A?

一等我沒有定,我的想法是,它恐怕是比較央的 A,因爲這樣便於爲它鋪路,向 ø、y 發展,向前元音,圓唇的前元音發展,以後可以這樣慢慢地走:A → œ → ø → y,蘇州是 ø,溫州是 y。我相信這是南北的不同。北方絕無此事,都是 ɑ。

我憑什麼把北京、廣州、梅縣、高安算做一類，蘇州、溫州算做第二類？

上一次不是講了，有一個簡單的條件，就是看有沒有魚虞的區別。因爲顏之推當時說，南北的區別就是魚虞的分合，北方人魚、虞混，南方人魚、虞有別。現代官話魚虞不別；客家話，我最近看了台灣江敏華（2003）的博士論文，她有一個細緻的看法，認爲客家話的這種分別有地域性的分佈，而且是最接近吳語的部分，所以客家話裡魚、虞有別，可能是語言影響的產物，不是本來有的。所以，客、贛方言這兩個部分，我放在前面。當然，我做這個推測的時候，困難得很。因爲你要說有某些現象的方言就是鄴下音系的後裔，根據是有魚、虞區別的方言就是南方的，沒有魚、虞區別的就是北方的。但是，現在有一個方言有這個區別，你說它是北方的，怎麼辦？所以，你就必須注意一些很細緻的東西。我想，客、贛方言的區別也許有其他可能的特徵，但是，江敏華只提到魚、虞的區別。需要做一個很仔細的研究，比如說，贛語裡頭，有很多照三的字唸 t, th，我們開始說，這個情況上古的時候很普遍啊，結果，後來張雙慶跟萬波才發現不是，這是後來才變過去的。所以，一個語言當中，當你猜測某一種現象是哪一個來源的時候，應該做細緻的分析。我早先就說，粵語、客家話大概是從北方鄴下音系過來的，可是，偏偏看到有魚、虞區別，粵語有魚、虞區別的，只有兩三個字，我想這不能作爲一個層次的現象來談。因爲，即使是分得很清楚，也可能有一兩個字遺留了古時候的特徵，所以，沒有辦法說定。

在這裡，我用北京、廣州、梅縣、高安話代表官話、粵語、客家、贛語，長沙、雙峰的湘語在這一點上幫不上忙，我把蘇州、溫州定爲金陵音系的後裔。這樣，一等韻在南方的演變是走向圓唇，即 A→y，如果失去圓唇就變成 A→æ→e 等等，而在北方是不走向圓唇，即 a→a 或 ɔ。

五、四等韻的介音問題

我已經說過，一二等區別是元音，三等介音是 j，所以，我覺得一等跟三等可以同韻，二等跟三等可以同韻，一定是元音的問題。我們現在看不出來二等有介音,如果有,一定是受腭化音的影響。四等有介音,我有三個理由。

第一個理由我已經講了,像清跟青,三等、四等一直押韻,一直到有些詩人開始把四等韻分開,開始走向一個獨立的路線,這是仔細分析韻的不同音的結果,但是可以押韻的。你想想看,如果三等和四等可以押韻,怎麼說是元音的不同呢?沒有道理。如果你說四等是 e,三等你無論是 e 還是更高一點的元音,隨便你說哪一個,只要是跟四等的元音不同,我就沒有辦法接受,因爲三、四等一直能夠押韻啊。押韻的時候,假如是一個是 jan,一個是 ian,就可以押韻。我還不知道怎樣擬音,但是,我完全相信四等有介音。

第二個理由,《切韻》中只有五個韻是四等韻:齊先蕭青添,這五個韻啊,妙得很。我以前在一篇關於重紐的文章裡頭,已經提到這個現象,如果四等是 e 又沒有介音的話,那麼先青兩韻的合口就是-uen、-ueŋ,怎麼樣變成-yen、-yeŋ?

五個韻開合的情形是:

	齊	先	青	蕭	添
開口:	+	+	+	+	+
合口:	+	+	+	−	−

先韻的玄,入聲的雪、穴都是四等字,合口,現在介音都唸 y,試問:這時候的 y 是怎樣變來的? 好,我們換個說法:

	齊	先	青	蕭	添
開口:	iei	ien	ieŋ	ieu	iem
合口:	iuei	iuen	iueŋ	×	×

當 i、u 合起來的時候,變成 y 自然得不得了。如果沒有介音 i,怎麼解釋 uen 變成玄,怎樣會從合口變成細音,變成撮口呢? 如果認爲-uen、-ueŋ 能自然變成-yen、-yeŋ,那麼,我們不要忘了,合口字一大堆,一等、二等、三等、四等都有合口,爲什麼一等的 u 不變 y,而獨有四等的 u 變 y 呢? 沒有 i 這個音簡直不好講。所以,我認爲四等有 i,我的這篇文章老早就寫了,我想了好久,我根本不贊成四等是元音 e。在《切韻》把四等介音去掉一點沒有問題,但是要談到

它後來演變的時候，談到押韻的時候，就有困難。尉遲治平給了我更好的理由，說梵文對音四等字有 i 介音。所以，我根本覺得，在我的擬測裡，一等二等是元音，三等四等有介音，究竟介音有什麼的區別？究竟怎麼弄？下個禮拜我們談重紐問題的時候，我會來談談這個問題。

　　我不知道有沒有講清楚，我希望我能夠說清楚了，大家能夠懂。

第四講　重紐的檢討

一、重紐的性質與結構

　　我今天講重紐的問題。我上一次講中古音擬測的時候啊，提到一二三四等，提到南北的不同。可是我就回避了一個重紐的問題沒有談。爲什麼回避呢？因爲實在不容易講得好。這是中國音韻學的難題之一，是真正的難題，困難得不得了。所以不曉得該怎樣說明。我的碩士班的指導老師董同龢先生跟周法高先生，他們兩位在歷史語言研究所的時候，一人手上有這麼一篇文章，一個人講重紐試釋，一個人也講重紐的問題，兩個論題都一樣。後來他們都得到了"中研院"的楊銓獎學金。這在當時是個很有意思的事情，兩個人走不同的路，殊途同歸，得出的結果差不多。現在我要回頭講這個問題，稍微說得囉嗦一點。因爲我想了想，不知道要怎麼講才能讓大家瞭解它的麻煩，以及在擬測上的困難。

　　各位知道，《切韻》或者《廣韻》，先分聲調，按照平上去入分開，平聲分上平、下平；然後分韻，韻之下分小韻，小韻用反切注音。如平聲韻有東韻，東韻裡頭呢，分一個個小韻，每個小韻加一個圈圈。如東韻第一個圈圈底下是："東，德紅切。"你想想看，這個圈圈是什麼意思？不知道。大概十分之九是調、韻和聲母的區別。但是呢，又不全然如此。它可能有介音的不同，也可能是開合和等第的不同。所以，這個圈圈真正給人的意義，是兩個不同的音節，對不對？一個韻之下不同的音節，不同在哪里？究竟是聲母、開合、等第的不同呢？還是別的什麼東西？好了，現在先講"重紐的性質與結構"。

我今天印發的資料基本上是我的文章，還有張渭毅先生(2003)的文章。我的文章列在資料的前面，張渭毅先生的文章列在最後。我沒把其他人的文章列出來，因爲，我覺得在張渭毅先生的文章後面所列的參考文獻裡，可以看得到很多其他的文章和參考資料。

重紐是《切韻》系韻書和早期韻圖中的一個現象，就是在同一個三等韻中，聲母（紐）相同的字卻有兩個不同的反切。你看奇怪吧，怎麼會呢？照我的設想，圈圈是音節標誌，同調，同韻，聲母相同的應該都在一起，在韻書中是一個圈圈，對不對？比如說，真韻有兩個小韻，兩個圈圈，一個字是："貧"，符巾切。另外又有一個字："頻"，符真切。你看它們是同樣的調、韻、聲母，可這是兩個圈圈。這兩個圈圈呢，它又不是開合和等第的區別。上次課我們講，按照《切韻》的結構，凡是上字相同的，下字必不同。同音的字，爲什麼不擺在一起呢？一定不同音。"符巾切"跟"符真切"，聲母相同，韻也相同，調也相同，卻是兩個不同的反切，所以，這類重紐現象就產生了很大的困擾。在韻圖裡頭呢，它們也放在兩等，一個放在三等，一個放在四等。韻書等於是音節字典，先分聲調，再分韻類，在一韻之中，同一個音節的字都排列在一個反切之下，表示讀音相同。同一韻中竟然出現聲母相同的兩個反切，顯示它們是不同的音節，這就是重紐現象。取名"重紐"這兩個字，其實取得有一點不好，這個術語本身就給人很大的麻煩。因爲，"紐"本來是聲紐、聲母的意思。重紐的意思，只是說兩個反切的聲母相同，可是，實際上是不同的音節相重。"重紐"是同一個聲紐的兩個反切，可是兩個"紐""重"了卻不同音。究竟不同在哪里？不知道。它出現在哪里呢？重紐出現的範圍啊，基本上在支、脂、真、諄、祭、仙、宵、侵、鹽諸韻的脣、牙、喉音字，其餘如清、蒸等韻沒有真正的重紐。牙喉音就是見系跟影系的字，脣音字當然是幫系。其他聲母字，沒有真正的重紐。歸類的問題，見仁見智。所以，我現在談的只是標準的重紐。

同調、同韻、同聲母的兩個反切，是什麼不同？

先看重紐的結構。重紐只在《切韻》三等韻出現。重紐三四等從系聯來說，從《經典釋文》、《全王》(《王三》)、《廣韻》到《集韻》都有區別,但又不能截然分開。因為,第一,這是從韻書的本身系聯得到的韻類。可是,系聯的結果啊,有的可分,有的不可以分,並不能夠截然分開。假如系聯一下,可以很清楚地分成兩類,那我們就可以說它是兩個不同的韻母了。其實不然。雖然好幾部韻書的系聯結果,都實在不同,都是有區別的,但是呢,又不能截然分開。也有些韻,系聯就連起來了。而在早期韻圖《韻鏡》《七音略》裡頭,重紐字分列三四等,非常清楚。這很奇怪。你想想看,在《切韻》這個時候啊,你要系聯它的話,未必能系聯出來兩類。但是韻圖分得清清楚楚啊,為什麼會這個樣子?以上我說了現象,下面要對它做出一個解釋。

重紐三、四等分兩類,在各個時代都有語音的根據,可能早晚期語音不同。這個話說得對不對?你想想看,同聲母、同韻、同調的字音,以後又分兩類,如果沒有實際的語音的根據,怎麼能夠把它分成兩類?這個分法,大家怎麼能一致?一定有語音的根據。董同龢先生(1945)就從系聯結果跟韻圖來看,認為重紐三等——韻圖上的三等,是單獨的一類,重紐四等——韻圖上的四等,跟三等的舌齒音是一類。這就怪了,舌齒音反切系聯的結果只有一類,但是在韻圖裡放在二、三、四等。請注意啊,我們說的重紐的韻,是三等韻啊,我一開始就說重紐出現在三等韻裡,但是有一類字在韻圖放在四等而已。照董先生的意見,韻圖放在三等的唇牙喉音字是一類。舌齒音字啊,跟韻圖放在四等的字是一類。這怪得很,在韻圖上,三等一類,四等一類,可是,韻書重紐三等韻裡的舌齒音字跟重紐四等字系聯為一類。

對於舌齒音字究竟跟重紐哪一類是一類,學者的看法略有不同。龍宇純先生(1970)、邵榮芬先生(1982)的看法就恰恰相反。他們認為,韻圖裡哪里有把三等字跟四等字合在一起的呢?三等唇牙喉字跟三等舌齒音字既然在韻圖裡放在一起,就應該是一類,四等唇牙喉字就是另外一類。

這個重紐結構問題,很多人做過研究,前前後後大概有幾十個人。大概的結論是,肯定了陸志韋先生早先的說法,還涉及喻三喻四的歸類問題。陸先生肯定,重紐三等跟知系、來母、照二是一類,重紐四等呢,跟精系、照三和日母是一類。所以,這是一個混雜的現象。那麼，喻三、喻四怎麼辦？陸先生說，喻三即重紐三等，喻四即重紐四等，大概是這樣。

照我的看法，董先生和龍先生、邵先生的兩種說法其實都對，分歧是時代的不同造成的。重紐反切系聯的結果，跟韻圖分類的結果不同，都是有語音根據的。各位瞭不瞭解我的意思啊？韻圖把哪一個字放在三等，把哪一個字放在四等，一定有它語音的根據。如果沒有根據呢，怎麼擺法？能夠隨便那麼擺嗎？不可能吧。韻圖要擺下去一個適合的字，填在那個空的時候，考慮的可是實際語音。因爲系聯法是後來才發現的。韻圖時代並不會用反切系聯法來看有幾類字，它的根據就是，實際語音是三等，就放在三等，實際語音是四等，就放在四等，大概是這樣的。所以，我這裡的解釋是，重紐分兩類，在各個時代都有語音的根據，就是早晚期語音的不同。董同龢先生認爲重紐三等單獨爲一類，重紐四等和舌齒音爲一類，龍宇純先生恰恰相反，大概邵榮芬先生也有同樣的看法，他說重紐三等跟舌齒音是一類，重紐四等是單獨的一類。其實，兩個說法都對。董先生所描寫的是早期反切系聯的現象，反映早期語音的情形，龍先生所說的是韻圖晚期的情形。換句話說，兩種看法都反映了語音的演變。所以，我的看法，在這個地方等於是有一個妥協。就是你不必爭，確實兩個結論都對。

那麼，這個話是不是有根據？我們是不是果然從裡頭看得出這一點？我們慢慢會看得到，大概可以，這是結構問題。爲什麼呢？當韻圖跟韻書不一致的時候，有什麼辦法？你要怎麼辦呢？你聽哪一種看法呢？哦，我後來想了，其實兩個看法都對。光是這個問題，就爭論了好久，你看，我這裡介紹的是1945年到1982年幾十年裡發表的文章。

你會說：「我們就把韻圖三等跟四等分開，拿到韻書上面系聯對照一下就可以了嘛。」不然！我剛才已經說了，韻書系聯不出這兩個類。因爲，重紐只在《切韻》三等韻出現，可是，系聯反切下字，系聯不出個所以然來。所以，大家才發現，重紐分類跟反切上字也有關係。重紐三等字跟重紐四等字，互相不做反切上字，這是二分。但是都用普通三等韻做反切上字。這個普通三等韻啊，這樣也可以，那樣也可以。你注意啊，重三字、重四字絕不來往。而普通三等韻反切上字呢,跟重三字、重四字都來往。重紐三等字的又音是普通三等韻,而重紐四等字的又音是純四等韻(李榮 1956：140)。各位看一下這個情形啊,似乎是說,重紐三等字跟普通三等韻同類,是又音的關係;重紐四等字跟純四等韻也是又音的關係。這兩類絕不來往,又可以用普通三等韻字做各自的反切上字。大概是這個樣子。我們要注意的是,為什麼普通的三等韻的字可以做重三字、重四字的反切上字,而重三字、重四字彼此不來往,又有兩個又音的關係？8世紀末慧琳的《一切經音義》中重紐三、四等字也不互做反切上字。可是,重紐三等字和普通三等字又來往,重紐四等和純四等字混用(謝美齡 1990：90)。

我試著解釋這個現象。重紐三、四等字不互做反切上字,又都用普通三等韻字做上字,表示同聲母的字有三種類型。你注意重紐三、四等反切上字彼此不來往,而普通三等韻上字又可以跟重紐三、四等字來往。所以,我覺得這是三類。因為你假如不分三類的話,你無法解釋重紐三、四等字決不來往的現象。普通三等韻上字呢,可以做重三的上字,也可以做重四的上字,好奇怪,好像左右逢源。照這樣子,一定要分三類。

二、重紐的差別在介音

上面我們說的是反切的上字,因為下字系聯不出結果來,對此,幾個人都做了很詳細的分析,沒有一致的結果。重紐會不會是聲母的不同？不會的。因為基本上聲母系聯只有一類嘛。從《切韻》、《廣韻》系聯看,聲母的分類清清楚楚,三等韻的聲母是一類,重紐的聲母也是一類,我們一定要小心,這是反切上字的問題,它牽涉不到元音和韻尾,不會有元音的差別,也不會是韻尾的不同。最大的可能是介音的不同。

在三等韻中,至少要設計三種不同的介音來解釋重紐的問題,同時重紐三等的介音接近普通三等韻,重紐四等的介音接近純四等韻。那麼,我們就不得不假定,普通三等的介音和重紐三等的介音相近,純四等的介音和重紐四等的介音接近。假如,認為四等韻沒有介音,那麼我們覺得反切上字就沒有辦法解釋了。

好了，我們退回一步講，重紐可不可能是韻母的不同？董先生跟周法高先生兩個人都說，這個是韻母的不同，所以，他就在元音上面加一個東西，譬如說，在元音上加一個符號"˘"，意思就是元音短一點。我基本上不大相信這個。在《切韻》那個時候，在討論的八九個人當中，仔細地討論哪個韻怎麼樣，哪個韻跟哪個韻可以押韻，請注意，討論的重點是可以押韻的結果。假如元音不同，能押韻嗎？但是，顏之推《顏氏家訓‧音辭篇》批評當時的語音現象，凡是顏之推說這個錯、那個錯的地方，《切韻》裡都沒有犯錯；凡是他說得對的地方，《切韻》裡也都沒有錯。但是，唯獨有一條涉及重紐字："岐山當音爲奇，江南皆呼爲神祇之祇。"他說：這個"岐"字，應該讀"奇"，可是江南人啊，把它唸錯了，唸成這個"祇"。這個"奇"字是重紐三等字，"祇"字是重紐四等字，根據是什麼？他不知道。

我來給他解釋，這個"奇"是北方的讀音。顏之推說，"岐"的兩個音是南北不同。假如它是韻的不同，爲什麼不放在《切韻》不同的韻呢？假如它是韻的不同，其他批評的地方，通通按照顏之推的意思，只有這一條，他講的這兩個字都是在支韻。所以，我相信它不是韻母的不同。如果是韻母的不同，跟《切韻》本身一個韻只有一個主要元音的原則，是違反的。如果我們承認是不同的元音，如有鬆緊或高低的不同，無論你說哪一種區別，都無法解釋《切韻》"岐"的兩個音爲什麼要放在一個韻裡頭。所以，我不能夠接受這個看法。當然也有人說，重紐是聲母的不同，但是，找不出對立的聲母。你注意哦，我已經說了，重紐同聲母的字有三種類型，要擬出三種不同的聲母，困難得不得了，我們擬不出來。

好了，我的意思是，重紐的區別是一個介音的問題。而且，這個介音有一個方向，一方面是要擬測三種介音，另一方面得考慮這個介音跟哪個介音近，大概這樣。

講到這裡，我大致得解釋重紐的性質跟它的結構了。簡單地說，重紐是《切韻》裡頭一個很奇怪的現象，有兩個圈圈表示音節的不同，這個音節的不同，如在聲母上面，一點也看不出來它會是不同的類；如在韻母上面，它竟然是同一個韻。是可以押韻的東西，我相信重紐字的元音跟韻尾是相同的。那麼，這個不同只有一個方向,就是介音。所以,在我當初讀董先生的文章的時候,總是不大瞭解,奇怪得很,爲什麼兩個不同元音的字放在一個韻裡頭,爲什麼不分韻啊?這個多簡單啊。它們既然分得清清楚楚,而且江南、江北不同,分成兩個韻不就行了麼?它沒有這樣,偏偏混合在一起,就表示這些字是可以押韻的。

現在我們來看,對於重紐,我們要怎麼樣來擬測。你要曉得,中國方言裡頭沒有一個方言有重紐的不同,統統混了。沒有一個方言表示有重紐,至少已經看不出來重紐三等跟四等的差別。那怎麼辦?你根據什麼擬測啊?所以,在這裡,你記不記得我上第一次課講音韻學資料時,一開始我就講"結構",然後再講"方言"部分,最後再講"對音"嗎?現在,研究重紐,我沒有方言根據,沒辦法用方言。對音呢,倒有幾種。一種呢,是梵文,一種呢,是高麗音,是韓國人的音。我現在簡單地說,梵文呢,你可以大致地看得出來,重紐三等梵文對什麼音,重紐四等它對什麼音。然後呢,高麗的譯音,就是早期借到韓國去的漢字音。韓國的漢字音呢,時間比較短,它顯示的現象不大一樣。另外有一個是借到越南的漢字音,是目前所有的材料裡面,唯一分出重紐來的。那麼,我們怎麼利用這些資料呢?

我們必須想辦法,以梵漢對音來說,幾位研究者的看法大體一致,都認爲重紐三等是-r-,注意重紐三等對當的是-r-,重紐四等呢,是-y-[j],或是-i-。值得注意的是,梵漢對音中有區別的重紐三等都是牙喉音,而且後接的元音差不多都是-i,其他元音之前未見-r-的遺跡。我現在把重紐三等的擬音暫定爲-rj-,一方面,根據梵漢對音,因爲它歸r;另一方面,維持三等韻的共同介音j。《切韻》時代的-rj-在牙喉音和i之間保存得比較久,其他元音之前r的成分不久就消失了。

好了,從對音裡頭,我們先看重三。我爲重三等擬了一個r介音,因爲它只出現在三等韻中,三等韻有個j,這個是共同的介音。所以,我認爲重三等有rj。等一會再證明說我這個看法可不可以,有沒有道理。我假定《切韻》時代,不久以後,rj在其他元音前,這個r就丟掉了,就只變成j。各位知道,重紐以外的r不大看得見。重紐三等的介音-rj-,在發音上,因爲-r-有圓唇的成分,容易使得後面的元音圓唇化，或者使整個的韻母在聽覺上呈現合口音，例如，英文的 ram，red，rich，都像有一個合口介音-u-。我不知道大家都覺得怎麼樣，rich，並沒有 u 啊，可是你感覺到就好像有點圓。ram，好像是有 u。我爲什麼要說這段話？因爲在高麗譯音裡，在韓國的漢字音裡，重紐三等字有一個發音方向是合口，似乎顯示重紐三等有合口的介音。我認爲，並不是表示原來的介音是合口，而是實際上-r-有這麼一個發音趨勢。因此，在高麗譯音中，重紐三等字就有-ɯ或-u 的介音或者元音，同時在演變上，使得這些字容易變爲合口音，而跟其他的合口音合流。這是我提供的一個解釋。

這裡，我的辦法是把重三介音擬成-rj-，我現在沒有提重四介音的問題，也沒有提普三介音的問題。因爲我們現在的資料只有這麼多。根據梵漢對音，大家都一致，這個好解釋，重紐三等介音是有個-r-。同時，韓國借字的介音有-ɯ 或-u 的現象，我認爲它是早期的現象。根據聶鴻音先生的研究，我相信他那個擬音恐怕跟諧聲字有關係，是早期的現象，不見得能夠反映出中古的現象。假如我們推到上古去，重紐有好多個來源，有時是一個韻部裡頭的，有的時候是來自兩個不同的韻部。

三、現代語言中能夠顯示重紐差別的資料

現在講我有什麼樣的證據，可以談重紐的擬音。我剛才提到，只有越南的漢字音給我們一個清楚的線索，這個線索很妙。重紐三等脣音字在漢越語仍舊讀重脣音 p、m，以及從 p'變來的 f；而重紐四等字當中啊，有一大部分變讀爲舌尖音，幫母、並母字變 t，滂母讀 t'，明母變 z。這就怪了，重三字還是讀脣音 p、m、f。可是到了重四字這裡啊，讀 t、t'、z，這是一個很大的線索。這個現象告訴我們，重紐三等跟重紐四等是不同的音。而且，在越南漢字音裡的走向不同。這個問題老早就提出來了，是外國人提出來的，最早是馬伯樂（Maspero 1920），後來是高本漢（1915—1926）。王力（1948）以及最近潘悟雲、朱曉農（1982）都討論過這個問題。所以，不研究少數民族的語言，不研究非漢語，這個問題就沒辦法下手。討論這個問題的時候啊，在我來講，他們各人的討論，最大的一個困難就

是，你在語音學上找一個什麼樣的解釋，來讓我們知道，p可以變t，p'可以變t'，m可以變z。你得告訴我，這是什麼性質的演變。我寫文章的時候啊，一點把握都沒有。因爲不大懂，你要有語音的根據，你才能說話啊。我在加州大學的時候，我隔壁研究室有一個教授叫Ohala，是研究語音學的。有一天我跟他一起吃飯，我說："現在有一個問題，困擾得我不得了，不知道m怎麼變z。"他說："哎，我有一篇文章專門研究這個問題。"我問："你在哪里發表的啊？"他說："柏克萊每年開語言學會，在柏克萊的一個很小的、非正式的會議論文集上發表的。"我說："我不知道這個東西啊。"他說："我給你一份。"他給了我一份以後啊，我很高興，因爲這等於是從語音上找到了一個根據。這篇論文的題目叫做Palatalization of Labials，即《唇音的顎化》。

現在再來看重紐四等的問題。首先就要解釋漢越語中重紐四等字讀舌尖塞音的現象。從這種語言演變的情形看來，聲母從雙唇到舌尖音的演變，都不常見。Ohala(1978)專門研究這種現象，找到一些語言具有這樣的演變，共同的條件是有半元音-j-，他稱之爲"唇音顎化"(Palatalization of Labials)：

　　pj 變 t, ts, tʃ。
　　bj 變 d, dz, dʒ。
　　mj 變 n, ɲ。

他舉的例子有捷克語、傣語、藏語、西班牙語和葡萄牙語、意大利語、希臘語、班圖語等等，都是因爲-j-才使得唇音變舌尖音。

這個現象的根據很確鑿啊，做普通語言學（一般語言學）的人，他照顧的面比較廣，包括很多語言現象。所以，我現在假如告訴你，這個p爲什麼變t，它決不是你想像的那樣，顯然這是一個新的路啊。好了，我真是難爲情，因爲他拿出來第一條證據是我老師李方桂先生的文章。我當時看了以後，簡直是啼笑皆非。因爲傣語的這個東西我老早就很注意，可是我腦子裡就沒有想到這個資料。所以，有些東西在腦子裡頭，連不起線來，就沒辦法。下面選兩種資料來觀察。

第一項資料就是所謂的傣語，就是一種泰語。李方桂先生

(1977:85)指出傣語有下列的現象：

暹羅語	龍州	田州	語義
plaa	pjaa	čaa	魚
plau	pjau	čuu	空
plaai	pjaai	čaai	尖,端

你說這個 pl 跟 pj 啊，一點都不奇怪，l 變成 j 了嘛。韓國語的 l 已經都變 j 了，所以，他們姓"李"的叫 ji。顯然複輔音中的-l-先變成了-j-，再使得聲母 p 變成 č[tɕ]。這個 č 雖然不是 t，但已經是舌面音了。從舌面音再變舌尖音就是常見的變化了。

至於 m 變 n，也有下列的例子（李方桂 1977:91－92）：

古傣語聲母	暹羅語	龍州	剝隘	語義
* ml- /r-	len	min	nan	體蝨
* ml- /r-	met, let ma-let	mit（寮語）	nɛt	穀,種子

可能也是 ml-之中的-l-先變成-j-，在龍州保持 m-，在剝隘則變成 n-。

第二項資料是捷克語，例如：

捷克語	東部波希米亞語	語義
pjɛt	tɛt	五
pj:vɔ	ti:vɔ	啤酒
pjɛknjɛ	tɛknjɛ	好
mjɛstɔ	nɛstɔ	城鎮

這裡很清楚地看到 pj-跟 t-，mj-跟 n-對當的現象。

假如我不跟 Ohala 吃飯，沒有發現這個現象，我的文章呢，就少了一個有力的根據。可是，有了 Ohala 的文章以後啊，我就很有信心地說，重紐四等跟重三是不相同的。你看它演變的方向都不同。但是，它是一個什麼樣的關係呢？普通三等韻介音，我們以前都認為是 j，沒有人有異議。可是，漢越語四等的 p 變成 t，也應該是在後面有 j 的時候才變 t。我就懷疑，這個地方，一個 j 已經用掉了，而且大家沒有異議，現在怎麼搞的又是個 j 呢？我就想，會不會是個 i？我想它後面如果是 j 的話，可以發生變化；如果它後面是 i 的話，它是不是也可以產生變化？就是說，j固然可以使得唇音舌尖化，i是不是也可以？這是我的一個想法。我想純四等假如有個i，不就有關係了嗎？假如這個i跟純四等來往，它也是i的話，會不會也有唇音舌尖化現象？我就去找，到高本漢那部書裡去找。一翻，翻了三個純四等韻的字p也變成t。哎呀，我很高興啦。因為我找的時候，原來我是想重紐四等怎麼變法，我想如果這個i也使這個p變的話，那麼，提示你它有個i。我們已經知道，普通三等韻跟重紐三等韻中都不變，沒有問題，那麼，我在這個地方一下子找到四個字，啊，那一刻，我特別高興。所以，我認為它是個i，關鍵在於，不止是j可以變，連i也可以變。因為i可以變，重四等如果跟又音有關係的話，一個是三等韻，一個是四等韻，元音不同，如果都用一個i，那麼這個地方也應該有p變t的現象。後來，張渭毅先生(2003)果然又多找了若干個字。現在，你可以看到普通三等字，跟重三、重四字的關係，它可以做重三字的反切上字，也可以做重四字的反切上字。為什麼？因為這是j的關係，j跟i是很接近的一個東西。那麼，現在我們可以基本上說，重三、重四不來往，是因為r的關係。因為台灣要開個會紀念周法高先生，我寫了這個想法，專門討論重紐。當時我寫到這個地方，非常開心。因為，我覺得，這個證據啊，一步一步推著你向前走，解決了問題。

　　這有一個問題：我當時寫這篇文章的時候大概是95年吧，跟我談《切韻》看法的那篇論文啊，差不多是同時做的，發表時是97年了。當時有一個問題：《切韻》分南北，你的重紐怎麼不分南北？這是很顯然的問題。很簡單地回答，我認為南人不分，北人分，所以，我做的這個假設是北方人的。因為，剛才我們已經講到，江南不分嘛，顏之推不是說江南不分嗎？這個是事實啊。但是，這是不是一個最好的解釋，我們還需要看一下。

　　我認為普通三等韻的介音是-j-，重紐三等的介音是-rj-，重紐四等的介音是-i-，純四等的介音也是-i-。重紐四等的介音屬於三等韻，純四等介音屬於四等韻。所以，這兩個介音雖然相同，但元音並不同。當然，如果不承認純四等韻有介音，就很困難，我就沒辦法做了。而且，如果純四等韻沒有介音的話，為什麼會有那麼些字在漢越語裡頭變成t呢？這類例字現在發現了12個字，我找了4

個,張渭毅先生大概找了七八個。有十幾個字都是變的,而變的條件相信是相同的。因爲,重四等字變,純四等字也變。

講傣語的 pla 變成 pja 的時候,我說這是一個很自然的音變。我打一個岔,上次課我曾經講三等介音 j,從上古是怎麼來的,有人說是長音,有人說是短音,有人說是兩種介音,有人說是原始就有的,各位還記不記得?可是我們要解決的一個最基本的問題:爲什麼三等韻有百分之四十九,差不多占全部韻的二分之一?譬如說,我假如問你,爲什麼普通話裡頭,[tṣ, tṣ', ṣ]的字那麼多?哎,好多字都是[tṣ, tṣ', ṣ]啊,比不捲舌的[ts, ts', s]的字多得多,爲什麼?因爲這是它演變的結果啊。你想,照二變成 tṣ 了,知系二三等也變成 tṣ 了,然後照三也變成 tṣ 了。如干支的"支",就是照三字,現在照三統統變成 tṣ 了。所以,你看現在 tṣ 聲母有一大堆的字。這就是語音的演變。所以,我的一個想法就是,三等韻字這樣多,是演變的結果。其中一條,我的推測,就是從 pla 變成 pja,我從這裡看出來的。我們相信,在上古的時候,大概有不少這樣的複聲母帶 l 的,後來變成 j,所以三等韻多了,大概這是一個可能的方向。

現在再回頭來看,大概有幾點是你推翻不了的。因爲這是梵文對音的問題,一向都是這樣,重四、純四等介音都是 i。你只有一個可能,可以推翻它,就是把它擬測爲一個別的東西,比如 j,我的這個結論就可能被推翻。爲什麼呢?你不要忘了,我們講漢越語的時候啊,這兩種介音都從 p 變 t,對不對?在 j 或者 i 之前。所以,一個可能就是,如果你不認爲它是 i 的話,它是 j,那麼它就可以變,這是唯一一個能夠推翻我的。可是,推翻這個結論有困難,這個困難在哪里呢?因爲,我們從來不相信,四等韻是一個介音 j,而且三等韻裡頭有許多現象,譬如說,爲什麼唇音字變成開口?爲什麼牙喉音見溪群這個地方變成[tɕ, tɕ', ɕ]?這是三等介音 j 的關係,而不是四等介音 i 的關係。所以,我覺得已經不能、沒有辦法推翻這個結論。這是高本漢以來的一個辦法,三等有 j,幾乎是不能推翻。假如你不能推翻它,你就只好認爲我是對的。可是,它有許多許多的困難,不可解決。因爲我做這個問題好些年了嘛,所以,我自己回頭想一想,我沒有什麼缺點。你要曉得,如果有缺點,最好我自己改過來,不要等人家說:"啊,你這裡錯了。"這個不大好吧。可是,我不大覺得有什麼問題,沒辦法動。

好了,既然如此,那麼你還記不記得開頭我說的:說韻書的系聯啊,跟韻圖的等,實際上兩個結果都對,我曾經說過這樣的話,這大概是早期語音演變的結果。那麼,現在我們來看一看,《切韻》時代重紐三四等擬測的現象。下面是《切韻》時代重紐三四等擬測的間架表:

	脣牙喉音	舌音	齒音	來	日
重紐三等	prj phrj	trj thrj	tsrj tshrj	lj	
	brj mrj	drj nrj	dzrj srj		
	krj khrj				
	grj ngrj				
	ʔrj xrj				
	ɣrj ɣwrj				
重紐四等	pi phi		tɕj tɕhj ɕj		nj
	bi mi		dʑj ʑj		
	ki khi		tsj tshj sj		
	gi ngi		dzj zj		
	ʔi xi				
	ji				

以上是我的一個推想。先看重紐三等:我推想,重紐三等整個的都是 rj,可是來母我在這裡擬了一個 lj,大概大家都無異詞,因為來母字各方言都讀 l。我們都知道來母上古音是從 r 變來的這個事情,到了《切韻》的時候,大概已經決不會再有 r,根據什麼說的呢?因為中國各方言的來母字都是 l。很巧,連閩方言也是 l,所以我猜想這個東西,恐怕在漢代就是如此。你想想看,當我們從吳閩客贛粵語看,所有的方言,一律都是 l。在歷史比較法裡面,你已經沒有辦法說這個 l 從別的地方來的,從別的變來的了。從表面資料上明顯不能這麼說,這個根本就是 l。所以,來母是 l,這個大概沒有問

題,至少我認爲它在漢代就是 l 的。那麼,在這裡我把來母擬成 lj。其他的聲母你可以看,前邊是唇牙喉,最後的一個是喻三等,唇牙喉、舌音、齒音的後面都有-rj-。

再看重紐四等:唇牙喉音後面是 i,那麼章系、照三之類後面是 j,精系後面是 j。這裡有一點點問題,就是說這個重紐四等介音和章系的並不完全相同,它不相同不奇怪,因爲在那個時候,重紐四等跟重紐三等主要的區別,在於重紐三等有 r。所以,在語音上來講,是一個很大的不同,所以,重紐三等、重紐四等絕不來往,上字絕不來往。但是在其他的地方就比較接近的,像重紐四等,跟照三在一起。那麼,我爲什麼要擺成這個樣子?這是從前的人研究的結果,認爲哪一組聲母跟哪一組聲母接近。

到了《韻鏡》的時候呢,重紐三等的-r-消失了,捲舌聲母成立了。聲母和介音的搭配也起了變化,各類聲母的關係也就不同了。所以,各位可以看,下面我也列了一個表格:

	唇牙喉音	舌音	齒音	來	日
重紐三等	pj phj	tj thj	tsj tshj	lj	nj
	bj mj	dj nj	dzj sj		
	kj khj		tɕj tɕhj ɕj		
	gj ngj		dʑj ʑj		
	ʔj xj		tṣj tṣhj ṣj		
	j		dẓj ẓj		
重紐四等	pi phi				
	bi mi				
	ki khi				
	gi ngi				
	ʔi xi				
	ji				

在這個表裡啊,三等的唇牙喉音原來是 prj 的,現在-r-統統丟掉了。同時舌音呢,從 trj 變成 tj 這個音,這就是原來的介音 r 跟前面的聲母合在一起,讀 tj。你說,你有沒有什麼證明?我給你很好的證明,美國有一個總統叫"杜魯門",對不對?有人說這個翻譯翻得不好,

應該翻成"楚門"。因爲，你唸唸看，你想想看，當我們讀 tree 這個字，是 t-r-e-e。那個 r 很顯著地寫出來，可是你仔細發這個音，你發 t 的時候舌頭就捲上去了？因爲第二個音已經在準備了，舌頭在準備發 r，所以，這是捲舌音。換句話說，t-r-e-e，變成一個捲舌的 t，自然得不得了，一點問題都沒有。原來它可能是[tʰri]，現在是[tri]。它合在一起，至少使得前面的 t 變成捲舌音。所以，在這個情形底下，把三等的齒音部分也捲舌化了。照二組的字，就是莊組的字，ts 底下有一點，這個是捲舌音。那麼，到了這個時候，因爲重紐三等 r 丟掉了，rj 變成 j，所以，它就跟齒音、舌齒音來日的關係一模一樣。這個 j，你想想看，到了做韻圖的人，他會往哪一個方向想？他唸的這個音很像嘛，所以，他不會把一個三等字跟一個四等字系聯，他不會想這個問題。我剛剛說了，不是他不想系聯，這個自然的音在這個時候已經沒有關係了。所以，改變的方向是自然演變的結果。重紐系聯的結果跟韻圖放置的結果，有早晚期的不同，爲什麼在韻圖擺得一清二楚？就是語音改變的關係，我不知道這樣的推測對不對。

　　請注意我的整個的說法中，有的地方是推測，有的地方是證據。如果證據確鑿，那麼，我的推測就很難推翻；假如有些地方只是我個人推測，而證據不確鑿的話，就比較難說。你說，你這個地方爲什麼做這樣的推測？因爲我重視它的結構。一上來，我就講，結構很重要，現在結構有了一個變遷，我們應該推測一下，怎麼樣去解釋這個結構的變遷。這樣的推測並不全對，也許別人有別人的推測，但是，你一定要照顧到不同的線索，如譯音對音問題、早晚期問題、方言問題等種種的問題，你要能夠把它連起來看才行。如果你不把它連起來看，那麼，你解釋了這個，其他有一個地方你沒有解釋到。我告訴你，假如你寫文章的時候發現這個問題，你千萬把這個地方說出來，你說這個地方我沒解釋到，不知道什麼原因，或者我做什麼樣的推測，一是怎麼樣，二是怎麼樣，現在我不敢下一個結論，就不說話。一定要指出問題所在，你千萬不要打馬虎眼，你說你不提它，你不提它，改天人家一看，怎麼搞的？這個人思慮不周，還有一個可能性你怎麼不提呢？抓住你一個漏洞，你就麻煩了。所以啊，當我們用資料的時候，儘可能全面，所有的資料你能夠把握到的,你都用;你沒看到它,沒辦法。但是假使我處理資料的時候,採取只是對自己有利的資料,這個絕對不可取。我說這樣的話,在做研究的時候,有人會不自覺地這樣做,比如說他用這個地方的語言證明自己的對,但是,我們一看,支持自己的他在用,不支持自己的他就沒有用。如果你不是那個語言的專家,你看到這個東西,覺得它確實這樣,可是,一個人只要下工夫去看一看,檢查你的原始資料,看一看你所說的這個語言,哦,這才發現,裡面有一部分顯然不對。因為那一半資料正好是對你不利。這種現象是有的。所以,我們如果做學問,如果要來找一個證據說話,進行推測,那麼,這種事要小心。這也就是為什麼我一上來就告訴大家,我對於譯音,對於地名的翻譯、人名的翻譯,我不太敢用的原因。對那個語言的歷史,對它怎麼傳播的過程不清楚,我覺得危險。但是,並不是說絕不可用,你可以做旁證。

四、重紐的南北差異

好了,現在回頭來談《切韻》南北的問題跟擬音。張渭毅先生2003年有一篇文章,他這個文章啊,寫得很細,而且是一個得獎的作品。所有該考慮到的問題,都想到了,一個一個過來,資料那麼鉅細無遺。我現在來講他跟我之間的不同。

他講了一些什麼事情?他的結果很簡單。張渭毅(2003)以圖表展示《切韻》綜合的南北兩大方言重紐格局如下表,上層是南方金陵音格局,下層是北方鄴下(洛陽)音的格局:

金陵	普通三等韵	重紐韵	純四等韵
洛下	普通三等韵	重紐三等韵	重紐四等韵和純四等韵

上面的表中,上層是南方金陵音的格局,下層是北方鄴下音的格局,這是跟我的看法相近的,就是《切韻》有兩個來源吶。好了,金陵音呢,它是普通三等韻裡重紐不分,剛才我們不是說"南人不分"嘛,對不對?所以,金陵音有三類:普通三等韻、重紐韻、純四等韻。另外,鄴下音呢,重紐是可以分的呢,普通三

等韻、重紐三等韻、重紐四等韻可以分開，重紐四等韻和純四等韻是混的。

如果從介音結構來講，並對上表中涉及的介音擬出音值，他就得到下表：

| 金陵 | 普通三等韵:j | 重三韵:j | 重四韵:i | 純四等韵:ø |
| 洛下 | 普通三等韵:j | 重三韵:rj(或 j) | 重四韵:i | 純四等韵:i |

所以，你可以看，當重紐四等韻和純四等韻是混的時候啊，普通三等韻介音是 j，重紐三等韻介音是 rj，重紐四等韻介音是 i，純四等韻介音是 i，這個跟我的看法一模一樣。所以，我很高興，因為他的資料不是我用來推測的資料；他是從徐邈的反切以及顏師古啦、玄應啦這些人的反切的情形，整個地來看反切，因為這些人反切都可以分重紐，那麼重紐可以分，所以，他就從這個角度來解釋它，就認為重紐是南北不同。北方洛下音的介音跟徐邈音切的介音一致，徐邈的音切是什麼呢？是代表北方的、鄴下的。那麼，這個看法對我來講，無害無傷也。因為我推測的重紐現象，做了半天，我沒有提南北。因為，那個時候南北的問題對我來講是同時想的，並沒有跑到腦筋裡面來。恐怕當時北方是這個樣子，因為資料都是北方的，你想想看，這裡最主要的資料都是洛陽音、長安音。然後是對音漢越語，漢越語大概十分之九是長安那個地方過去的，大概是那個時候出去的。韓國漢字音不可能是南方的借音吶，一定是北方的。所以，我推測大概是個北方的東西。他現在按照徐邈的音切的情形和種種的走向得出來的結果，印證了我推測出來的結果，這對我來講，應該很高興。

但是，對南方的不同啊，我剛才不是已經說了，最簡單地回答，就說南方不分，所以，重紐對我來講，南方根本不必擬測一個特別的音。可是即使不必擬一個特別的音。他這個表一的上面這一行，跟表二上面的這一行，普通三等韻介音是 j，他現在把重三等韻介音擬作 j，重四韻介音擬作 i。純四等韻介音是一個零。這些東西啊，跟我有一點點不同。我的不同呢，在於南方四等韻是不是果然沒有介音這一點，我有一點懷疑。我已經在這裡說了一兩次，四等韻的問題，我還沒有想清楚，但我基本上覺得四等韻有 i 介音。由於這樣的關係，你認爲四等韻沒有介音就不好說。我那天講了一個證明。就是說，《切韻》只有五個四等韻，如果合口那一部分，前面沒有 i 的話，那麼，怎麼樣變 y？像"玄"啊，"犬""穴"啊，怎麼樣變 y？在我來講，是個困難。另外，是不是還有別的證據支持這個說法？我覺得整個的要推翻這個四等韻 i 介音啊，證據是梵文對應的四等字元音是 e。對於這個問題呢，我有解釋，在梵文裡只有 e，如果我們沒有 e，只有 ie，你想想看，是不是覺得只有這個跟它最近？所以，用四等韻字代替這個音。可是，現在我不能夠有把握地來做這個事情。其中一個原因，是因爲我的研究還沒有做完。是不是在南方的方言裡，有線索讓我們可以給四等韻不擬一個 i 介音？這一點我還不能肯定。那麼，可是我覺得困難的地方，在呂靜的《韻集》裡頭，他的三四等是分的，徐邈、顧野王、顏師古都是分的。那麼，這個分三四等的人哪，假如照張先生的意思，說呂靜跟徐邈在北方；顧野王、顏師古的音呢，是南渡以後後起的音，可是他們都分三四等的。所以，這是一條線，代表的可能是鄴下的情況。如果三四等韻兩個韻都是分開的，比如"成仙"的"仙"字跟"先後"的"先"字，"清水"的"清"跟"青顏色"的"青"，那麼，我們有理由相信這個地方並不能夠把它用在南人上，因爲他們都分了嘛。這個時候啊，你就覺得麻煩了，既然不能夠押韻，是不是顯示四等沒有介音？三等有介音，四等沒有介音，因爲它們不能押韻嘛。這就反而讓我懷疑，北方這個 i 有沒有？我這個話不知講得清楚不清楚啊？先是說整個的重紐的分歧，各種的資料讓我們暫時決定，這個大概不對。好了，現在南方啊，夏侯該的音是不分三四等，南人不分三四等韻。北方啊，雖然徐邈在京口，不過照張先生的研究，他祖父是從山東過來的，但是他是在京口，他懂的東西大概是剛剛南渡的標準音。所以，那個時候還保存北方音的一些特色。這就是說，徐邈分三四等韻的，我倒覺得你可以擬個四等 e，沒有介音，三等是 i，那麼，這有道理啊。可是，偏偏北方的四等韻呢，我已經認爲一定要有個 i，所以，這個地方啊，對我來講有一點困難。夏侯該不分三四等韻，是什麼意思呢？不分三四等韻，就是三等韻跟四等韻是混的。那麼，你從魏晉以下以來的所有的押韻現象，大概一直都是可以押韻的,但是到了南北朝的時候,開口四等韻分化。我上次已經說過,四等韻的分化,究竟是一個什麼樣的分化?比如說,三等跟四等既然可以押韻,表示它的主元音相同,所以它應該是介音不同,三等介音跟四等介音不同,主元音相同。等後來四等分開以後,它因為 i 介音的關係,使元音稍微升高,所以四等韻跟三等韻有了區別,就像高本漢所說的一樣。那麼,這個時候我們說,不分三四等韻,好像也應該說,三四等韻中一個介音是 j,一個是 i,對不對?到了分三四等韻的時候,我們可以說,三四等韻中一個介音是 j,另一個沒有介音,四等韻沒有介音。所以在我來講,這是個困難。

　　簡單來說,到現在為止,我認為,我目前的這個的推測大概是對的,是不是?當然別人有不同的看法,但是你千萬要注意,別人不同的看法裡頭,能把握證據的力量在哪裡?我覺得我的證據最大的力量就在於,我的研究表明,重紐三等是那個 rj 變過來的,當 j 變成 i 的時候,我又在試著在這裡面找到了純四等韻的 p 變 t 的這個現象,我覺得這是個最大的根據。其他的證據,沒有。

　　假如重紐分南北,兩邊重紐有區別,正如張渭毅先生所做的這個研究情形,我是說,如果四等韻本身沒有一個 i 介音,而是 e 的話,這在解釋上對我來講,好像有點困難。我想這個問題的解決啊,其中一個辦法,是回到何大安先生的著作《魏晉南北朝韻部演變研究》裡面。仔細看他這部書裡頭啊,南方的四等韻跟北方的四等韻分出來的早晚,就是從上古到中古的那一段時候,等我講下一講的時候,我會給大家看我原來的想法,大概是怎麼樣的。可是,這個裡頭增加的變數,就是何大安的研究,南北有區別,可是,我現在沒有把他的研究跟我的這個完全合起來看,還沒有做到。如果能夠合起來看,我就想知道,南方的詩人跟北方的詩人,在詩的押韻上分三四等,究竟是從什麼地方開始的?在我來講,是魏晉的時候。我做了魏晉音研究,三四等根本不分。我曾經跟大家講,用押韻的東西看,有一個困擾,這個困擾就是用韻的寬跟嚴,是個人的情形。用韻嚴的作家,他可以分得很細;用韻寬的作家,他就不一定。假如我們要假定,凡是押韻的一定是同元音、同韻尾的話,這是一個辦法。我現在對魏晉音的擬測就是這樣,凡是押韻,就表示它同元音、同韻尾。可是,現實情形不是那麼容易。因爲押韻這個東西本來就是因人而異,他可能想不出來更好的字,就用隔壁韻的字。你們知道宋代人作詩的時候,第一句常常用鄰韻的字,隔壁韻的字,這樣就麻煩了。就是說,當你不那麼清楚韻的分合,比如說三四等的韻可以押韻,到了一個時候不可以押韻,有時候有人開始連用十幾個字押韻,這是有區別。可是這個區別是什麼?假如原來三四等韻可以押韻,等四等介音 i 使得這個元音高一點的時候,這兩個韻就有區別,所以,就分開了。當用韻嚴的作家把四等字單獨找了十幾個字押韻的時候,他究竟是在這個階段呢,還是在那個階段?沒辦法回答。可能是在這個階段,他覺得這兩個韻有了不同;可能是在那個階段,它元音有了差別。

我問你們一個問題,我今天做個調查,就是我第一次還是第二次上課時問大家的一個問題,現在不曉得你們一致不一致,如果一致,那麼我的問題就不存在。我問你:用普通話,不要用你的方言啊,你覺得 an、ian、uan、yan 可以押韻的,舉手我看,好,放下來;覺得不可以押韻的人,舉手我看,哦,這是少數。我告訴你,你覺得可以押韻,但是實際上它元音不同怎麼辦呢?到現在還有這個問題,少數人舉手,覺得不可以,因爲覺得 ian、yan 可以押韻,而 an、uan 可以押韻,但並不能一起押韻。可是,你認爲可以押韻的,並不代表這個語言裡這幾個韻母的元音完全相同。所以,當我們討論三四等韻的時候,就產生這樣的問題,而這樣的問題真是難以解決。我不知道可以押韻的三四等字在一起的時候,當用韻嚴的人分的時候,它語音上究竟有怎麼樣的區別?它是一個音位性的區別呢,還是一個語音性的區別呢?這個問題我不大能夠解決,有實際的困難。是不是?那麼我對這個問題的看法究竟怎麼樣呢?好,我說這個看法啊,是我一步一步推出來的。另外啊,因爲我做海南島儋州的村話研究。儋州村話啊,是一個早期的客贛語,四等都是 ie、ien、ieu、ieŋ,其中 ien 是先韻,ieu 是蕭韻。我的感覺四等字好像是應該有 i 的。可是這個早期的客贛語,還是北方的,還不是南方的。那麼,這個問題在我來講,基本上是一個兩可的問題,就是說還不能很好的解決。

關於重紐的研究,周法高先生從前說是元音的不同,跟董先生一樣,但是,後來他說是聲母的不同,因為有日本的學者說是聲母的不同。他到晚年的時候,對這個問題,他說:這是解決問題的一個假設而已,實際上是要怎麼做,我們還要想一想。我從他這個話裡頭,覺得聲母區別的可能性太小,剛才我在這一點上沒有加強論說。各位知道,我們都曉得,看起來一二四等是一類,三等呢,是另外一類。現在你想想看,在三等裡頭,因為反切上字重三、重四不可以互切,而普通三等又可以跟它們互切,你要在這個裡頭分出三種聲母來。這個東西真是困難重重。當然你說有些東西啊,我們是不知道,我們不敢說它沒有,但是,實際推測起來,確實是困難。所以,我對聲母的區別,基本上沒講。我認為它根本不存在這個問題,可能太小太小。各位應該老早知道,一二四等跟三等是一類。高本漢早先有一個所謂"顎化的聲母"的說法,這老早就被推翻了。因為,譬如說,用現在的話,我讓你們造一個"看"字的反切,那麼,你會用哪兩個字? "科岸"切,對不對? 為什麼用"科岸"呢? 因為這個"科",是央元音,這個"岸",是一個元音完全跟"看"相同的字。所以,這個溪母字"科"不錯。好,再找一個細音的字,如果我說,造一個"家"的反切,你大概會寫成"機鴉"切,對不對? 為什麼前面是"機"呢? 因為這個 i,跟"家"的 i 是一樣的東西。這就是介音和諧說。所以,假如說一二四等一類,三等一類,趙元任先生老早就說這個三等為什麼用同樣的字作反切上字呢? 因為要求介音和諧,我想沒問題,根本推翻不了他的這個說法。所以,有好多東西,真的是鐵案,你就不能推翻。當我們已經說這個 j,是一個介音,其實是一類,這個見母只有一類 j;現在你要在見母裡頭分出三類,三等分三種見,這個事情我覺得沒有辦法做。所以,聲母這一部分我不談。

我已經說了,當我們用反切上字的時候,它不牽涉到元音,不牽涉到韻母,只有介音的問題。所以,我一直覺得,重紐的問題,從頭到尾,我就沒有相信別的,只相信它是介音區別。可是,當我們把這個介音放到臺面上來看的時候,就產生種種的後果。前幾天不是有一個人問我,這個介音 j 究竟跟那個介音 i 有什麼區別啊? 當時,我的回答是說,就像英文的"東邊"east,跟"發酵的粉"yeast 的區別;"過年"的"年"year 跟"耳"ear 這樣的區別。可是,我又沒有很好的別的證明可以給你看。中國方言裡頭顯然還有這樣的區別。所以,連我自己在推測的時候,也說 p 變 t 這個變化在 j 面前可以,在 i 前頭是不是也可以呢？所以,我現在的類,是用一個辦法來區別它,是不是就對,我只能說,到目前爲止,我只能做到這樣。

在張渭毅先生(2003)的那個文章的最後一段,他說,研究重紐這個難題,每代人都把智慧放在上面,你做一段,走一段,都是音韻學的成就。

第五講　從中古到現代的語音演變

一、語音演變的大勢

　　講從中古到現在的語音演變這個問題啊，我遭遇了好多困難，不知道怎麼講。我當然有一些想法，但是，這些想法怎麼呈現給各位，我覺得有點困難。

　　第一個困難是，我自己對中古音有新的想法，認爲它應該分成南北兩個音系，各位都已經知道。那麼，"南北兩個音系"這個話，假如言之成理的話，怎麼樣演變到現代？應該從南北兩個方向來解釋。因爲要說清楚從南邊的金陵音系怎麼樣變到現在，北方的鄴下音系怎麼樣變到現在。而且，前面跟大家講過，像粵語、客家話、官話，我可能放在鄴下音系演變的範圍裡，應該是談鄴下音系的演變。而南邊的演變呢，應該談金陵音系的演變。但是，實際上這個想法我還沒做出來，只是一個想法，雖然我給大家談的時候，有一點簡單的樣子，說大概我會怎麼做，但是，實際上並沒有做完。我現在的困難是難以分開南北。

　　好，我們接著這個問題來講。因爲我們必然承認《切韻》音系，現在講的這個《切韻》音系，有可能是兩個方言攪雜的東西。它等於是南北兩個音系加在一起的最小公倍數。從這個方向來講，不應該有很大的問題。

　　我遭遇的第二個困難，就是討論演變的時候，我會有所偏頗。因爲我們所有的資料差不多都是北方的，《中原音韻》以前的資料，大多是在長安的，《中原音韻》以後的資料，也差不多都是北方的。因此，對於南方的資料呢，就沒有能夠好好地把握。那麼這是沒辦法的事，只好暫時先這麼講。當然，你可能會想一個辦法把南北分得清清楚楚。最近，我看了一些資料，看見不同的資料不一致，這個不一致都是南北的問題。假如說南北區分清了，可能這個不一致就沒有了。因為如果你把這個所有的資料都假定成為一個現象，那麼這個裡頭當然有問題，所以，我們現在講的，多有資料不一致。我常常覺得奇怪這個資料怎麼這樣，那個資料怎麼那樣，我想這就是兩條線的關係。假如是兩條線的話，這個不一致的地方可能可以解決。至少我目前看到的資料，我想這是南北的問題，不在這裡談。所以，我們一方面談語音演變問題，另一方面要記住，實際上我們有些困難在這裡不大能夠良好地解決它，至少在目前。我希望這個路是對的，將來的這個方向是對的。那麼多貼近於北方的資料，也就不奇怪了。假如我們做得好的話，把南北分開，比如說，我看到前些時候新出的書，就把南北分開，按照方言本身所代表的方言區來看，是北方的，還是南方的。我們也許可以按照這個一樣的方向做，就是把所有的資料弄清楚，擺在這個地方，然後分開它來看。

以上就是我遭遇的困難。我想只能夠簡單地挑一些主要的問題來說說，因此，在談的時候呢，難免會偏重在聲母方面，韻母說得比較少，因為韻母太複雜了，我怎麼樣能夠跟大家講得很清楚？對我來講，實在有一點難處。我現在採取儘可能的辦法，希望能夠把它說明白。

1. 語音演變的大勢是簡化還是繁化？

語音演變的大勢啊，是簡化還是繁化？我為什麼要提出這個問題呢？因為，當年我考研究所的時候啊，第一個聲韻學的題目就是它。它問中國語音演變的大勢，是簡化還是繁化？這個問題已經過去了幾十年了，我還記得它，還是一個問題。這個問題啊，真是難答，就是不曉得怎麼樣答。基本上，我們當然都說簡化，丟失了好多東西了嘛，複聲母沒有了嘍，一些韻變得簡單多嘍，種種。可是，實際上它有繁化的一面。最簡單的繁化的例子，就是唇音，原來是幫滂並明，後來多出個非敷奉微來。而且也還有四個聲調變成八個聲調的，甚至於九個、十個調的都有。然後又縮小範圍，又變成五個調或者六個調。所以，這個事情啊，對我來講，簡化或繁化，早先是個問題，現在就不是個問題，爲什麼呢？因爲我們自然語言的演變，它有繁有簡，我們不大能夠用一個簡化或繁化的辦法來說明。假如我們說這是繁化，不是簡化，那麼顯然有些問題不能解決，比如聲調的分化就不能解決。好像任何東西的分化都是繁化，當然反過來也不能說全是繁化，因爲實際上是簡化的多。我們現在有的方言三個塞音尾-p、-t、-k 剩了兩個，或者剩了一個，或者變成一個喉塞音的，這當然是簡化。在語音演變大勢裡頭，這個簡繁問題，後來對我來講就不成爲一個問題，它就是一個自然語言的演變。如果它是繁化，它就是繁化，在某種條件下它就變。如果是簡化，它就是簡化，它就是合併起來，有種種的原因。

2. 自然演變以外的簡化原因

語音簡化有自然演變以外的原因。各位想一想就知道，我們都說，從前至少我學習的時候，我們要問語音爲什麼簡化？很簡單嘛，因爲《切韻》系統太複雜了。我們既然擬測了那麼一個複雜的《切韻》系統，當然要說簡化啊，不然怎麼會變成現代方言這個樣子呢？而且，從上古音到中古音，再到現在的方言，這個樣子下來，改變大得不得了。我認爲這是我們研究者自己找的麻煩，就是假如這個地方是很清楚的，即認爲《切韻》分兩個音系的話，可能就要簡單得多，至少是相對的比較簡單，不像那麼麻煩。所以，這等於是我們自己找出來的一個演變以外的由繁變簡的問題，本來《切韻》系統不會那麼龐大，我們自己把它變得很龐大。

以下說的有些東西也許基本上是常識，有些地方我就想得多一點。我用的資料主要有：

（1）王力王先生的《漢語語音史》，收入《王力文集》第十卷。他在裡頭講的隋—中唐音系，是陸德明《經典釋文》和玄應《一切經音義》的反切所反映的 6 世紀末、7 世紀中期的長安音。那麼晚唐五代的呢，他用的是朱翱的反切，《說文》有大小徐本，他用的是小徐的反切，小徐的反切是朱翱做的。宋代的音系呢，他用的是朱熹的反切。元代的音系呢，他用的是《中原音韻》。明清的音系呢，他用了好幾家，主要的是徐孝的《重訂司馬溫公等韻圖經》。我看他的這些書啊，有個相當清楚的系統。我今天講隋唐以後的語音，下一次課講上古音。王先生從唐以後講到晚唐五代，到宋，到元，到明清，大致是很清楚的。可是，他用的資料啊，很有意思，每一代他用的資料基本上是新的東西，如朱翺的反切，朱熹的反切，他並沒有用韻圖。所以，我在這裡說，他未充分運用宋以後的韻圖資料。宋以後的資料裡頭啊，他對韻圖用得很少。因爲他大概是希望有一個不同的路線來做這個研究。這個東西啊，可能有好有壞，好的就是他用的資料本身是很純的，某個人的反切是很清楚的，如果一個人以幫切並，以並切幫，表示他的濁音已經沒有了。用這樣的方法，確實可以看得出來某一個情形。但是，我會覺得爲什麼不用相關的韻圖資料？是不是可以把這些資料合在一起看？是不是可以表現得全面一點？而且有些問題可能在韻圖裡頭，由於兩者性質不同，更可以看清楚。比如說，我上禮拜講的這個重紐，韻圖就很清楚，而《切韻》不清楚，系聯不能解決。你現在用反切的東西來做語音史，實際上可能會有一點點缺陷。

（2）董同龢先生的《漢語音韻學》。這是一部舊書，我用的是1989年第十版的，我手頭的最早的版本好像是1968年的。裡頭有一章是中古音韻母的簡化。

我主要用(1)(2)這兩種資料。

第三種是浙江大學黃笑山的《〈切韻〉和中唐五代音位系統》，在這裡我大概也用了一點點。

二、聲母的演變

1. 唇音聲母的分化

我把聲母的演變分成好幾個單元來看，先講唇音的演變。

王力先生（1985/2008：255）說，唇音分化爲重唇（雙唇）、輕唇（唇齒），是從晚唐時代開始的。他還說：

> 敦煌殘卷中的"不芳並明"實際上指的是"幫滂並明"，那時還沒有產生輕唇音。但在朱翺反切中，重唇、輕唇分用

劃然。

我想這個結論沒有問題。王力先生(1985/2008:257)接著說：

> 非母與敷母，大約先經過分立的階段，幫母分化爲[f]，滂母分化爲[fʻ]。然後合流爲[f]。朱翱時代已經合流了。

王力先生總結輕唇音的演變如上，提到早先的時候非母能是 f，敷母可能是 fʻ。我們會有兩個問題：第一，有沒有[f]跟[fʻ]？有沒有[f]跟[fʻ]的對立？第二，非、敷在什麼時候合的？

這個事情實際上是不容易解決的。現在我們調查的資料多了以後，發現[fʻ]這個音在方言裡頭是有的。比如說，fha，這個 f 以後有個 h 的音，不是普通的 fa，它後面有個送氣的成分。這個 fh 海南島的漢語方言就有，我自己也做過調查。所以，早先認爲要設計一個唇齒塞擦音 pf- 來解決這個過渡的，實際也許不必。現在大概認爲"非(敷)[f]、奉[v]、微[ɱ]"就是這樣演變過來的。這裡頭個別的擬音可能有不同的看法，比如說，有人不認爲微母是唇齒的鼻音[ɱ]，可能有不同的看法。這個我不來解釋，不去管它，個別的東西很難一下子說得清清楚楚，因爲一定要仔細地考究它演變的前後過程，只有這樣，這個資料才能夠相信。

好了，這個[f][v][ɱ]是什麼時候開始產生的？王力先生在這裡說，在晚唐五代朱翱反切就有了。底下這個資料是從黃笑山(1995)的《〈切韻〉和中唐五代音位系統》裡頭摘出的：

> 黃淬伯(1930a)指出，慧琳《一切經音義》(783—810)中輕重唇是截然不紊的。慧琳的反切多依元廷堅的《韻英》(天寶間，724—726)和張戩《考聲切韻》(武周時，684—704)的'秦音'。

換句話說，在 8 世紀開始的時候，或者在 7 世紀末的時候，假如元廷堅的《韻英》和張戩《考聲切韻》這兩個資料都顯示出這種情形的話，代表在那個時候輕重唇是分的。如果我們說《切韻》是 601 年成書的，到了 8 世紀的時候，我們說輕重唇音基本分化了，這大概有一百年的光景。大致 8 世紀這個時候是輕重唇分化的時代。

王先生說，非母跟敷母大概先經過分立的階段。幫母分化爲

f，滂母分化爲 f'，然後合流爲 f，朱翶時代已經合流了。這個結論我不知道，我在開始上課的時候，就說過我可能看過的書有限，我還不知道是不是有人解決了這個問題：原來非敷是不是確實有一個分立的階段？還是當時變的時候，即輕唇化時，根本上就混了？到目前爲止，至少我不知道。如果要猜想的話呢，由於送氣的[f']這個音是有的，假如經過這麼一個階段，可能是比較合適的。然後它的送氣成分沒有了，也就變[f]了。可是這個事情，我們現在沒有一個很好的資料能把"非敷"的演變說得清清楚楚，我們看到的資料大概是一種混合。當然你們知道，在閩語裡頭根本就沒有"非敷奉微"，它們根本就是重唇音[p][ph][m]。

以上大概是唇音聲母分化的情形。我的興趣是，希望能夠知道分化的時間大概最早是什麼時候？資料大概能支持我們說什麼樣的話，然後，唇音聲母演變的過程在這個地方大概可以看得出來。所以，王先生這個推論說，幫母分化爲[f]，滂母分化爲送氣的[f']，然後合流爲[f]。大概是對的。不過，在這個演變的過程當中，很難找一個"非敷"不混的階段。

啊，我現在不記得了，《集韻》的情形怎麼樣。張渭毅先生，《集韻》裡唇音聲母的分佈情形怎麼樣？《集韻》輕唇化已經開始，這是他對《集韻》的研究，我知道。然後，非敷奉合流，這個結論很好。可是，《集韻》的資料啊，我一直有點擔心，它是個相當龐雜的東西，裡面有許多其他韻書裡沒有的東西，因爲它是"集"嘛。那麼，從《集韻》成系統的情形來看，重唇音和輕唇音是分得很清楚的兩類 8 個聲母，確確實實，《集韻》把其他的書裡頭原來是重唇的、當時變輕唇的聲母改爲輕唇，原來相混的重唇音、輕唇音，《集韻》分得很清楚。假如這樣的話，那麼，唇音輕化的時代相當靠後，差不多要到公元 1000 年左右。可是，在這個時候之前呢，已經有朱翶反切分得很清楚了。所以，唇音聲母分化得相當早。

對於唇音聲母分化的過程，我有一個困擾，我這裡沒有列出資料來。這個困擾就是說，並不是所有的重唇都變成輕唇，哪一類的唇音變成輕唇呢？

以前好多的音韻學家討論這個問題，有的學者認爲唇音輕化的條件是所謂的三等合口,是 jw-介音。可是,這樣就馬上發生了問題:這個唇音分不分開合口呢?我們看起來,《切韻》大概不分開合口,換句話說,就沒有 ba 跟 bua 的區別。它有開的時候就沒有合,有合的時候就沒有開。那好了,三等合口這個話站不住腳了。所以,就又有解釋啊,說合口啊,實際上是指某些三等韻的合口。哪些三等韻呢?有十個韻,所謂"東鍾微虞文元陽尤凡廢"十個韻。好,這十個韻有什麼共同的條件,使得輕唇會產生呢?一定是它有某一種元音。所以,在這個情形底下,就有好多人來研究,這個元音可能是央元音,或者是非後元音,或者是前元音。人們用種種的辦法,來解釋這種演變,當然有困難,因爲這十個韻的元音未必都是同一類元音。所以,在這個演變裡頭,究竟要怎麼樣把這個問題解釋得清清楚楚,現在也還沒有能夠很好地解決。雖然有好幾家主張把這些韻的元音都擬測爲央元音,認爲這樣就可以解釋,凡是在這種情形底下,假如是 p 變成 f,再在 jw-之後,然後加一個央的某一種元音,就會使得輕唇音產生。這個央的元音,好幾個人有不同的做法,我現在沒辦法探測。因爲,正如我講的,我要分南北以後,看元音的情形,究竟是哪一種。所以,這個地方有一點問題,就是說,這些韻變輕唇的時候,它的條件是什麼樣的?什麼樣的音韻條件使它變?爲什麼在東鍾微虞文元陽尤凡廢這十個韻裡頭變呢?怎麼知道,它走的方向有沒有經過 pf、pf'?什麼時候 p 跟 p' 變成 f 跟 f'?這裡頭是不是有任何別的資料可以證明,尤其是在那麼早的時候發生音變?所以,這個問題我並沒有解決,我只告訴大家目前做的結果。

2. 舌尖音聲母的分化

王力先生(1985/2008:181)說:

　　舌面前音加括號的(ţ 知)、(ţ' 徹)、(ḍ 澄)乃是唐天寶年間由端透定分化出來的。

王先生推測知徹澄是個舌面前音,乃是唐天寶年間由端透定分化出來的。這裡他有一個注說:

　　根據《晉書音義》的反切,漢初舌上音[ţ]知、[ţ']徹、[ḍ]澄在唐天寶年間已經分化出來了。

這裡面有兩個問題,一個問題是他把知徹澄擬測爲舌面前音,我想這有一點困難,但是我現在不專門談這個事情。可是各位看我對重組擬測的時候呀,我已經大致地寫了一下知徹澄是個什麼音值,基本上,這個"知",是 tr,或者寫成 t 下加一點,或者寫成一個很後的捲舌的[t]。因爲這個東西跟 tsr 實際上是配合的,都出現在二等。那麼,當這個 t 加 r 變成[t],ts 加 r 變成[tʂ],這是很自然的演變。羅常培先生老早就從梵文的對音裡頭看出這個現象來。他的說法,王先生並不同意,王先生覺得這不是很好的辦法。那麼,也還有別人把知徹澄擬測得不同。但是,我是很相信羅先生的看法,因爲二等字有 r,而 t 加 r 是後來知母的來源,tsr 是照二的來源。tr 跟 tsr 這兩個東西配套,這大概是個鐵案。就是說,大概沒有任何人挑戰這個結論。如果你不挑戰這個結論的話,那麼它最自然的一個演變就是變捲舌,所以,tr 變捲舌[t]。我上次曾經舉過例子,就是問大家,像英文的 tree,你發 tree 的音的時候,舌頭是不是幾乎捲起來的?[triː],幾乎是捲的,對不對?它爲什麼會捲呢?因爲 r 的關係。你發 r 的時候,這個舌尖就已經彎上去了。它變成一個捲舌音,是一個極自然的變化。所以,我相信,王先生這裡說知組是舌面前音,並不是一個好的辦法。但是,他說在唐天寶年間端、知已經分了,這是分得很早。這個事情啊,有一點難處,我們上一次討論過。這個 r 算什麼東西?算聲母的一部分呢,還是算介音?假如它的行爲跟聲母緊密到一個程度,那麼,它就是一個聲母"知";假如它還不是那麼緊密的時候,那麼它就是 tr。這個過程當中啊,要說它在什麼時候變出來,是很難的。王先生這裡的意思是說,《晉書音義》裡頭"知徹澄"顯然跟"端透定"不一樣。那麼,我們知道,一直到《切韻》、到《廣韻》的時候,都還有所謂"端知不分"的情形,我們說這是個"類隔",它隔了一個類,因爲古人作反切的時候可能看了前人的東西,那麼如果看了前人東西是類隔呢,當時一定有"音和"的反切。那麼,在《切韻》的時候就有這些問題。王先生這裡說,大概天寶年間知徹澄已經分化出來了。《晉書音義》好像有兩種研究,我看了一個日本人的研究,研究的是何超《晉書音義》的反切。早先我自己還做過一點兒,沒做完,我自己把《晉書音義》的反切抄出來,來看看裡面的音變。我自己做的時候,不知道日本人做的研究,後來才知道日本人已經做了,後來還有邵榮芬先生寫過《〈晉書音義〉反切的語音系統》,我不去特別講它。基本上,王先生是認爲在唐天寶年間,"知徹澄"由"端透定"分化出來。對於《切韻》的這個"端透定""知徹澄"我們怎麼看待?我們是認爲《切韻》的時候已經有"端透定""知徹澄"了呢,還是沒有呢?如果我們認爲有的話,那麼這個叙述會有一點點困難,就是說,究竟這個舌尖音的分化什麼時候開始?我做的那個擬測,是認爲在《切韻》的時候,已經是 t 跟 tr。可是如我剛才講的,t 跟 tr 也許那個時候還沒分呢,只是一個介音使得它像兩個。所以,這個問題變成一個不好回答的問題,至少對我來講很難回答。現在甚至有人認爲中古音的二等還有 r,我絕不相信這個說法,或者有人認爲二等還有任何介音,我也絕不相信。假如這樣說的話,那麼 r 要留下來很長的一段時間,r 在中國的語言上存在了很久,什麼時候"知"從"端"分出來,這更是問題,因爲不知道怎麼歸納。

3. 濁塞擦音和塞擦音合流

王力先生(1985/2008:259)說:

> 塞擦音缺濁母,從邪合流,床神禪合流,自成系統,這也決不是偶然的。現代吳語正是這種情況。

這是晚唐時候的音變。不過,你記不記得,我們在談《切韻》的時候說,南方已經有人不分"從邪",不分"床禪"。所以,我在做《切韻》研究的時候,已經把這兩個音變現象講了。這樣的話,我會覺得,王先生所說的濁塞擦音和塞擦音合流,是不是某一種方言的演變,而不是南、北的方言都如此。

4. 宋代簡化的聲母系統

我說了脣音、舌尖音、濁塞音和塞擦音,我還沒有說舌根音的情形,底下會談到。王力先生(1985/2008:291-292)列表展示宋代的聲母系統:

發音方法 \ 發音部位		雙唇	唇齒	舌尖前	舌尖中	舌面前	舌根	喉
塞音	不送氣	p 幫並			t 端定		k 見羣	
	送氣	pʻ 滂並			tʻ 透定		kʻ 溪羣	
鼻音		m 明	ɱ 微		n 泥娘		ŋ 疑	
邊音					l 來			
閃音					r 日			
塞擦音	不送氣			ts 精從		tɕ 知澄照床		
	送氣			tsʻ 清從		tɕʻ 徹澄穿床		
擦音			f 非敷奉	s 心邪		ɕ 審禪		h 曉匣
半元音						j 影喻		

王先生的書上，這裡有一個問題：各位可以看[tɕ、tɕʻ]，[tɕ]就是知澄照床，[tɕʻ]就是徹澄穿床，可見，宋代的時候知、照組幾個聲母已經混了。王力先生(1985/2008:292)在這個表下有一個說明，他說：

> 舌面音消失了。莊母字一部分併入精母，一部分併入照母，初母字一部分併入清母，一部分併入穿母。山母字一部分併入心母，一部分併入審母。

也就是說，莊系字有一部分往舌尖音[ts、tsʻ、s]的方向跑，一部分往後跑，但是王先生認爲是併入[tɕ、tɕʻ、ɕ]。是否確實是[tɕ、tɕʻ、ɕ]？這有點困難，我想將來恐怕要做一個比較仔細的探討，究竟這個捲舌音的演變是怎麼樣的？我個人覺得主要在官話裡可以做這個問題，莊組聲母開始時是 tr、tsr 兩個，如果曾經一度變成[tɕ]，又過了一段時間，到現在變成了[tʂ]，這個[tʂ]好像是回頭演變了，可是當中經過了一個[tɕ]的階段。對這個演變，我有一點點的懷疑，是不是演變當中一直是捲舌，一直由一個[tʂ]變下來？但是，我沒有詳細去做這個問題，王先生這裡的說明有一點問題。到了宋代的時候啊，他說這個舌尖音已經簡化了，可是等到元代呢，王力先生(1985/2008:346)說：

[tʂ tʂʻ ʂʐ]，是新興的聲母。[tʂ tʂʻ ʂ]主要來自莊系和知系二等；差不多所有的莊系字都由[tʃ tʃʻ ʃ]變爲[tʂ tʂʻ ʂ]，知系二等則全都由[tɕ tɕʻ ɕ]變爲[tʂ tʂʻ ʂ]。

這就產生一個困擾，王先生做的時候，不知道他怎麼想的，因爲假如莊組在早先已經變成[tɕ tɕʻ ɕ]的一套聲母的話，後來新興的一套捲舌聲母[tʂ tʂʻ ʂ]，它的來源就不可能來自莊系和知系二等。因爲莊系和知系二等已經不存在了，已經統統變成一套了。變成一套了以後，它怎麼會從這些字裡頭分出哪一些是知系二等，哪一些是莊系，我覺得這是不可能的一件事。這個地方啊，王先生也沒有說得很清楚。在我讀他的這個推論的時候啊，我就覺得有些困難，就是說，假如這些東西早先混的，已經變成了一種音，不管這種音是[tɕ tɕʻ ɕ]還是[tʂ tʂʻ ʂ ʐ]，已經變了，然後它又從裡頭多出一個新興聲母來。因爲各位知道，我們現在國語裡頭[tɕ tɕʻ ɕ]的來源是兩路：一路是[k kʻ x]的來源，一路是[ts tsʻ s]的來源，可是[tʂ tʂʻ ʂ ʐ]呢，整個的下來都變成[tʂ tʂʻ ʂ ʐ]。按照王先生的看法，在元代這個時候，它又分開了，又弄出一套新的東西出來，這真是一個困擾，我也不知道他如此說的原因何在。但是，我想，這個地方有一點困難。所以，王先生在新興的聲母跟宋代的這個簡化的聲母系統環節上，好像並沒有能夠聯繫得很好，主要在於[tʂ tʂʻ ʂ ʐ]的來源解釋得不清楚。

我們知道，來自照二莊和照三章的聲母字，在現在的普通話裡頭，大部分都變成捲舌聲母[tʂ]，小部分字變成[ts]，它有條件，可是條件相當的複雜。能不能夠理得清楚？真的很難。因爲我個人覺得現在普通話裡頭的東西，實在不容易辦。比如說，它入聲沒有了，可是它變得稀奇古怪，入聲變陰平的、陽平的、上聲的、去聲的，都有。我曾經寫過一個文章，就發表在《語言學論叢》(1998)，我認爲這恐怕是好幾個方言加在一起，才會變成這個樣子的。我們知道，普通話裡，一字多音這種情形特別多，恐怕是許多方言混雜的結果。假如在這個混雜的情形底下，要找出來知系、莊系演變的例外，或是演變的不同方向，怎麼會產生這樣的結果，我覺得是有相當的難度的。

5. 元代《中原音韻》的聲母系統

《中原音韻》的聲母系統，我用的是董先生的聲韻系統。這是很有意思的，在大陸，楊耐思先生研究《中原音韻》，有一本小書出來，叫《中原音韻音系》(1981)，他研究的結果是，《中原音韻》應該是 21 個聲母。但是，基本上跟董先生做得一模一樣，這個結論幾乎是完全一樣，只有一點點的不同。我這個地方用的董先生的一個說法，因為他的《漢語音韻學》這部書雖然出版在 1968 年，但是在這以前，他這部書有一個簡本，先出版了，因為台灣那個時候很窮啊，出書有字數限制，所以，他就把這個大的本子縮小，縮小的這個簡本叫《中國語音史》，是 1954 年出來的。在那部書裡頭，他已經是這麼個聲韻系統，比楊耐思先生早了好多年。但是，雙方走的路，結果都是一樣的，大家都認為《中原音韻》的聲母是這麼個情形，根據董同龢先生《中國語音史》，我把它列表如下。

董同龢先生說，依最合理的推斷，中原音韻的聲母如下：

p	p'	m	f	v
(斑辨)	(盤判)	(慢)	(反飯)	(晚)
t	t'	n	l	
(丹但)	(壇嘆)	(難)	(蘭)	
ts	ts'	s		
(贊尖)	(殘餐錢)	(珊先)		
tʃ	tʃ'	ʃ	ʒ	
(展棧)	(塵)	(山)	(然)	
k	k'	x		
(干堅)	(看牽)	(漢現)		
O				
(安、顏、彎、元)				

這個裡頭主要的一個問題，就是這個地方他擬了 [tʃ tʃ' ʃ ʒ] 這四個音，楊耐思也有這一套音，完全一樣的。這是什麼音呢？就是英文的 church 的 ch，就是這個 [tʃ']。[tʃ tʃ' ʃ ʒ]，到了國語就變成 [tʂ tʂ' ʂ ʐ]。為什麼會擬這麼一套音呢？董、楊兩位先生的看法差

不多一樣的,就是說,[tʃ tʃʻ ʃ ʒ]這一套音啊,大概接 i 介音,接 i 比較容易,[tʂ tʂʻ ʂ ʐ]接 i 比較困難。當時我學的時候啊,覺得這個理由很好,因爲後來三四等的字,有的變 i 了以後,接捲舌音比較困難,所以擬了[tʃ tʃʻ ʃ ʒ]。可是,近來的調查看得出來,捲舌聲母照樣接 i 沒有困難,tʂi 這樣的音在京劇裡就有,並不奇怪。所以,是不是在這個時候,舌尖聲母已經變成一套[tʂ tʂʻ ʂ ʐ]? 這個地方,可能有一些不同的看法。

　　董先生聲母表的其他地方,幾乎跟楊耐思先生的看法也完全一樣,但是有一點不同,這裡頭有一個突破,在上面的表上我把它拿掉了,就是 ŋ-聲母。ŋ-聲母是不是有? 我自己對此也有意見。董先生認爲,《中原音韻》裡頭所有的反映無聲母(即零聲母)ø-跟 ŋ-聲母對立的音節,是原書校勘的問題,圈圈是誤加的。我不大相信這個看法,所以,我在談《中原音韻》的相關的問題的時候,我就覺得恐怕我們不能這麼懷疑。而且,有兩個圈圈絕對表示 ø-跟 ŋ-是對立的,不可以說那個圈圈是誤加的,因爲兩個圈圈離得很遠。這個時候,他說,古今中外決沒有 ng 聲母只存在於一個韻母之前的道理。那個道理我很懷疑。你不可以說其他的對立是當中誤加了一個圈,各位懂不懂我的意思? 假如相連的兩個圈圈很多字是 ŋ-聲母,另一個字是零聲母,那麼,如果這個 ŋ 跟零聲母衝突的話,不就有兩個聲母嗎? 因爲他現在要把這聲母去掉,所以,他說,如果兩個圈圈連在一起,這個圈圈就是多加的。因爲圈圈是多加的,這兩組字不就連起來了麼? 對不對? 但是,有一個圈圈不能去掉的,兩個圈圈離得很遠的,是不可能多加的,然後他就說這個聲母不可能只出現在一個韻母前面。後來,我寫文章就對這一點表示懷疑,因爲我查《中原音韻》所有的本子,各本都沒有不同,沒有說有一個本子有一個圈圈果然是多加的。那麼,我會覺得,在校勘學上來講,它少掉一個圈圈,極可能是抄的時候,丟了一個圈圈。你要說他多抄了一個圈圈,而且不止一次,多了兩個圈圈,這個事情我會懷疑。所以,後來我對這兩個圈圈的解釋,認爲基本上是兩類,這個 ŋ-聲母絕對是有的。但是 ŋ-聲母的來源是什麼,是怎麼來的呢? 因爲,你要曉得《中原音韻》是個怎麼樣的書,它是根據曲韻的,曲韻是爲押韻而設的,沒有聲母,對不對? 那你怎麼知道它的聲母是什麼東西呢？如東、冬一起押韻，周德清看關漢卿、鄭光祖、馬致遠、白樸四個人一起押韻，他就把它連起來，把它歸納起來。那麼，你怎麼知道聲母是什麼呢？所以，聲母一定是周德清自己讀的。他是江西高安人，他在北方很久，一定會說北方話，但我很懷疑這個地方是不是受了他自己方言的影響。所以，我的解釋是，他有一個方言的成分進去了。實際上這書裡頭之所以有對立的 ŋ-，是由於他方言的關係。但是，這個看法頗有人不同意，薛鳳生先生就不同意，他就認為這個地方絕對是應該有單獨的 ŋ-聲母。那麼，困擾是在哪裡呢？本來很簡單，你承認它有一個 ŋ-聲母不就好了麼？但是它不是的，ŋ-聲母是從疑母字來的，這個疑母字啊，有好多混的。疑母字有很多地方看不出來，只在一二等的圈圈裡才有區別。所以，我頗費了一些工夫來看這個問題，我並沒有改變我這個想法。因為，後來我看江西方言的情形，發現幾十個地方差不多沒有例外，都有某一種的鼻音在前頭。所以，我覺得周德清有可能是把他自己方言的讀法放進去了。

　　如果我們把《切韻》裡的聲母的情形，跟元代聲母的情形作一個比較的話，就會發現聲母簡化的問題很大，簡直有一大堆的簡化現象，所以，你要說聲母走一個方向基本上是簡化，沒有問題，那麼，這裡聲母的繁化多出來的東西，是 f 跟 v，其他的聲母都是簡化的結果。

　　我這裡沒有談從《中原音韻》到現代演變的情形。我覺得這是一個難題。如果說《中原音韻》到現在的北方話有演變關係，那麼在這兒要討論的一個問題就是，《中原音韻》是不是官話直接的祖先？這是很多人一直注意的問題。我這篇文章裡沒有特別談它。我個人的想法，《中原音韻》大概不是官話直接的祖先，但它是某一種官話的祖先，大概是這麼一個情形。因為，你要是希望從這個直線演變的當中，從中看出來它怎麼變到現代，比如說從元代的聲母怎麼變現在的聲母，韻母怎麼變現在的韻母，這當中有很多的難處，不容易克服。所以，我是想，可能《中原音韻》的系統實際上是一個存在的北方話系統。我們現在的北方話，如我剛才所講的，受了很多其他的方言的影響，是一個混雜的東西，你要說《中原音韻》系統是它的一個直接的祖先，大概是有困難的。如果我們說在《中原音韻》的時候,還有其他的方言,那麼這個方言演變下來以後,其他的方言成分摻雜起來,變成北方話,尤其是官話系統,這是甚為可能的。最主要的是《中原音韻》入聲的演變,就是"入派三聲"的說法。好像北大的王洪君,她知道山西話裡面有一些"入派三聲"現象,基本上分別得清清楚楚,和《中原音韻》的"入派三聲"的情形完全一樣。所以,我相信,《中原音韻》大概是某一種官話的祖先,而不是現在普通話的直接的祖先。

見系聲母我這裡沒有講,等一下講。但你看聲母表裡 k-、k'-、x-那一行,裡面董先生舉的例子是"干堅看牽漢現"。中國研究方言的人呢,對舉例字是非常見功夫的。因為,你不大能列一大堆字,但你列一兩個字,就應該從這個字裡頭顯示它的類別。所以,在這個地方可以看出來,所謂的細音字,就是唸"堅、牽、現"的字都在這裡。換句話說,k 還沒有分為兩種。在[ts、ts'、s]那一行,例字也是一樣,例字"尖、錢、先"是細音字,唸[ts、ts'、s]。所以,這個地方可以看得出來,現在的[tɕ、tɕ'、ɕ]有兩個來源,是很清楚的。

聲母的部分,我大概說到這裡。

6. 全濁聲母的清化

我剛才講唇音輕唇化問題的時候,說唇齒化走的三個方向:f,f'、v。可是,v 這個濁聲母的整個地丟掉,是一個大的事情,很多的方言都有,除掉吳語跟湘語以外,吳語湘語到現在還保存 v。但是,其他的方言怎麼變啊?

我當時的想法是因為做北方官話的關係,我就想,客家話據說是從北方來的,既然從北方來的,客家話的全濁聲母清化後不是變送氣嗎?我心想這奇怪得很,難道北方就沒有一個方言還保留全濁聲母變送氣清音的情形嗎,怎麼一點也看不出來了呢?可是,官話現在都是所謂平聲送氣、仄聲不送氣這個大的類型,難道一點都沒有全濁聲母變送氣清音的痕跡嗎?我就在奇怪,如果官話裡沒有這個現象,北方的其他地方,像河南啊,山西啊,它們應該還有,可是一點痕跡都沒有,那是什麼原因呢?我回頭來看這個問題,結果發現,早年羅常培先生做的資料就已經有了,請看我的論文《論官話方言研究中的幾個問題》(1987/1998:218)的一段話：

> 《大乘中宗見解》的對音屬於 8—9 世紀，《千字文》也屬於 9 世紀。我們可以說，在 8、9 世紀時，西北地區有一種方音全濁塞音和塞擦音已變爲送氣清音，只有少數例外。這個解釋如果正確，那麼這是最早的"全濁變次清"的記載。

就是說，我們在早期有這麼一個方言，我認爲這就是客家話的來源，客家話就是從這兒來的。它是在西北地區，而且是在 8、9 世紀，那麼到了 12 世紀的時候，情況如何？龔煌城先生在北大講課的時候，講到西夏文，他做西夏文和漢語的關係研究，研究當時用漢字怎麼唸西夏文。他發現，12 世紀有一種方言，它的全濁聲母是全部送氣的，他這個發現不是不對，但是 12 世紀以前應該就有這個現象的。我不是說他的發現不對，而是說這個音變的時代應該更早。所以，我就找上去了，發現羅先生已經說過。但是，羅先生這個研究也是有一點問題。所以，我在這篇文章裡頭稍微改變了一點，重新解釋，基本上只有少數例外，有一種方音它是濁塞音和濁塞擦音早已變送氣清音。我就想，現在湘語啊，濁音基本上不送氣，吳語呢，我們說它是清音濁流，有人說這個是送氣，有人說不送氣，它是一個濁流。從實驗語音學上看，不像是送氣。但是是不是基本上全濁變全清的呢？因爲現在湘語裡頭，老湘語跟新湘語不大一樣，我曾經看到湘語的情形，認爲保存濁音的當然是湘語的中心點，它有一圈附近的方言，濁音變不送氣的清音。所以我就想，是不是還有別的演變方向呢？

我的論文《論官話方言研究中的幾個問題》（1987／1998：219）說：

> 王立達（1958a:29）指出太原方言裡中古全濁並、定、從、澄、群等五母的平聲字在文言音中讀送氣，但是在白話音中都讀爲不送氣清音。例如：
> 排 pɛɛ＝白；調 tiəu＝刁，提 ti＝低，甜 tiɛ＝顛，田 tiɛ＝顛，逃 tɔu＝刀，前 tɕiɛ＝煎；廚 tsu＝朱，遲 tsʅ＝知。

這就是說，早先恐怕有一個方言啊，它是濁音聲母變不送氣的清音,而這個變化現在看不出來了。他所謂平聲字讀不送氣,這是什麼意思？這就是所有的字都不送氣。因爲平聲送氣、仄聲不送氣是一個大的趨勢,是文言音嘛,到了白話音裡頭,它根本就是全部不送氣。平聲不送氣,仄聲也不送氣。所以,在這個情形底下,同時還有這麼一個方言。現在通常的說法是,北方話的濁聲母平聲變成送氣、仄聲不送氣的這個話,這是太簡單化的説法,是不對的。這個説法把問題看得太簡單了,其實我們方言裡有全濁聲母變全部送氣的,有變全部不送氣的,兩個情形都有。我這裡講到這個問題,就產生一個困擾,這個困擾是我們聲韻學上老早懷疑的,就是究竟中古的濁音送不送氣？高本漢不是有濁音送氣的説法麼？所以討論的時候說,如果濁音是送氣的,清化以後它應該變送氣。應該是說,送氣的濁音它會變送氣,不送氣的濁音它就變不送氣。不然的話,濁音怎麼變化的呢？很多人就不談這個問題,他說從中古就一套濁音,送不送氣都沒有關係,這是對的。而且可能因地域不同,還有不一樣的演變。

你要是看這個問題啊,從語言變異來講,這是很自然的現象。蘇州話兩個 a 有區別,一個前 a,一個後 a,大概"麥子"的"麥",跟"襪子"的"襪",一前一後。但是,普通話呢,它只有一種 a,並沒有兩種 a。那麼這個 a 的讀法啊,因人而異,有人讀成前 a,有人讀成央 A,有人讀成後 ɑ,沒關係,我現在問你,我們說,"他""家"這兩個字,這個 a 是前 a 還是後 a？你說:"我沒有想過,連想都沒有想過。"哎,你們都是唸語音學的學生啊,你們觀察普通話這個 a,"他"是前 a 還是後 ɑ？不知道,如果我唸[t'a],跟唸[t'A],有什麼不同啊？你聽的都是"他"。現在有人說啊,"他"是[t'A],"灘"是[t'an],"湯"是[t'aŋ],那麼,"灘""他""湯",實際上的部位是一個前,一個央,一個後。那麼你說"湯"[t'aŋ]的時候,跟你說"灘"[t'an]的時候,確實不一樣。爲什麼呢？因爲一個韻尾是-n,一個韻尾是-ŋ,對不對？舌位因而不同了。但是我們從來不在普通話裡區分,說有三種 a,誰說有三個 a？就一個 a 嘛,你說哪一個都一樣。可是,你們知道,國語(我常常說國語,就是普通話)裡頭不是有兒化嗎？兒化後面的-n 跟-ŋ 丟掉了以後,就產生問題了。所以,我老早就注意這個問題,因爲董同龢先生的太太是北京人,我就問她,"瓣""把"

（還有一個什麼字我記不得），假如它後面是兒化的話，那麼它是同音還是不同音呢？哦，我告訴你，老北京兩派意見，有人說不同音，有人說同音，有人說"瓣兒"就是"把兒"，一樣的。有人說不對不對，"瓣兒"是"瓣兒"，"把兒"是"把兒"，都能分成兩種。在這個地方啊，你可以看，當這個 n 丟掉變成"兒"的時候，這個 a 產生了一個什麼樣的變化？是同音呢，還是不同音？我告訴你，這兩個都有道理，說同音，-n 跟-ŋ 丟掉以後，這兩個 a 音啊，受"兒"的影響，統統變成同音；說不同音的呢，原來 a 的位置還在，一前一後的。那麼，當它變的時候啊，a 的位置既然還在，就有前後的不同。而且，說話的時候啊，他說的是[pʌɹ]，可是腦筋裡想的是"瓣兒"，你懂不懂這個意思？就是腦筋裡想的還是這個"花瓣"的"瓣"。所以，你要說這兩個音不同還是同，這樣的問題，很難解決。

　　回到濁音清化這個問題上，並母當時是 b，或者 b 送氣，沒關係，我們可以逃避這種問題。那麼，高本漢擬測濁音聲母送氣，他在上古音就擬出一套不送氣的濁音聲母來，所以，他的上古音唇塞音就有四個聲母，p, ph, b, bh，他用 h 來表示送氣的，反正用 h 跟用引號是一樣的。他這一套四個唇塞音聲母，是另外擬測出來的。他所有的並母、定母都是送氣的。這種擬音，現在當然已經整個地推翻了，說他這個擬測沒道理，而且在古音裡頭大概不會有一套四個這樣的唇塞音。當然，現在羅傑瑞做閩語，一套唇塞音聲母擬出來六種不同，更多了，這是不容易讓人欣然接受的一個原因，這個系統太複雜了。

　　好，現在回到這個問題上，我們中國的濁音聲母跟梵文的對音啊，是很清楚的。早先啊，是 b、d，後來是 bh、dh，因為早先用這個字對梵文的不送氣音，對它的送氣音的時候，後面加一個"何"。譬如說，這個"伽"是 ga，如果對 gha 的時候就是"伽何"。反正就是這個字後面要加一個"何"字，要加一個東西代表送氣。原來它不送氣，一加就是送氣 gha 的音。那麼，後來呢，它就直接用"伽"代替 gha。研究梵文的先生們說得清清楚楚，恐怕在歷史上，早先濁聲母大概不送氣，後來大概送氣。這個結論對我來講，最有用，因為我就是覺得濁音清化的問題不好解釋。在某一個方言裡，如果原來濁聲母送氣的時候，它就變成清送氣，原來濁聲母不送氣的時候,它就變成清不送氣。所以,現在整個的北方話,有變送氣的,有變不送氣的,這是早晚期語音不同所留下的一個痕迹。所以,我一點都不要找麻煩,說送氣濁聲母怎麼會變不送氣呢?不送氣濁聲母怎麼會變送氣呢?我沒這個問題,因爲濁聲母根本就是兩個來源,而且是不同時期的。

那麼,最大宗的當然是平聲送氣、仄聲不送氣的這種情形,這一類怎麼樣呢?我的論文《論官話方言研究中的幾個問題》(1987/1998:221)說:

> 全濁聲母清化,平聲送氣、仄聲不送氣。這種演變是目前絕大部分官話區的共同現象,目前所見文獻中最早的記錄是邵雍所作的《皇極經世圖》書中的《聲音倡和圖》,據周祖謨的研究,11 世紀汴洛一帶的方言全濁聲母已經清化,並按平仄分爲送氣和不送氣兩種清音。陸志韋(1946b)、李榮(1956)的看法都一致。

這個大概是一個定論,絕對沒有問題,可是你可以看中國的濁音清化的這個路線,實際上是三種:一種變清的送氣,一種變清的不送氣,一種按平仄變送氣不送氣。怎麼會按平仄送氣不送氣的呢?我們懷疑,他是不是在說平聲的時候,原來隱藏在底下,這一個次要的音韻條件"送氣"當時並不覺得。比如說,你要問說英文的人,peak 跟 speak,這個 p 有沒有不同?或者說,till 跟 still,這兩個 t 有什麼不同?說英文的人不覺得它有不同。但我們聽起來,清清楚楚一個送氣,一個不送氣。s 後頭的 p、t、k 統統不送氣,其他送氣。這個是什麼原因呢?因爲他們不需要分辨這個音位。到我們漢語,實際上是不是也有這個次要的東西隱藏在這個平聲和仄聲底下?反正這本來是濁聲母就沒關係。等到濁聲母一下子清化了以後,它平聲送氣,仄聲不送氣,就讓這個次要的條件顯示出來了,當然這是一個解釋,是不是這樣,也不敢講。這是可能的是一個說明。所以,我現在把全濁聲母清化的條件說完了。

7. 腭化音產生的時代

我剛才提到,現在[tɕ、tɕʻ、ɕ]是後來的,一類是從[k、kʻ、x]來的，一類是從[ts、ts'、s]來的。你們如果看高本漢的某些寫法啊，很有意思。他把每個字都還原。你看他注那個現代音啊，如果是從見系來的，他就寫[k]，如果從精系來的他注[ts]，他連現代音都分成兩種。這個腭化音產生的時代啊，有人做過研究。

我的論文《論官話方言研究中的幾個問題》(1987/1998：222)說：

> 鄭錦全(1980)對北音腭化的源流做過相當徹底的研究。結論是：北方音系見曉精系字腭化大約全面形成於16、17世紀，到了18世紀前半葉，《圓音正考》(1743)對尖團音的分析，正表示腭化音的完成。

可是啊，我利用另外一個資料，是蠻有意思的，我等一下還會再講、會引的，就是韓國的資料。你曉得朝鮮有《老乞大》跟《朴通事》兩本書，這部書呢，是在1346年出版的，大概大家不容易找得到。這部書在台灣找了個好的本子，再版的時候，他們找我寫了個序，因為我不大研究語法、詞彙的問題，所以我很費了一點力寫了一個簡單的序。講《老乞大》跟《朴通事》裡頭詞彙演變的情形，蠻好玩的，其中最鮮明的一個例子好像"們"，牲口可以加"們"。我們現在這個"們"，只有像"人們、學生們、老師們"才能加"們"吧？"牲口們、馬們"不可以這樣子說的。我看了覺得好笑。可是後來，你們一定看過那個鍾阿城的小說，他這個小說裡頭啊，有"鴨們、草們"，說到小孩子一起坐下來的時候，他說"屁股們"，我看得笑死了。我才曉得原來在中國的方言裡頭，確實有方言，不是人稱代詞"我們、你們、他們"才可以加"們"的，可以說"草們"，當然也可以說"牲口們"。連"草們"都可以說，更可以說"牛們、馬們"，因為它是活動的東西。非常有意思。我給這本書寫序的時候啊，就注意韓國的資料，它很妙。當時啊，韓國還沒有拼音文字，1443年才有韓國的拼音文字，他們所謂的"訓民正音"。所以，在那以前呢，都是漢文。但是，從16世紀開始呢，有一個人叫崔世珍，他就給這兩部書作注音。注音的時候呢，他就翻譯成韓文，就是《翻譯老乞大》《翻譯朴通事》。這個注音的方法啊，是左右兩種音。他在一個字底下啊，注左右兩種音，左邊呢，是所謂俗音，右邊呢，也是俗音，不過是今俗音。左右兩個俗音，一個俗音是代表15世紀早先的音，為中國的北方音；另一個呢，代表16世紀的北方音。前後差不多一百年，就有新俗音出現，因為中國語音改變啦，他們要學習新的音。你看得出來，16、17、18世紀每一代韓國漢字音的變化。這個資料啊，應該跟中國的資料合起來看。所以，我們剛才就說，不要太限制自己的視野，應該放寬一點，能夠看到的資料你們儘量用。那麼，這個資料是很清楚的，你看韓國人的研究，我不懂韓文，看韓國學者姜信沆用中文發表的文章，寫這兩個音之間的關係。我的論文《論官話方言研究中的幾個問題》（1987／1998：222）說：

> 據姜信沆（1980）的研究，在17世紀《老乞大諺解》、《朴通事諺解》兩書中，完全沒有反映腭化的現象，但到18世紀《朴通事新釋諺解》（1765）中就有下列的現象：
>
> tɕi：飢計雞既幾給　　　ki：己紀吉極及寄
> tɕ'iao：橋　　　　　　　k'iao：巧
> ɕi：喜　　　　　　　　　xi：稀

你可以看這個地方有兩種東西，無論是tɕi還是ki，都是見系字。看得出來它18世紀很顯然分tɕ、k，17世紀還沒有tɕ呢。不過，我們要知道一點，語音的現象通常見於記錄的時候，它大概都存在了好幾十年了。它不是一下子就寫到書裡面去的，通常它都要隔幾十年它才進去。所以，這個看法跟剛才提到的鄭錦全先生的說法並不是完全的一致。因為鄭錦全先生說，16、17世紀腭化音大約全面形成，到18世紀前半葉，表示腭化音已經完成。這兩個說法，不是有問題，大體上是一致的。

另一個問題就是見系腭化和精系腭化的時代是否相同？就是說，[k]變[tɕ]，跟[ts]變[tɕ]，是同一個時候呢，還是有先有後的呢？這都是腭化音啊，就像"精神"的"精"，現在唸[tɕiŋ]，"堅固"的"堅"也唸[tɕian]，聲母都是[tɕ]啊。那麼，它們的產生有沒有一個早晚呢？目前文獻上還沒有足夠的證據來加以判別。方言研究上，何大安（1985）對西南官話中雲南方言腭化音的演變有深入的觀察，他認為見系字的腭化音早於精系字。

現在又回到我的老話上。我不知道大陸的研究是不是有人已經有了新的看法,這個沒辦法,因爲我閱讀的範圍有限,時間也有限,能看的東西有限。所以,也許有新的研究我沒能看到也不一定。但是,我幾年前做這個研究的時候,從何大安的論文來看,恐怕是[k]先變,[ts]後變。那麼,你說韓國漢字音怎麼樣呢？爲什麼不看看韓國漢字音呢？韓國漢字音不行,因爲,它在這個地方啊,原來只有一套,韓國音只有[k]一套。等到知道中國有兩套音以後,它就想了個辦法,把這個東西做了一個改變。但是,做了一個改變啊,還是不能夠解決這個問題。原來啊,好像就是這個樣子,比如說,從[ts、ts'、s]這裡變出兩套符號,一個是[ts],一個是[tɕ]。可是,我們不止有[ts、ts'、s],我們還有[tʂ tʂ' ʂ z]和[tɕ tɕ' ɕ],我們有三套。這樣,韓國人就沒有辦法看出來,究竟[ts][k]這兩套之間怎麼變。因爲,它要有第三套,才出現這個問題,可是韓國音不能夠顯示這個問題。簡單地來說,見系字的腭化大概是早一點,這是從方言裡推出來的。[ts]的腭化比較晚一點,可能是這樣。如果有人有新的看法,那麼最好,我還不知道。

三、韻母的演變

1. 韻母的簡化

關於韻母的簡化,按照董同龢先生《漢語音韻學》(1968 / 2001：146)所說,中古以後的韻母簡化有兩個大的傾向：

(1) 凡同攝、同開合而又同等的韻母都混而不分了,例如東一等字與冬韻字混居通攝一等,東三等字與鍾韻字同列通攝三等,不遑枚舉。

(2) 三等韻跟四等韻也混了。併轉爲攝之後,所有三等韻的精系字以及三等韻的唇牙喉音字勢必與四等韻的字雜居,《四聲等子》效攝三等既然注出"宵小笑"的韻目,旁邊又有"蕭併入宵"四字,四等又不再注韻目。

以上兩點是董先生從《四聲等子》到《切韻指南》的韻母變化裡頭看出來的,他用的韻圖資料較多,王力先生用反切資料較多,比如用朱翱的反切、朱熹的反切,都是一個人的實際反切,董先生用韻圖資料跟王先生用反切資料正好是互補的,兩邊合起來看,是蠻好的。

董同龢先生《漢語音韻學》(1968/2001:147)從《切韻指掌圖》看出韻母變化幾項特殊的表現:

(1) 曾梗兩攝的合口字併爲第十五圖,而以庚耕韻字爲一等,登韻字爲二等,這是表明這兩攝的元音已混。

(2) 蟹攝三四等字正式改入止攝,一等灰泰韻字也改入止攝,這都是與現代方言相同的。

(3) 止攝開口精系改入一等,由此可知現代方言中的舌尖元音已經在宋代產生了。

[tʂ tʂʻ ʂ ʐ]是什麼時候開始有的呢？董先生說,從《切韻指掌圖》的情形來看,大概在那個時候已經產生了。所以,我這裡只做了一個很簡單的韻母簡化的說明,大體上我們曉得從前的攝裡頭,同開合而又同等的韻母大概是合了。那麼,三等韻、四等韻也混了。

2. 韻部的分合

關於韻部的分合情形,主要參考王力先生的《漢語語音史》。《漢語語音史》(1985/2008:286)說:

魚模合部,在朱翱反切中有許多的證據。東冬鍾合部,屋沃燭合部,在朱翱反切中也有許多證據。

以上的表述是什麼意思？王先生說的東、冬合部,就是我剛才說的東一等、冬一等混而不分。這是同攝、同開合而又同等的韻,都混了。所以,王、董這兩位先生的看法是很接近的。

關於蟹攝分部,《漢語語音史》(1985/2008:287)說:

蟹攝韻部的分合值得注意。灰咍分爲兩部,咍韻和泰韻開口歸咍來,灰韻、廢韻和泰韻合口歸灰堆。佳皆合部,齊祭合部,和隋—中唐時代一樣。

關於元部從隋代到晚唐的演變,《漢語語音史》(1985/2008:287)說:

元韻轉入了元仙,與先仙合併;魂痕獨立成部;其對應的入聲月部也分化了。月韻轉入了月薛,與屑薛合併;沒骨獨立成部。

《漢語語音史》(1985/2008:287)指出:

真文兩部併成一部,鹽嚴兩部併成一部,庚清兩部併成一部,脂微兩部併成一部。

然後又說:

支思是一個新興的韻部,朱翱反切一律用齒頭字切齒頭字,說明了這個新情況。

董先生說過,支思部在宋代已經產生了。

我這裡引了很多的資料,但是,我不想詳細講。主要的就是讓大家知道,韻的演變實際上是很困難的,不容易說的。而且,我已經說明了,對我個人而言,還有一些沒有解決的問題。但是,大概趨勢是怎麼樣,你看得出來,這是晚唐五代的現象。

可是,這裡頭有一個現象,對我來講啊,是一個問題。這些韻後來的分部,就跟《中原音韻》一樣。這就回到原來的一個問題,一個韻裡頭,我們擬測相同的元音和相同的韻尾,可能有不同的介音,這就是一個韻。可是不同的韻,會不會有相同的元音和相同的韻尾?就好像"唐"跟"陽"一樣,唐 ang,陽 iang,是相同的元音和相同的韻尾。假如這可以是相同的元音、相同的韻尾的話,那麼,這個分部的意思跟原來分韻的意思不一樣。周德清的分部,是把好幾個能夠押韻的韻母都攏在一起了,能夠押韻的,它的韻母並不見得沒有區別。我想一定有區別。假如這個區別我們看得細了,就可以分成兩個韻,就像《切韻》一樣。所以,這裡頭啊,爲什麼南北朝時候韻部裡頭看出來的合在一起押韻的情形,到《切韻》卻又分得這麼清楚,我們究竟要怎麼辦?譬如說,三等韻跟四等韻是不是就一個-j-不同,而元音是一樣的呢?假如這是《切韻》的話,高本漢的辦法是三等是 jɛ,四等是 ie,有兩個不同,不但有介音的不同,而且有元音高低的不同。那麼,元音高低的不同就代表它不能押韻。假如我們現在看到的魏晉跟南北朝的東西一直是押韻的,那怎麼辦？不僅是這個時候押韻，後來啊，又押韻。你看，王先生這個地方說，"真文兩部併成一部，鹽嚴兩部併成一部，庚清兩部併成一部，脂微兩部併成一部"，這裡問題真是多，我就不曉得這些問題怎麼解決？我想是不是有可能元音相同，只要介音不同，就分出來成立一個韻？而實際上，它是可押韻的，會不會是這個樣子？三等的清，四等的青；一等的唐，三等的陽，就是如此。假如我們認爲一個是 a，一個是 ia，是兩個韻的話，那麼，爲什麼三等的清跟四等的青不可以有相同的元音呢？所以，這個問題一下子還不好解決。這對我來講有一點困擾，我的想法是，有可能，極有可能，我們現在之所以搞得那麼複雜，就是因爲《切韻》把一些可以押韻的韻分了等。爲什麼分等呢？因爲作者細心，就像我問大家的："安跟煙能不能押韻？"哦，有人說能押，有人說不能押。好像那一次我舉手，說能押的人多一點。好，假如有一個人說"堅、牽、邊、先"是一個韻，"安、幹、灘"是另一個韻，不錯啊，他沒錯啊。"安"的一類整個沒有介音啊，"煙"的一類整個有介音。那麼，這兩個韻實際可以押韻，如果我說一個是"安"韻，一個是"煙"韻，元音 [a] 在煙韻提高變成 [æ]。這是個很自然的現象。但是，在押韻的時候它們還可以押。假如這樣的話，"清""青"這兩個韻，是否可以押韻呢？如果可以押韻的話，是不是可能是相同的元音呢？如果是相同的元音，我們可以把《切韻》大大地簡化，不止是一點點。我前面跟你們講的時候沒有談這個問題，因爲我們要忠於《切韻》的這個分韻的情況。可是，這個分韻的情況實際上有困擾，我已經講過了。東韻的東一、東三在一起押韻，麻韻的麻二、麻三在一起押韻，但是，《唐韻》的一等跟三等是分開的，這裡頭的關係究竟是怎麼樣的？是不是說當時作《切韻》的人爲了"賞知音"，所以，把《切韻》弄得很細？因爲它分得很細，所以，現在我們擬音的時候弄了一大堆奇奇怪怪的東西。這個現象真奇怪，前面合的，後面也合，就是當中是分開的，這是個問題。

3. 梗攝字韻尾的問題

我現在談梗攝字韻尾的問題，這是個很簡單的問題。橋本萬太郎(1978—1979)說，梗攝字有一個舌面鼻音的韻尾 -ɲ，來解釋梗攝字的演變。蒲立本（1984）改用-jŋ。但是，現在我們知道有三種韻尾：m, n, ng，我們不承認有-ɲ這麼個東西。橋本萬太郎說梗攝有這麼個韻尾，爲什麼呢？他有道理的，因爲你看，通攝韻尾各方言大概都是-ng，山攝韻尾各方言大概都是-n，咸攝韻尾大概是-m，所以，韻尾-m、-n、ng沒有問題。可是，偏偏這個梗攝，它的韻尾讀法不一致，有的讀-ng，有的讀-n。所以，橋本萬太郎看到這個現象以後，把它們排列出來之後，認爲這個地方一定是個不同的韻尾，不然怎麼會在有的方言變這個-ng，有的方言變那個-n呢？他說的這個話啊，我一上來就不相信。我不相信啊，是由於有一個根深蒂固的古音的觀念，因爲古音是有 m、n、ng 三種韻尾，那從這當中怎麼會跑出一個舌面音-ɲ出來？我不相信。可是，你不相信沒有用啊，你要證明給他看啊。這個問題在我心裡好久好久，我不知道要怎麼解決。後來我做那個官話的文章，就發現了這個問題。請看我的論文《論官話方言研究中的幾個問題》（1987 / 1998：232）：

鹽津	洱源	景東	彌渡	蒙化	例字
ən	ẽī	ɛ̃ī	eī	ei	門真根，等增恒，冷正耕，沈壬
ĩ	ĩ	ĩ	ĩ	ĩ	賓鄰斤，冰陵興，兵丁京，稟侵
uən	uẽn	uɛ̃ī	ueī	uē	頓尊昏
yn	yĩ	yĩ			羣雲

你看梗攝字啊，我用的是雲南的方言。從例字看得出來，"門真根，等增恒，冷正耕，沈壬"，中古音韻尾-n、-ng、-m 的字都在一起，對不對？那麼，在鹽津那裡是-n，到了洱源、景東、彌渡、蒙化，它開始鼻化爲ĩ，-n 不見了。然後一部分字鼻化成分也不見了，變成 i。劉勳寧（1983）記錄陝北清澗方言的白話音，有下列情形（聲調省去）：

山攝開口三等：戰顫 tʂei，纏蟬禪 tʂ'ei，善扇 ʂei。
咸攝開口三等：站粘 tʂei，陝閃 ʂei，染冉 ʐei。
梗攝開口三等：正 tʂei，聲 ʂei。

以上例字，比如"站"字，各位看出什麼問題來？這是說，-n 韻尾丟掉了，可以變成 i。什麼條件啊？是前央元音啊。所以，我說（1987 /

1998:232)：

> 現在我們看到雲南方言中宕、曾、梗、深四攝的韻尾經過-n 階段，都變成了鼻化ĩ，一部分再變爲 i，條件可能是偏前的元音。

換句話說，在漢語方言裡面，梗攝字韻尾之所以會在有的地方變成-n，有的地方變成-ng，什麼道理？因爲它唸-n 的時候是受了前元音的影響，它至少不是個後元音，才會變成這個樣子的。

好，那你說這個梗攝元音是什麼樣子呢？我說，我擬測的這個梗攝元音大概是央元音。這個東西啊，馬上就牽涉到全體。你說梗攝是個央元音，其他攝也有央元音啊，梗攝幾個不同的韻怎麼擬測呢？所以，這個東西基本上還是沒有完全解決。但是，我看出來這個方向，我相信從中可以推翻橋本萬太郎擬測的這個舌面音的結論。

4. 漢語是否受了阿爾泰語的影響？
請看以下聲母資料：

交泰韻(1603)河南 p p' m f v , t t' n l, ts ts' s, tṣ tṣ' ṣ ẓ, k k' x, 0

等韻圖經(1606)河北 p p' m f , t t' n l, ts ts' s, tṣ tṣ' ṣ ẓ, k k' x, 0

韻略匯通(1642)山東 p p' m f w, t t' n l, ts ts' s, tṣ tṣ' ṣ ẓ, k k' x, 0

老乞大諺解(1670)北方 p p' m f,, t t' n l, ts ts' s, tṣ tṣ' ṣ ẓ, k k' x, 0

五方元音(1672)唐山 p p' m f, t t' n l, ts ts' s, tṣ tṣ' ṣ ẓ, k k' x, 0

字母切韻要法(1716)北京 p p' m f, t t' n l, ts ts' s, tṣ tṣ' ṣ ẓ ẓ, tɕ tɕ' ɕ, k k' x, 0

同文韻通(1750)北京 p p' m(?), t t' n l, ts ts' s, tṣ tṣ' ṣ ẓ, tɕ tɕ' ɕ, k k'h, 0

朴通事新釋諺解(1765)北方 p p' m f, t t' n l, ts ts' s, tṣ

tṣ' ṣ ẓ,tɕ tɕ' ɕ,k k' x,0

重刊老乞大諺解(1795)北方 p p' m f,t t' n l,ts ts' s,tʂ tʂ' ṣ ẓ,tɕ tɕ' ɕ,k k' x,0

華音啓蒙諺解(1883)北方 p p' m f,t t' n l,ts ts' s,tʂ tʂ' ṣ ẓ,tɕ tɕ' ɕ,k k' x,0

國語　北平 p p' m f,t t' n l,ts ts' s,tʂ tʂ' ṣ ẓ,tɕ tɕ' ɕ,k k' x,0

以上是我做的一個研究,是爲了解答一個問題,這個問題是:漢語是不是受了阿爾泰語的影響,尤其近三百年來受了清朝滿語的影響,發生了很大的變化。所以,我們這個現在的北方話,根本是一個雜湊的東西,完全是受了阿爾泰語的影響。

我一直不大相信這個看法,並不是因爲我愛國,而是因爲啊,我覺得語言接觸的影響,在邊界是可以的,但你不可能影響到內陸的那些人,因爲,官話區這麼大,有這麼廣大的農村,這麼廣大的人群,怎麼說可能都受阿爾泰語影響呢?那些人不可能受影響。所以,我就做了一個研究。你看,是從1603年開始,那時滿人剛要入關,還沒有入關,可是,我做的這個聲母材料是1603年以後的。你可以看,差不多幾十年、幾十年就有一個材料,聲母變化什麼?幾乎沒什麼變化!就是從[k k' x][ts ts']變出一個[tɕ tɕ' ɕ]來,看到沒有?這很清楚,哪裡是受阿爾泰語的影響?這是漢語本身的演變嘛。

然後請看以下韻母資料:

等韻圖經(1606)

ï	ɿ	a	ɔ	ɜ	ai	ei	au	əu
i		ia	iɔ	iɜ	iai	uei	iau	iəu
u		ua	uɔ	uɜ	uai			
y				iuɜ				
		an	ən	aŋ	əŋ			
		iɛn	in	iaŋ	iŋ			
		uan	u(ə)n	uaŋ	uŋ			
		iuɛn	iun		iuŋ			

同文韻通(1750)

ï	a	ə	ai	əi	au	uə
i	ia	iə	iai		iau	iəu
u	ua	uə	uai		iəu	
y	yə					

	an	ən	aŋ	əŋ
	ian	in	iaŋ	iŋ
	uan	un	uaŋ	uŋ
	yan	yn		yŋ

我們比較一下1606年的《等韻圖經》的韻母跟1750年《同文韻統》的韻母,上面的陰聲韻比較不容易看,可你看底下的陽聲韻,幾乎和現在一樣。你看,從1750年到現在2004年,an、ian、uan、yan、en、in、uen、yun,幾乎無二致。"安 an、煙 ian、彎 uan、苑 yan"裡面的[a]都還沒有高化呢! 所以,我的結論很簡單:我們受阿爾泰語的影響,大概在詞彙上面。即使在詞彙的層面,也得仔細地看,比如這個"胡同"是不是受阿爾泰語的影響?"站",這個"一站、兩站"的"站","車站"的"站"大概是蒙古語下來的,大概是受蒙古語的影響。所以,你要找出來哪一個詞是受哪一個語言的影響。你如果籠統地說是受阿爾泰語的影響,這種說法我要追究,你說的是什麼? 所以,有人說官話 mandarin 這個東西,不是漢語方言的子孫,而實際上是一個混合語,或者是少數民族人學漢語的一個結果,我不完全相信,至少這三百年之間,你看不出來說滿語的人對漢語有什麼影響。反倒是旗人後來說的北京話標準得不得了。我認識一個朋友,他是旗人,我聽他說北京話,說得好聽得不得了。這就說明,由於漢族文化跟人群廣大的關係,所以,漢語變成現在這個樣子。

第六講　從上古到中古的語音演變

一、音節結構的改變

關於上古到中古的語音演變，對於那些有爭論的地方，我加強一些證據。到現在，有些證據我還沒有放棄，比如說，討論陰聲韻尾有沒有的問題，我覺得這些討論有些資料不應該視而不見。我們總得要把能看到的資料都把握了，對於不能解釋的地方，才能說"我不能解釋"。這沒有關係，因爲我的推測未必對，也許有另外的解釋。我覺得有些想法至少目前還沒有人能夠推翻，所以我要加強說一說。

1. 中古漢語的音節結構

上古音系差不多都是從中古音推上去的，最主要的系統是以中古音爲根據的。當然我們也根據《詩經》韻以及諧聲字，但是它們不是很完整的系統。《切韻》是完整的系統，那麼，我現在也從《切韻》推上去。我的辦法是先把中古漢語的音節結構列出來：

$$\begin{Bmatrix} C(S) \\ S \end{Bmatrix} (S)V(\begin{Bmatrix} C \\ S \end{Bmatrix})$$

第一個 C 代表輔音，下面的 S 代表半元音，就是說，音節開始的時候，不是輔音，就是介音。你想想看，我們中古音聲母是三十六字母，通通有一個聲母開頭，像"幫滂並明端透定泥"都有一個輔音開頭，像喻三、喻四，有人可能認爲是介音開頭。我這裡打一個岔，諸位是否知道高本漢擬測影母的時候，他是怎樣擬測的？因爲他看所有的方言影母字的情形，有很多方言都讀無聲母的字，但是影母字的聲調一定是陰調，陰調一定要有一個清輔音在前面，所以他認爲影母字有喉塞音聲母。這是他看資料的時候很高明的地方，因爲無聲母都沒有了，可是他怎樣看出來的，就是因爲影母字的走向整個是陰調。我們現在有一些三、四等的介音，就是喻三、喻四，它們是讀陽調的。無論如何，三十六字母裡並沒有一個零聲母，我想沒有人會提出異議，無論怎樣擬測都無法擬測出"零"聲母。(S)是介音，跟下面的 S 是一樣的，輔音後可以出現三等介音。我們暫時不說四等介音的問題，對於四等介音假如有意見，沒關係，我們只談三等介音。所以，輔音可以跟一個三等的介音，或者輔音沒有，就是一個 S。這裡的大括號表示不是這個就是那個，不能沒有。然後，第二個(S)是合口介音，V 代表主要元音。最後有兩個括號，表示可以不要，C 是輔音尾，即-p、-t、-k、-m、-n、-ŋ，或者是半元音尾 S。假如有人對這個中古漢語的音節有異議，我覺得是很奇怪的，很不容易有的。雖然是推測出來的，可是各家之間基本跳不出這個格局，對這個不會有異議，假如後頭沒有韻尾，也沒有 S，例如麻韻，就用圓括號，表示可以省掉。所以，這個音節結構中最不可省是第一個部分，以及 V 的部分，後面可以省略，可能是開尾韻，可以沒有 C 也沒有 S。可是，當這個音節結構推上去到了上古音的時候，它顯示了什麼語音，我們要來考慮一下。

2. 上古漢語的音節結構

輔音的部分沒有動，我們假設三十六字母推上去全是輔音，底下的 S，是喻三、喻四，喻三我們推的結果可能是從匣母[ɣ]來的，喻四可能是從[r]來的，那麼喻三、喻四推上去以後就沒有一個 S，在上古也是 C。所以，第一部分就變成了 C。介音(S)還存在，V 不能動。第二個 C 原來在中古可以有，可以沒有，如果有的話，-p、-t、-k、-m、-n、-ŋ 當然是 C；如果是半元音的話，是 j 或 w，或者是元音尾 i 或 u，照我的看法，這些 i 或 u 都是從輔音尾來的。這個意思是說，凡韻尾是-p、-t、-k、-m、-n、-ŋ 這種音節的，是 C；假如是後面有 i、u 的，是 S。可是，我的意思，這個 S 也是從 b、d、g 來的，但是，我說過第二個 C 不是可以去掉的嗎？對的，像歌韻，後面沒有一個韻尾。

照現在的研究，其實上古歌韻字也是有韻尾的，換句話說，連這種韻部都認為有韻尾，因此，我就把上古音節改成這樣子：

(C)C(C)(S)(S)VC

問題出在哪裡呢？就是末尾的 C，我說有，別人說可以沒有，因為這個大概是有爭論的。然後我又在 C 的前後各加了兩個(C)(C)，因為我相信有複輔音，這也是一個問題。主要元音 V 是不能動的，括號部分也是可有可無的，它的形式是(C)C(C)(S)(S)VC，省略當中加括號的部分，簡單地說，就是 CVC，這就變成中文的一個音節結構。這裡面剩下來的問題有兩個：後面的 C 有-p、-t、-k、-m、-n、-ŋ，可以同意，後面有 i、u 的，如果認為是從輔音來的，就要證明；歌韻或者麻韻後面沒有 S 或 C，如果說後面也有輔音，也需要證明。所以，這是韻尾輔音的大爭論，是需要證明的。第一個 C 是不能動的，喻三、喻四是 S，也是來源於 C，這是沒有爭議的。但是在它的前後加(C)(C)是需要證明的，為什麼要存在？我現在給你們證明。

3. 陰聲韻尾的有無問題

首先，我要試試看，證明陰聲韻尾的存在。好多人辯論這個問題，有人認為有，有人認為沒有，我自己原來並沒有定見，並不是一定要希望它有，因為我的老師說有以後，我就說它有，不是這樣的；而是需要證明，所以，我花了一些工夫來證明。

(1) 顧炎武的"卓然遠識"，段玉裁的諧聲證明。

江有誥曾經讚揚顧炎武"卓然遠識"。到了顧炎武忽然發現在上古音中跟入聲韻相配的該是陰聲韻，不是陽聲韻。顧氏的根據以《詩經》押韻為主，其他古籍韻語為輔。這些話是在我自己的文章《上古漢語的音節結構》裡說的，在我那個論文集裡。那個時候顧炎武發現與入聲韻相配的是陰聲韻，不再是陽聲韻。

所謂"配"，是不同的觀念。就中古音而言，是指陽聲韻和入聲韻相當，表示主要元音相同、韻尾相對應，陽聲字和入聲字並不在一起押韻；但就上古而言，陰聲韻字和入聲韻的字卻實際上在一起押韻，在主要元音相同之外，應該還有別的意義。到段玉裁發現諧聲字也有助於古韻分類,就更加肯定入聲配陰聲韻的問題。

諸位知道江有誥是怎樣定入聲的嗎?他就看這一部有多少字跟平上去字有來往,有多少字是兩讀的,比如一去一入,按照這個辦法他把入聲歸到相應的部去。換句話說,雖然不是所有的陰聲韻跟入聲韻都押韻,可是押韻的非常多,大約占百分之三十幾。在押韻的情形下,我們認爲能夠跟入聲韻押韻,而入聲韻是有韻尾的,而且押韻的方向很奇怪:某一部跟某一部押韻絕不亂押,比如說,之部跟它的入聲押,不會跟另外一個部的入聲押,換句話說,入聲是有-p、-t、-k 的,我們說甲乙丙分別相押韻,即:

甲⸺→-p
乙⸺→-t
丙⸺→-k

但是-p 不會跟乙、丙押韻,-k 不會跟甲、乙押韻,-t 不會跟甲、丙押韻,在這種情形下,我們要不要分類?當然要分。清朝人要分的,就是討論的哪一部的入聲跟哪一部的入聲分開,所以脂部的入聲就跟脂部陰聲放在一起,跟真部合爲一個相配的陰陽入的格局。有人把入聲單獨分開做爲一部,這個無可厚非,但是陰入是有相當多的字是可以押韻的。請注意,押韻很奇怪,只是某一組字跟它押韻,並不是說都能夠押韻的,假如-p 跟甲押韻,爲什麼不跟乙押韻,總要有個解釋吧。所以押韻的條件是:主要元音＋韻尾。我們要不要相信,假如押韻的話,大概主要元音相同,韻尾相同;韻尾不相同,也要相近。主要元音如果不完全相同,那是例外押韻,也要相近。所以我不大相信 i 可以跟 a 押韻。押韻的現象本來就是個人的審韻寬嚴的問題,我曾經講過,在十三轍裡,可能 i、u 可以押韻,i、y 可以押韻,它是馬虎,因爲民歌有些地方馬馬虎虎,但是審音的時候,沒有一個人說 i、u 是一個音。我們在看這個問題的時候,要想一想,我們要不要假定主要元音跟韻尾差不多,得有一個說法;否則的話,憑什麼-p 跟甲押韻,而-t 不與甲押韻?這是我的假定,這個不是我的創見,而是好多人說的。不管怎樣,陰聲韻後面得有一個韻尾跟入聲尾配合,才能押韻,就是那些 30％的字押韻。我確實相信陰聲有塞音韻尾,我無法想像有另外一組的陰聲絕不跟入聲押韻,而只有這一組陰聲總跟入聲押韻,你要說這一組押韻的陰聲韻沒有什麼特色,沒有辦法說服我。

(2) 從另外一個角度看問題:i、u 尾的來源。

討論 i、u 尾的來源,我是從現代話來看。現代 -p、-t、-k 尾在普通話中都丟掉了,但是大多數都跑到了 i、u,比如說,白(-k→-i)、賊(-k→-i)、率(-t→-i)、藥(-k→-u)、雹(-k→-u),當然還有收別的尾,比如 -p 尾的字,甲(-p→-a)變成零韻尾。這些字從中古演變到現在,大部分字是收 -i、-u 尾。現在來看陰聲字,例如,中古蟹攝的字基本上是收 -i 尾,我們現在有很多不是 i、u 尾的陰聲韻,可是推到中古去看,很大部分的字都是 i 尾,無論哪一家的擬測都是一樣。i、u 尾的來源,從現在來看,如圖所示:

    -p、-t、-k→-i 或 -u

換句話說,-p、-t、-k 可以走向韻尾通通丟失的結局,變成元音 -i、-u。中古有一大堆收 -i、收 -u 的字,這些字都是陰聲字,上古跟某一類入聲押韻,這些字我相信也可能是從 -b、-d、-g 變來的,這是一個推論。-p、-t、-k→-i、-u,現在變成了這個樣子,這是一個事實。現在我推想 -b-d-g 也有這樣的變化,換句話說,中古有那麼多的 -i、-u,可能它的來源是上古的 -b、-d、-g。這是主要的推測。這個推測,別人會提出許多問題。

(3) 為什麼沒有 a 這樣的音節?

我們中國的語言真奇怪,難道連 a 這樣的音節都沒有嗎?我告訴諸位,就是沒有。中古的每一個字前面都是有聲母的,或者是 C 或者是 S,沒有一個是無聲母的,影母是一個喉塞音,哪裡有一個單獨的 a?中古都沒有 a 這樣的音節。問上古為什麼沒有 a?這個問題我們可以不回答。中古不是 ʔa,就是 ja,根本沒有一個 a 開頭的音節,要有,就是喉塞音或者 S,這個是鐵的事實,根本動不了。所以,這個問題不說了,這個問題不用回答。

(4) 為什麼陰聲韻尾在現代方言中毫無痕迹?

這個話問得也沒有道理。現代普通話中都沒有 -p、-t、-k,如果現在你只會說普通話,你知道哪個是 -t 變來的,哪個是 -k 變來的?你不會知道,因為沒有了嘛!丟了就是丟了,如果你說上古有 -b、

-d、-g,丟了,怎麼沒有痕迹啊？這個問題不好回答,丟了的東西,怎麼找痕迹？現在,影母的 ʔ-丟了,喻母的 j-丟了,我們怎麼辦？

（5）世界上還有別的語言有這樣的音節結構嗎？

這是一個困難,等於說是類型學上的問題。世界上哪有這樣的一種語言這樣特別？這個事情很難說。我曾經在 *Language* 上看到一篇文章,它說有一個語言完全沒有雙唇音,我記得不是很清楚,是整個的一套音它都沒有,你說哪裡會有一個方言會是這個樣子？它就是這樣的,怎麼辦呢？我從前舉了兩個例子,一個例子,現在有人說不大可靠,可是也不是我引的,是蒲立本,據他所說,老猛語（Old Mon）整個的音節都是閉音節。現在的研究可能不一定對,可是這個問題我最近沒有再去追究它。另外一個是李方桂先生自己調查的,後來李壬癸先生調查了日月潭的邵語,邵語所有的音節前面都有一個 C,音節後面有一個 C,前面的 C 是 ʔ-時,可以省略,不是完整的閉音節,但是,大多數所有音節都是輔音開頭、輔音結尾,開頭的喉塞音 ʔ-偶爾可以省略。所以,這個問題並不能做一個完整的答復。我們能不能因爲其他語言不見這種音節結構而否定漢語曾經有這種音節結構？到了這裡,我覺得問題不好回答,雖然我提出了證明,但是證明性不是很強。後來,因爲我做魏晉音的研究,發現了另外的證據,而這個證據是無法推翻的。有這個證明,我就確信陰聲韻確實是有塞音尾的。無論它是-b、-d、-g,還是別的什麼,總是跟-p、-t、-k 相配的一種輔音尾。我的證據就是異調字押韻的演變問題。

（6）異調字押韻現象之演變

不同聲調的演變,牽涉到韻尾的問題,我現在不談聲調的韻尾。我只談某種韻的入聲。請看：

詩經							西漢:入	東漢:入
	上	去	入			平	1	1
平	70	56	5	平上去	16	平上入	1	上	2	2
上		34	11	平去入	4	上去入	5	去	26	33
去			49	平上去入	4				

請注意入聲是有-p、-t、-k 尾的,《詩經》有 65 個例子,是舒聲字與入

聲字押韻；跟入聲來往的還有平上入、平去入、上去入、平上去入，例子比較少。換句話說，三、四個字押韻的情況下，可能是其中有一個字是收-k 尾的，其他的不收-k 尾，但是可以押韻。這只是一個觀察，本身並不能顯示任何意義。到了西漢、東漢的時候，平上去入不好統計，因為羅常培周祖謨（1958）的書裡沒有顯示異調押韻的例子，但是入聲可以看得出來，入聲與去聲押韻的例子分別是26、33，這時候，我們好像知道平聲慢慢地不跟入聲來往了，上聲與入聲的來往也沒有《詩經》時代多，但顯然去入的特別多。再看下面：

	魏晉			南北朝		
	上	去	入	上	去	入
平	11	8	0	14	6	0
上		24	0		30	0
去			86			79

到了魏晉南北朝的時候，平、上與入聲不發生關係，可是去、入仍然有押韻的例子，分別為 86、79。平入、上入不同調的來往真奇怪，怎麼到了這個時候就沒有了呢？從前還有一點，慢慢地就沒有了，而且這 86 和 79 基本上都是跟-t 尾來往的，像泰韻字。-p、-k 尾的就沒有。我覺得這是很顯然的證據，表示：平聲、上聲的輔音尾都丟了，丟得早；去聲的輔音尾丟得晚，所以它與入聲還有若干的來往。假如你不同意，就得給我一個說明：為什麼只有某一類的字跟-t 來往？而且這些字正是我們認為是與-t 的入聲字相配的陰聲韻字？換句話說，就是祭、泰韻的字。我把 86 個字一個一個列出來看，發現它基本上只跟-t 尾來往，在詩賦裡特別多，所以，諸位無法反駁我。我們要怎樣解釋從上古到中古以來，逐漸地，平入、上入沒有來往，只有去入還有很多押韻的例子？只有說平聲、上聲韻尾已經整個沒有塞音韻尾，變成元音尾的陰聲韻，所以，它就不能跟-t 來往。可是那些去聲字還有尾，跟-t 接近，這就是我的證明。如果反對，可以，但是必須給我一個解釋。當然，可以有別的解釋，就是說，去聲是 ts 來的，入聲是-t，這時候，ts 跟-t 還來往。這個，我不辯論，因為這是看法的不同。但是，無論如何，你承認這時候有一個

尾。至於去聲是不是來自 s 尾,這是聲調問題,我們暫時不談。所以,到這個地步爲止,我來證明,末尾的 C 由於種種的原因一定不能省掉,不能加括號。最基本的異調字的演變現象,是擺在《詩經》那裡的,大家都可以查看。西漢異調字的演變,根據的是羅常培周祖謨兩先生的研究(1958),魏晉異調字的演變,是根據我自己的研究(1975a),南北朝異調字的演變,是根據何大安先生的研究(1981)。根據異代詩文的押韻情形得出這麼一個結果,我大爲驚訝,平入、上入相押的次數,怎麼會是零呢? 後來我才想通了,原來平聲、上聲的韻尾掉了,只有去聲的韻尾沒有掉。到這裡爲止,我證明了上古漢語音節末尾的 C 一定是要有的,即陰聲韻有塞音尾。

二、聲母的演變

1. 複聲母的有無

現在我要證明複輔音的有無,即上古漢語音節裡兩個(C)(C)是否存在。複聲母有無的問題,也是不同的人有不同的看法。我現在要把證據擺出來,讓人覺得,如果不這樣解釋,就得有別的解釋,我們試試看。

(1) 一二等字押韻

中古的一、二等字在上古可以押韻本來是談韻的問題,可是因爲一二等字通押的關係,我們就認爲,在上古音來講,一等是一個元音 V,二等是 r+V,也可能有人認爲二等有 l,但是二等韻有介音這個看法,現在基本上沒有人反對。因爲 r 的關係,一、二等韻一直押韻。因爲一二等字押韻,唇音、舌尖音、舌根音二等字就可以有 pr-、tr-、kr-聲母,如果什麼都不管的話,我們要不要承認有 pr-、tr-、kr-? 非要承認它不可嗎? 如果承認了 pr-、tr-、kr-,這是不是複聲母呢? 有兩個意見,可能有人認爲 r 是介音,不是複輔音,所以這只算是半個證據,不是極有力。但如果承認 r 或者 l 聲母的存在,我們就非得要承認上古音有 pr-、tr-、kr-這樣的複聲母音節,這是一個證據。

(2) 諧聲字的意義

第二個證據是諧聲字。我看王力先生晚年的《漢語語音史》這本書，他是反對諧聲的。我把他的意見拿出來看，可是因爲他是大師，到了晚年，他寫東西的時候，他就認定了這麼寫，給的理由太少，所以，我不大能夠完全了解他的意思，我們可以看看。王力先生（1985/2008:14）說：

  段玉裁說："同聲必同部。"這是指韻部說的。這只是一個原則，還容許例外。如果我們說："凡同聲符者必同聲母。"那就荒謬了。

這是什麼人說的"凡同聲符者必同聲母"呢？我不知道。我們做諧聲字的人好像是沒有人說"凡同聲符者必同聲母"，這是王先生自己假定的一個說法，設定的一個稻草人，他認爲這是荒謬的。我也同意。

然後王力先生（1985/2008:15）說：

  從諧聲偏旁推測上古聲母，各人能有不同的結論，而這些結論往往是靠不住的。

這話的前半句絕對是對的，可是，是不是各人有不同的結論，就靠不住？各人可能有不同的結論，但是會不會有共同點呢？有啊，大家都認爲有複聲母，只是彼此不同罷了。並不能因爲靠不住，就說，我們不能相信它。所以，我在下面舉了一個例子，是王力先生（1985/2008:17）舉的一個直接的例子：

  董同龢提出，上古應該有一個聲母[m]（[m]的清音），這也是從諧聲偏旁推測出來的。例如"悔"從每聲，"墨"從黑聲，"昏"（昬）從民聲等。高本漢對於這一類字的聲母則定爲複輔音[xm]。上文說過，諧聲偏旁不足爲上古聲母的確證，所以我們不採用董說或高說。

我覺得王力先生把諧聲完全否決了。如果把諧聲否定掉，我們會產生一個困難，諧聲字究竟能不能用呢？我們知道，諧聲字在上古韻部系統研究中的作用是段玉裁首先發現的。對於韻部來說，"同諧聲者必同部"，同部是一個非常大的概念，同一個韻部，可能有不同的介音。如果這個論斷不能推翻，我們反過來看聲母，恐怕就不能完全不用諧聲。我覺得王先生否認得太過了，這是我的感覺。

(3) 諧聲的原則

我們看李方桂先生的說法。他的說法是綜合了高本漢、董同龢的一些看法,根據李方桂先生(1980:10),諧聲的原則有兩個:

(一) 上古發音部位相同的塞音可以互諧。

(a) 舌根塞音可以互諧,也有與喉音(影及曉)互諧的例子,不常與鼻音(疑)諧。

(b) 舌尖塞音互諧,不常與鼻音(泥)諧。也不跟舌尖的塞擦音或擦音相諧。

(c) 唇塞音互諧,不常與鼻音(明)相諧。

(二) 是上古的舌尖擦音或塞擦音互諧,不跟舌尖塞音相諧。

請注意,這裡的"不跟"x"諧",是有反例的意思。就是說有一類的字只跟 x 諧,不跟 y 諧,這是奇怪的。假如諧聲的現象根本不能依靠的話,那應該是沒有規則的,怎麼能有不跟 x 諧呢?既然不跟 x 諧,表明這裡邊有規則。問題是我們能不能把這些規則清清楚楚地找出來?找出規則是很重要的事情,所以,我覺得董先生證明出來的"民"跟"昏"、"悔"跟"每"、"墨"跟"黑"等,整個是一類與明母諧聲的曉母字,他認為可能是來源於清鼻音。我認為這是他《上古音表稿》證明得非常有力的一點,可是如果連這個都要否認的話,對我來講,很難。

李方桂先生(1980:10)接著又說:

依這兩條原則當然實際上可以發現些例外,這些例外也許另有解釋的必要,但是我們不妨嚴格的運用這兩條原則來考察近人對上古聲母的擬測,看看他們的聲母是否合乎這兩條原則,如果不合的話,我們也許對上古聲母系統應當有一個新的認識。

李方桂先生是從諧聲來看聲母的問題的,看聲母有沒有嚴格的諧聲規則,如果有,我們承認諧聲字聲母大概符合這個原則,如果完全不合,那麼就要懷疑。在這裡,我們才能看到端與知是一個聲母,因為早先有諧聲的例子,比如說,從"者"得聲的字,可以是

"都""豬""者",分別是端、知、照三,像這樣的東西能夠看得出來關係,他給的解釋是它們分別是 t、tr、tj,這是李先生的解釋。如果脫離了規則,沒有規則,只能說上古也有端系、知系、照三系,這樣我就覺得沒有把諧聲加以好好地利用。所以,在這一點上,我個人感覺王先生晚年不用諧聲,似乎走得太過了。如果回頭一點的話呢,那麼,我們還是可以利用諧聲。因為如果我們不用諧聲,整個的聲母就沒有辦法談。我的意思是說,我們恐怕要用諧聲的辦法談一談聲母,李先生的辦法非常謹慎,用了極嚴格的原則,用了以後再談例外諧聲,談的結果是證明可能有複輔音的關係。所以,我這一部分討論諧聲字的原因,是想把王先生的辦法跟李先生的辦法做一個比較。我覺得如果推得太遠,當然是不可靠的,但是,這個不可靠只是各人看法不同,把它整個的取消,我覺得有一點兒難。另外一個辦法是,我們得承認諧聲字聲母關係,這個關係要嚴格執行,我們一步一步做,看看它怎樣。所以,這是兩個不同的看法。

(4) 諧聲字所顯示的複聲母

請看下面的例子,這都是李先生的例子,有一些我加了問號,有些在斜線後加了擬音:

各 * klak / * kak,格 * krak,客 * khrak,洛 * glak?,落 * glak?,略 * gljak

如果說,我們沒有看到諧聲字所顯示的複聲母,我總覺得有一點難,我們得承認"落"字跟"格"字有關係,我這裡舉的都是入聲字,當然還有"路"字。像這些字,擬音是有困難的,二等字是 r,一等字應該是 a,一等字沒有 r,就應該考慮這裡該是什麼東西?跟 k 與 l 有關係,所以,早先的擬測"各"是 klak,可是 klak 是一等字,二等字是 krak,所以這裡 l 與 r 有一點兒麻煩。現在這個問題並沒有解決得很好,所以,我們認為一等字應該是 kak,二等字是 krak,可是到了"洛"字又麻煩了,它也是一等字,它應該是 r,不應該是 l,因為我們已經推上去來母是 r,所以,這裡有一點問題,這個問題是,我們不能說諧聲字充分的表現某一類複聲母,確實是不能,確實有麻煩。但是,我們不妨說,它有某一類的複聲母,無論怎樣,我們都要承認 k 系的字是與來母有聯繫的。我沒有用漢藏語，也沒有用侗台語的借字，我只是從諧聲本身來看，要不要承認 k 系字與來母有些關係。

下面舉兩個字：

喪 * smang，亡 * mjang————時日曷喪，予及汝偕亡

"喪"從"亡"聲，李先生的擬測是 * smang，"亡"是 * mjang，換句話說，心母跟明母來往，是由於多了一個 s 這個東西。我當時看的時候，覺得很有意思。因爲現在許多人說前面的 s 具有使動的意義，《書經》說："時日曷喪，予及汝偕亡？"這個太陽什麼時候使他滅亡，我跟你一起死。如果認爲"喪"是"使……亡"的話，對這個句子的理解，我很相信喪、亡二者是有關係的，是 s 與 m 的關係，s 是從心母來的，m 是從明母來的，沒有辦法，我們一定得承認有複聲母。當然這個 s 與 m，可能各人的看法不同，可能有人不把這裡"喪"擬成 sm-，可是，我相信我們現在對複聲母的研究有很大的天地，盡可以有不同的想法、不同的做法。

第三個例子是"品"跟"臨"，"探"跟"深"：

品 * phljiəm，臨 * bljiəm，探 * thəm，深 * sthjəm

諸位是否知道，"深"字在某些方言中可以唸 chen1，跟"抻"同音，它是審母字，審母字的來源特別，所以跟"探"有關係。

2. 上古漢語音節中的輔音

到這裡，我把我的理由說完了。我就是要說明上古漢語音節末尾的 C 是存在的，即使是陰聲韻的字，也是從輔音韻尾來的。換句話說，除掉-p、-t、-k 以外，還有-b、-d、-g。當然，是不是-b、-d、-g，我們還可以辯論。但是，無論如何，陰聲韻有一個輔音韻尾，這樣的話，上古漢語音節末尾的 C 是不能動的。

現在我要證明(C)C(C)(S)(S)V C 中的兩個(C)，一前一後，這是很妙的。

第一個(C)可能是 s，第二個(C)可能是 l 或 r，並不是可以隨便加的。這個部分還可以改變，因爲我加了括號，也許將來研究完了

還可以加別的東西，如果有可能的話。諸位知道遠在 1959 年的時候，我的老師司禮義（Paul Serruys），他是一個外國人，他研究中國的方言，看到兩種方言的字很不同，就認爲這些詞彙是同一個來源。所以，他就擬測了一大堆奇奇怪怪的複輔音，skt、spt 之類的。我們現在也會看到 t 跟 k、p 跟 k 來往的，不好解釋，恐怕將來有一天我們可以解釋。龔煌城先生認爲可以加上某些詞頭，我沒有說話的權利，因爲我在這裡沒有下功夫，我不敢說他對或者不對，但是這是一個路子。

我基本上說完了我的證明。如果去掉括號以後，上古的音韻結構就是 CVC。比如說現代日文，基本上是 CV 這樣的結構。大一的時候，我跟人打橋牌，有一個人的日文很好，我說 one diamond，他就說 one da-ya-mon-do，我很奇怪，很久沒有明白，後來才知道 do 完全是根據日文音節結構加上去的 o，日文的後面一定要有 V。我們現在研究的南島語的結構，從類型上看只有幾種，所以，我覺得不應該完全否認 CVC 這樣一種結構類型，至少在目前沒有根據讓我相信是沒有的。現在研究上古音的人，有的人承認有輔音尾，有的人不承認，有的人只承認一半，我覺得只要能夠把我們要解釋的東西都解釋了，我就相信。可是在沒有解釋之前，我無法相信。怎麼解釋某一組字到魏晉、南北朝的時候還跟-t 尾來往？如果說陰聲韻後頭什麼都沒有，只是一個元音 ai，我不相信。爲什麼只有-t 跟 ai 來往呢？爲什麼不跟-k 來往呢？後來中古音的元音 ai 又爲什麼不跟-t 來往了呢？這是一個謎團，對我而言，如果承認有陰聲韻尾，所有的困難都解決了。我看到的問題、看到的資料都可用這個辦法解釋。如果別人不同意，當然可以，可是需要證明。

三、韻母演變的大勢

1. 從上古到中古韻母演變的大勢

這是從我的專書《魏晉音韻研究》（1975a）第五章《從上古音到中古音的音韻演變》裡面摘出的一點內容，我不可能把 22 部中每一部的演變都講給大家聽，我只能談一些演變的大勢。

第六講　從上古到中古的語音演變　135

請看下面的例子：

上古＞西漢＞東漢＞魏晉＞南北朝＞中古，例字
之部：
之-əg＞之-əg＞之-əg＞咍-əï＞灰咍-əi＞咍-âi，來採代
　　　　　　　　　　　　-uəi　灰-uâi，灰悔佩
之-rəg＞之-rəg＞之-rəg＞咍-rəï＞皆-ăi、戒駭　皆-uăi
　　　　　　　　　　　　　　　皆-wăi，怪
之-jəg＞之-jəg＞之-jəg＞之-jəï＞之脂-jεi＞之-ï，詩止思
之-jiəg＞之-jiəg＞之-jiəg＞之-jiəï＞之脂-jiεi＞脂-ji，丕鄙龜
　　　　　　　　　　　　　　脂-jiεi
之-jəg＞之-jəg＞之-jəg＞幽-jou＞尤侯幽-jəu＞尤-jəu，謀有右
之-jəg＞之-jog＞幽-jog＞幽-jou＞尤侯幽-jəu＞尤-jəu，牛久舊
幽部：
幽-əgw＞幽-ogw＞幽-ogw＞豪-au＞豪-âu＞豪-âu，曹寶告
幽-rəg＞幽-rogw＞幽-rogw＞豪-rau＞肴-au＞肴-au，包巧孝
幽-jəgw＞幽-jogw＞幽-jogw＞幽-jou＞尤侯幽-jəu＞尤-jəu，浮酒秀
幽-jiəgw＞幽-jiogw＞幽-jiogw＞幽-jiou＞尤侯幽-jiəu＞幽-jiəu，幽幼
幽-iəgw＞幽-iogw＞幽-iogw＞宵-iau＞宵蕭-iæu＞蕭-ieu，條鳥嘯
幽-jiəgw＞之-jiəg＞之-jiəg＞之-jiəï＞之脂-jiwεi＞脂-jwi，軌䳷宄
　　　　　　　　　　　　　　脂-jiəi
之部入聲：
之入-ək＞職-ək＞職-ək＞德-ək＞德-ək＞德-ək，德則克
　　　　　　　　　　　德-uək＞德-wək，北國或
之入-rək＞職-rək＞職-rək＞德-rək＞陌麥昔-εk＞麥-εk，革
　　　　　　　　　　　　　　陌麥昔-uεk＞麥-uεk，麥
之入-jək＞職-jək＞職-jək＞職-jək＞職-jək＞職-jək，力識及
之入-jiək＞職-jiək＞職-jiək＞職-jiək＞職-jiuək＞職-jwək，域
之入-jək＞職-jək＞職-jək＞沃-jok＞屋-juk＞屋-juk，伏牧鬱
幽部入聲：
幽入-əkw＞沃-okw＞沃-okw＞沃-ok＞沃燭-uok＞沃-uok，篤告
幽入-rəkw＞沃-rokw＞沃-rokw＞沃-rok＞覺-ɔk＞覺-ɔk，覺學
幽入-jəkw＞沃-jokw＞沃-jokw＞沃-jok＞屋-juk＞屋-juk，復竹育
幽入-iəkw＞沃-iokw＞沃-iokw＞沃-iok＞錫-iek＞錫-iek，迪寂

以上摘錄來的是之、幽兩部陰聲跟它們的入聲從上古音到中古音的演變內容。陰、入的來往，在魏晉時是零，所以之部的陰、入聲分開了，即上古之部陰聲字、入聲字相押，此時一個都沒有了。幽部也是一樣，陰、入分開了。從東漢開始就換了一個名字，諸位可以看羅常培周祖謨兩先生的研究，之跟職、幽與沃延續下來。在這個韻母演變的大勢中，有幾個信息是可以看出來的：

在南北朝的時候，皆韻出來了，之部入聲的二等韻陌、麥、昔出來了，幽部的入聲是覺韻出來了，換句話說，此時，二等韻獨立了。

南北朝時，幽部的三等宵韻與四等蕭韻一起押韻，換句話說，四等還沒有完全出來。大概只有四等的齊韻有單獨押韻的現象，也有一個人用四等的青韻獨押，顯示出青韻與三等清韻有區別。

我在這裡只拿之、幽這兩個部，給諸位看二等的情況。實際上，差不多所有的二等都獨立成韻了。幽部的一二等韻豪（au）肴（rau）在魏晉還在一起押韻，南北朝的時候，一二等分開了。

表中的擬音除了最後一欄的中古音是用了高本漢的改良的擬音系統外，其他的都是我個人的看法，這是 1975 年發表的，到現在已經 30 年了。我自己並沒有再回頭看看我的擬音，是否需要有改動的地方，我相信應該有些微微的不同，但是基本上沒有太大的問題。其中的元音，我當時的出發點是李方桂先生的四元音系統。目前，有人認為是六個元音系統，像鄭張尚芳、白一平等，有不同的看法。但是，到目前為止，我相信李先生的四個元音系統大概是對的，我最近有一篇文章（《漢語上古音的元音問題》，1994），專門檢討元音系統，我當時希望看一看我們用什麼樣的辦法，可以看得出來上古音有幾個元音。我用了好多辦法，證明的結果，四個元音恐怕是對的。我用的其中的一個辦法是最小對比，就是看最小的對比在一種語言中可能存在的情形有幾個，我推了半天，有六個對比，其中有兩個是收 u 尾的，就是所謂的宵部跟幽部，這極可能是 au、əu 的來源。前面的對比正好是四個元音，所以，我很相信李方桂先生的四個元音是對的。我做文章不是為了保護李先生，為他說話，不是，我是希望從客觀的條件上一個一個來檢討哪一家的看法更好。我的文章檢討了半天，我認爲是四個元音最好。諧聲時代早一點，如果我們把《詩經》與諧聲分開的話，諧聲時代可能是五個元音，可是我不敢把這個設定。因爲韻部的研究是以《詩經》爲主，以《詩經》爲主的時代大概是四個元音。

我就從李方桂先生的四元音系統這裡出發，推測西漢、東漢的韻母演變情況，根據是羅常培、周祖謨兩位先生的研究，魏晉韻母演變是根據我自己的研究，至於南北朝韻母演變的情況，當時何大安先生的研究還沒有做出來，所以，南北朝韻母演變的一些看法可能會有一些大的改變。我做的這一部分，從上古到魏晉的韻母演變，到目前爲止，我還沒有進一步做檢討，但是出發點，目前沒有被推翻，所以，可能還是有相當的用處的。

舉個例子，我認爲之部 əg，後來是魏晉的哈部，從 əg（詩經）→əï（魏晉）→əi（南北朝），這是一個演變，假設其中 əï 是一個過渡階段，這不是我的看法，是李先生的看法，這是李先生在談台語時的說明。

1945 年，李先生發表有名的 Some Old Chinese Load Words in the Tai Languages（《台語中的一些古漢語借字》(1945：333－342)），討論漢語中特有的"地支"借到各台語方言的情形，從聲母、韻母、聲調等各方面提出許多有啟發性的現象，尤其是討論了漢語陰聲字尾-d、-g 失落的不同時代的問題。

下面是李先生《台語中的一些古漢語借字》中的"地支"讀音資料：

地支	上古音	中古音	阿函語	傣仂語	仲家語
子	tsljəg	tsï	cheu	tɕai3	chaeu3[ʃaə]
丑	hnrjəgw	thjŭ	plāo	pau3	piaou3[piau]
寅	rin	jiĕn	ngi	ji2	gnien2[ɲien]
卯	mragw	mau	māo	mau3	maou3[mau]
辰	djiən	žjĕn	shi	si1	chi2[ʃi]
巳	rjəg	zï	sheu	sai3	seu3[sə]
午	ngag	nguo	shi-ngā	sa-ŋa4	sa3[sa]
未	mjəd	mjwĕi	mut	met6	fat1[fat]
申	sthjin	šjĕn	shan	san1	san4[san]

酉	rəgw	jiə̃u	rāo	hrau4	thou2[ðu]
戌	sjət	sjuět	mit	set5	seut1[sət]
亥	gəg	ɣai	keu	kai4	kaeu3[kaə]

請看地支之中 8 個陰聲字的韻尾：

地支	上古音	中古音	阿函語	傣仂語	仲家語
子	-g	-ï	-u	-i	-eu[-ə]
丑	-gw	-u	-o	-u	-ou[-u]
卯	-gw	-u	-o	-u	-ou[-u]
巳	-g	-ï	-u	-i	eu[-ə]
午	-g	uo	(-a)	(-a)	(-a)
未	-d	-i	-t	-t	-t
酉	-gw	-u	-o	-u	-ou[-u]
亥	-g	-i	-u	-i	-eu[-ə]

以上資料所揭示的演變規則如下：

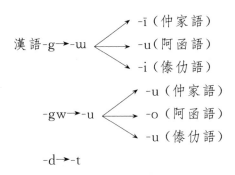

後來我想，李先生的這個發現很有道理，我們可以看：-k→-u、-i，這是入聲的變化，可是從-g→-i，這個當中難道沒有過渡嗎？應該有一個過渡。他舉的例子是台語的中國借字"亥"，一個語言叫仲家話，它的唸法是 kaeu3[kaə]，可是在另外一種語言傣仂語中，同一個"亥"字，讀 kai4。上古音"亥"是-g 尾，如果我們說元音是不同的，可是這是一個借字，應該沒有問題，可能借去的時候有一個語言讀 aï，另一個語言讀 ai，相信它有一個過渡的 ï 階段。到現在為止，我沒有改變我的想法。所以，我才在這裡推測了一個 ï 的成分。

基本上可以說，到南北朝的時候，一二三等韻差不多都出來了,顯示得越來越清楚,四等韻還有一點模糊。

2. 從上古到中古韻母演變的條件和原因

上古＞西漢＞東漢＞魏晉＞南北朝＞中古,例字

蒸部:

蒸-əng＞ 蒸-əng＞ 蒸-əng＞ 登-əng＞ 登-əng　　登-əng, 曾登恆
　　　　　　　　　　　　　　　　　登-uəng＞ 登-wəng, 崩弘
蒸-rəng＞ 蒸-rəng＞ 蒸-rəng＞ 耕-rəng＞ 耕-ɛng＞　耕-ɛng, 橙
　　　　　　　　　　　　　　　　　耕-uɛng＞ 耕-uɛng, 繃宏
蒸-jəng＞ 蒸-jəng＞ 蒸-jəng＞ 蒸-jəng＞ 蒸-jəng＞ 蒸-jəng, 徵興
蒸-jiəng＞蒸-jiəng＞蒸-jiəng＞蒸-jiəng＞蒸-jiuəng＞蒸-juəng, 冰
蒸-jong＞ 蒸-jong＞ 蒸-jong＞ 冬-jong＞ 東-jung＞　東-jung, 夢弓穹
　　　　 冬-jong＞ 冬-jong＞ 冬-jong＞ 東-jung＞　東-jung, 雄

中(冬)部:

中(冬)-əngw＞ 冬-ongw＞ 冬-ongw＞ 冬-ong＞ 冬鍾-uong＞ 冬-uong, 冬宗
中(冬)-rəngw＞冬-rongw＞冬-rongw＞冬-rong＞江-ɔng＞　　江-ɔng, 降
中(冬)-jəngw＞冬-jongw＞冬-jongw＞冬-jong＞東-jung＞　　東-jung, 中終宮

　　我再稍微說明一下我以上用來解釋的例子。我們一向認為,陰聲韻、陽聲韻、入聲韻的走向差不多是一致的。入聲韻和陽聲韻的情形大致差不多,可是陰、陽、入三者並不都是同樣的現象。以之部為例,我們現在可以看得出來,有一些陰聲韻跟陽聲韻的走向一樣,而入聲韻的走向不同,好像走的方向三者並不完全一致。二等韻的"耕"分出來了,冬部的二等韻"江"分出來了,到南北朝的時候,耕、江是很清楚的,在魏晉的時候二等韻的耕分出來了,耕部大概還有別的東西,我這裡沒有把它通通列出來,我只是列出了兩個韻部,陰陽入的配合,讓大家來看。我的辦法是:把所有的每一個韻部的演變情形都寫了,做一些推測,如我所講,從上古到魏晉這個部分,比較肯定。南北朝的部分,可能要改的地方要多一些,因為有一些新的研究出來了,但是大勢沒有動,就是二等韻獨立了,一二等韻分開了,早先魏晉的時候,一二等韻是押韻的,到這個時候一二等韻不押韻了。我們也不要忘記:押韻的現象是相當個人化的,有些人覺得有介音的可以跟沒有介音的押韻,沒有介音的可以有同一個主元音,同一個韻尾;也可能有人覺得,有介音的時候,

審音不同，就用某一種韻的字押韻。每一個時代變下來的時候，我都定了條件。現在我講其中的一個部分。請看：

$$-gw \rightarrow -g / kwj \underline{\qquad}$$

-gw 是幽部的字，在幽部的最後一行，原來是幽部，到了西漢的時候，就出來一個之部，原來是有一部分字，如：軌昬宄，它們跟之部字押韻，這是羅常培、周祖謨兩先生的看法。我的解釋，同樣是李先生的看法，就是-gw 變-g，在所有的聲母是圓唇舌根音的時候，w 產生異化作用，所以變成-g，這種情形就是剛才說的那幾個字。這幾個字開始變到-g 以後，然後才有第二個規律：

$$ə \rightarrow o / \underline{\qquad} kw$$

就是所有的 ə 通通變成 o。所以，在我的擬測中，幽部、幽部的入聲、中部這三部在西漢的時候 ə 就變成了 o，演變的條件是圓唇韻尾，我認為這是相當自然的假設。擬測 o 的原因，是由於這幾個韻部的發展，到中古以後，這一類字的韻母基本上都是 uo、o、u，所以，得要在早先設計一個它可能有的變化，設計這個變化，要在它的條件還存在的情況下，即當-kw 還存在的時候，我相信 ə 變成了 o。

諸位可能要問，你怎麼知道是什麼時候變的呢？根據羅常培、周祖謨兩先生的研究，在西漢、東漢時期，幽部、幽部的入聲、中部在押韻上並沒有顯示異常的現象，還是維持原狀。到了魏晉的時候，它的幽部就出來好多東西，有幽、宵、豪，而入聲維持一個，就是幽部的入聲沃部。所以，我在這裡把入聲的擬測與陰聲的擬測分開了，入聲跟陽聲的擬測是一樣的。到魏晉的時候，冬是-ong，沃是-ok。諸位是否知道，這就是中古後來陰聲分開，陽、入相配的一個開始。這個時候，入聲韻與陽聲韻的走向是一致的，就變成"東董送屋"這種陽、入相配的格局。這個時候，陰聲字顯然是分化了，所以，它不能跟入聲字押韻。我們可以想想看，當-gw 丟掉以後，怎麼可以與-k 押韻呢？所有的陰聲韻尾通通丟掉了，所以，這又回到了我開頭講的為什麼沒有跟入聲押韻的平聲字、上聲字、去聲字，原因就在這裡。還有 86 個去聲字與入聲字押韻，在這些地方，我應該擬測一個-d尾,到那個時候還有一些-d尾沒有脫落。這個意思是說,陰、陽、入的走向不大一樣,幽部、幽部的入聲、中部的韻尾之所以走向圓唇,是由於圓唇舌根音的原因。

諸位請看:

　　幽部　　　əgw
　　幽入　　　əkw
　　中部　　　əngw

w是圓唇舌根音韻尾,好多人對此有意見。這就是有人把上古元音擬測為六個的原因,去掉這個w,元音改成o,但是最主要的問題是kw、gw是否存在?我曾經希望能把這個改掉,張琨先生的擬測是:

　　幽部　　　əug
　　幽入　　　əuk
　　中部　　　əuŋ

他認為w是合口的,挪到前面了,他的擬測看起來好像自然一點。我曾經試試看能不能把後面的w拿掉,非常困難。它的演變無法去掉w,如果有w,那麼ə→o/_____ kw,這是最自然的演變,好像不容易去掉w。我曾經想如果去掉w,就變成六個元音了,但是有困難。其中最顯著的例子是,這些字後來都是帶-u尾的。如果我們說它是單元音,就要說後來單元音分裂變成帶-u尾。而這種辦法說-u直接從kw、gw演變而來,就不需要說明了。我曾經花了些工夫看傣語中地支的借字,這本來是李先生的早期研究,它借進去的時候的讀音是怎樣的,我後來用他的資料重新看這個問題,發現-gw與-g的走向不同:-gw變u,-g變i或u。因為唸起來-gw有點奇怪,我曾經想把這個東西去掉,結果無法去掉。傣語裡-g很多是變i的,跟-gw顯然是有區別的。所以,在西漢時候,韻母就變成了:幽-ogw、沃-okw、冬-ongw,有o元音。

$$ə→o / kwj \underline{} \begin{Bmatrix} g \\ ng \end{Bmatrix} (optional)$$

這種變化不一定是完全規則的演變。之部,按照羅先生的看法,有"牛久丘舊"這些字,在西漢的時候跟幽部字押韻。我想,這些字是在這個時候由之部轉到了幽部,變化的原因是,由於它有一個圓唇的聲母以及介音。我在這裡推測了一個條件,這個條件是承認"牛久丘舊"這些字,還有一個"雄"字,也是在西漢的時候轉到冬部了,在西漢的時候開始有少數的字受圓唇舌根音的影響,在 g 尾和 ng 尾前發生了改變,從蒸部變成了冬部,從之部變成了幽部。這些字都是因爲圓唇舌根音聲母加上介音 j,在這個條件下,就發生了變化。但是同樣的情形,有些字沒有變,比如說"郵右有弓",我寫此文的時候,只是根據羅先生的證據。換句話說,"郵右有"還在西漢的之部,"弓"在蒸部,這些字也有同樣的演變,可是晚了一步,所以,到晚些的時候才開始發生了變化。我解釋說這種情形,一組字可能會走上音韻演變的道路,是在不同的時候,由於不同的原因。後來,我想這個原因就是詞彙擴散。當時,我寫文章的時候,王士元先生(1969)的想法已經有了,可是還沒有成爲大家接受的理論。那時候,他有文章發表,可是我沒有看。文章寫好以後,我根本沒有去想,但是,我現在想,這顯然是詞彙擴散。所以,王士元先生的詞彙擴散理論,不僅在現在,而且在歷史上也可以看得出來。這裡我列出了很多規則,有的規則很細,沒辦法說清楚。這些規則大致都是一個方向的規則,牽涉的字比較多。

3. 從上古到中古的韻母演變可能有方言的差別

在魏晉的時候,在之部,有些字如"丕鄙龜",既可以歸之韻,也可以歸脂韻,還有幽部的"軌晷宄"也是這樣。這是我當時遭遇的一個困難,我相信當時有方言的不同,可能有些方言變了,有些方言沒有變。因爲,有些人的押韻是跟"脂"在一起,有些人的押韻跟"之"在一起,還有遺留,所以,我不敢講全變了。

現在,我重新回頭看的時候,我不知道是不是南北的區別。我當時做過方言的區別,把南方的一些顯著情形做了說明,但是像這一類的,我當時沒有關注。所以,我覺得我們在做歷史演變研究的時候,有些觀念改變了以後,對早期的一些不能解決的現象,現在也可能解決了,我基本上認爲這是方言的不同。如果我們說在那麼長的時間裡，從《詩經》到西漢、東漢，直到魏晉，沒有方言的不同，這是不可能的。事實上，我告訴諸位：當時揚雄《方言》的分區，外國的語言學家司禮義（Serruys 1959）基本上認為分為六區，對當時的方言有一點清楚的認識。我們現在不容易把歷史上的語言事實跟方言一一配合好，可是我相信，當我們的研究更進一步做下去的時候，原來不能解釋的東西，可能會做出解釋。

所以，我覺得，我們最好不要在很早的時候就拒絕看某些資料，或者你說你的，我根本不理你，這都不是辦法。我們應該把所有的資料都列在這裡，然後說可以解釋哪些，不可以解釋哪些。不可以解釋的，以後會有人解釋的。

我問諸位一個問題：為什麼平聲字特別多？我想了很久，答案是因為平聲字是平調，最自然的音節。當然這個答案也不一定對，但是畢竟是我想了好多年以後才想到的答案。我也跟諸位講過洋人批評我們方言與語言的問題，我也是想了很久，才發現問題所在。保留一個問題在腦袋裡，沒有問題。可是，我們拒絕看某些資料，或者根本不去想它，這是不對的。所以，我覺得我們要能把資料綜合起來。古代的東西問題多得不得了，借字的問題、對音譯音的問題，我們怎麼樣能夠在語音、語言史中把每一個點的原因都找到，把好多的演變條件慢慢地理清楚，當然也許有些問題我們永遠也得不到解答。

第七講　漢語聲調的演變

一、中古聲調的調值及平仄的意義

關於聲調的演變，我大部分的東西都已經寫在我的論文集裡了，所以，實際上我今天講的東西，有很多都是從我的書裡引出來的，並沒有新的看法。當然我會對我那部書裡面沒有表述的一些問題，說點批評的意見。我從幾個地方來談。先談"中古聲調的調值以及平仄的意義"。

我覺得中古聲調的調類根本不必講，就是四聲，平、上、去、入都擺在那裡。也有幾位先生說，四聲其實是八個調，意思就是說，清濁聲母可能使它的調值不同，有兩位先生，一位是王士元先生，另一位是杜其容先生，提出這個看法以後，我就在正式會議上說明了我的看法。他們說：四聲怎麼會後來變成八個聲調的呢？一個調變成兩個，怎麼會的呢？一定是早先就有八個調值在裡面。我的意思是說，如果不是音位性的，那麼我們就不要辯論。我覺得《切韻》的時候是四個聲調。這四個聲調中，極可能的是每一個調隨著清、濁聲母的不同而有高低不同，以至於清濁的對立沒有了以後，分化成八個。但是，在《切韻》當時，我不能承認它有八個調，我只承認它有四個調。這一點，我跟兩位先生的說法有一點不同。我講的時候王先生在場，他說："我不贊成，你這樣說的話，是把現象拉下了兩百年，還是推上去兩百年？"他說我沒有道理。大概他的意思是這樣：假如說早先是四個調，後來變八個調，確實是後來的變的，在濁聲母清化後才出現的，早期有調值高低的差別隱藏在裡頭。如果說隱藏在裡頭，沒有音位性區別的話，我並不反對。所以,在調類上來講,我覺得有四個,這是個事實,沒法反駁的。如果說那個時候四聲是八個調的話,我不見得同意。如果那時聲調是語音性的,根本沒有區別音位的作用,我沒有意見。

四個聲的調值是怎麼樣的?我們有兩條路可走。一條路是從文獻上看,看這四個聲調,古人是怎麼描寫的,有沒有任何蛛絲馬跡我們可以把握;另一條路是從現在的方言推上去。從現代方言推上去這個工作我只做了一個,試試看。做的是吳語,我做了吳語古聲調的擬測,其他的到現在爲止都沒做。日本學者平山久雄做了很多(中國學者在這方面似乎還沒有人特別來做),譬如說他做過江淮方言的古調值,我在文章裡也稍微批評過一下,我覺得有些地方我不能同意。可是我到現在爲止,自己並沒有下功夫做這方面的東西。從現在往上推怎麼做?我等一下會談到聲調的擬測。最理想的是說,吳語有個古的聲調,北方官話有一個古的聲調,江淮官話也有一個古的聲調,把這些系統比較以後,最後推上去,看是一個什麼樣的系統。這樣可以推到中古。如果加上閩語,還可以往上推,同時可以看看,推上去的這個東西跟文獻的能不能對得上。我們現在做的東西,在中古的四聲以前,好像沒有任何的資料,可以讓我們把握從前四聲究竟是什麼樣子。我不知道是不是有人找到了這方面的資料。我看到的資料只是說推中古,就是推《切韻》。如果要推《切韻》,文獻資料有。即使這樣,文獻資料跟方言的對照還是蠻重要的。後面這一段路,即和方言的對照,我們還沒走。我自己做了一個試驗,是拿吳語做的,這個試驗是不是完全對,我也不敢說。我有一些想法,我等一下會說明。做的時候整個用的是新的資料,把這些資料累積起來往上看。做的結果對我有利,從文獻看的結果跟從吳語看的結果,兩個非常吻合,有一點點問題,等一下我會說。所以,我們理想的辦法是說,中古的調值能夠從文獻和方言兩方面對起來。

我先談文獻方面,文獻方面是這樣:從前有好多人說平仄是什麼東西。有人說上聲特別短,像周法高就說上聲是短的。什麼原因呢?因爲佛經的翻譯裡頭,似乎給了一些證據:梵文有 ā、a,有 ī 跟 i。我們拿中文的字去對字母的時候,就能看出這個裡頭有沒有什麼線索。他們觀察這個現象,有人說是高低,有人說是長短音。

我就覺得奇怪，怎麼會有不同的看法呢？我仔細注意一下，我才發現他們各人可能有些資料上的缺漏。這個事情我們需要相當小心，用資料的時候，當然你不可能說把所有的資料都看全了，再做這個工作。但是，如果你要做全部的資料，你不要把你手上的東西放過不看，那樣不行。我那時候坐在圖書館裡大概一個月吧，因為那部書就是《悉曇藏》，《大藏經》裡最厚的一本，不許借出去。我就想，他們的結論既然都是從這裡來的，我就也去做分析。我就一頁一頁看，把所有跟聲調有關的文字通通記下了，所以，我才寫了那篇文章《平仄新考》。我說《平仄新考》是一個雙關語，既是一個新的看法，又有我的名字"新"，是我"新"考出來的，我當時以為很好笑。把所有的材料集中在一起看，我才發現他們說的話是有偏頗的，偏頗的原因就是沒有看全部的材料。

我的《平仄新考》(1975b/1998：70－75)有三個表，羅列了 31 種資料，因為講課的關係，我從中選了 8 種資料剪貼列表如下，下表前面的數字是原表中的排序：

悉曇藏梵文經典對譯長短音的資料

	經典	時代	a	ā	i	ī	u	ū	備註
1.	曇無懺大般涅槃經如來性品	414－421A.D.	噁短	阿	億短	伊長	鬱	憂	羅文
2.	玄應一切經音義大般涅槃經文字品	649A.D.	衰烏可反	阿	壹	伊	塢烏古反	烏	羅文
3.	義淨南海寄歸內法傳	690－692A.D.	惡	痾	益	伊	屋	烏	羅文
11.	法顯大般泥洹經文字品	417A.D.	短阿	長阿	短伊	長伊	短憂	長憂	羅文

續表

	經典	時代	a	ā	i	ī	u	ū	備註
12.	慧嚴大般涅槃經文字品	424—432 A.D.	短阿	長阿	短伊	長伊	短憂	長憂	羅文
13.	僧伽婆羅文殊師利問經字母品	518 A.D.	阿	長阿	伊	長伊	憂	長憂	羅文
19.	不空瑜伽金剛頂經釋字母品	771 A.D.	阿上	阿引去	伊上	伊引去	塢	污引	84:407
24.	惠均玄義記引宋國謝靈運	880 A.D.前	噁音烏舸反,短聲	阿音烏歌反,長聲	億音烏矣反,短聲	伊音烏屍反,長聲	鬱音烏久反,短聲	優音烏鳩反,長聲	84:409

以上 1、2、3 是一類,我們不管 i、u,只看 a。用"噁短""衷""惡"對短音 a,對長音的是"阿""痾"("痾"字不知道對不對)。請注意,用資料的時候,我們得要小心,有時候會有校勘的問題,所以得要仔細看。我總共舉了大概十條材料,這裡舉了三個給大家看。從上表你可以看到長音對平聲字,"阿""伊""憂""烏"都是平聲字,短的對的是仄聲,有的是入聲,有的是上聲。所以,周法高就說上聲短,這個地方顯然是平長仄短,1、2、3 這三個資料可以支持這個意見。可是等到看下面的資料 11、12、13 的時候,就完全不對了,這三條材料也是一類。它說梵文的長 a 短 a,一個是"短阿",一個是"長阿",或者是"阿""長阿"。換句話說,這個地方它並不用仄聲字來代表短音,而用一個平聲字代表短音。它用平聲字代表短音,可見平聲的調在當時並不見得特別長。周法高的講法是說"平聲長,仄聲短"。現在用"阿"來代表短音,用"長阿"來代表長音。如果平聲長的話,它為什麼對譯短音呢?從 11、12、13 這三個例子可以看得出來,周法高的說法不對。但是,我們也可以說,平聲也不短。因為,平聲

如果短的話,就不會用"短阿"這樣的字眼來形容短音了,可見,它既不長也不短。我的推論,在這一點上來講,就要反對平長仄短的說法。周法高說"平聲長,仄聲短",假如平聲長的話,它爲什麼用平聲字來代短音呢?可見這個地方並不是"平聲長,仄聲短",平聲既不長,也不短;仄聲顯然不短,仄聲裡頭,入聲短是可能的。

好,我們再看下面,我把所有看到的例子分成三類。下面是第三類,a 是"阿上",ā 是"阿引去","引"一點,然后"去"。ī 也是"伊引去"。最後一條資料"噁音烏舸反,短聲","阿音烏歌反,長聲"。這個地方好像是用上聲字來代表短音。我注意到,對比下面的"長聲",從第 24 條資料"阿"的底下標注的"烏歌反,長聲"來看,第 19 條資料作"阿引去",多了一個"引"字。我覺得"長聲"跟這個"引"恐怕是兩個不同的東西。我爲什麼想"長聲"跟"引"是不同的東西呢?固然平聲也可以"引",可是去聲的部分都是"引",比如"阿引去"。我就想,"長聲"的意思表示是個平調,可以拉長。"阿——",隨便你高低,調是平的,它就可以一直拉長。比如"天"讀[thiæn 55]——,沒有問題;讀[thiæn 11]——,也沒有問題,因爲它是平的。什麼叫"引"呢?顯然它是有限度地拉長,如[a 51]—。所以,我猜想,這個"引"恐怕是個去聲的特徵。去聲的"引"是個降調。降調可以有限度地拉長,它跟長音的"引"顯然是兩個東西。另外,我們可以看得出來,對梵文元音短 a 用的"噁"。這個字,下面注"烏舸反",可是,它是一個入聲字,有的注上聲,有的是入聲。奇怪得很,它現在用的是入聲字,爲什麼還要說是上聲,即烏舸反,而且是"短聲"呢?爲什麼呢?我的解釋是說,這地方恐怕是高低的不同。恐怕短 a 是個高的聲音,因此他才會這樣去對。我這樣等於是說那個時候,他學長短音時,他說[a 55]:[a 41]—[ā];[i55]:[i41]—[ī];[u55]:[u41]—[ū]。短的那個音比較高,另外一個音或者是降調,或者是平調。我當時對文獻的分析大概是這個樣子。

有沒有別的資料可以證明的呢?有的。請看 880 年以前的吉藏《涅槃疏》中有一段解釋說得極爲明白:

> 短阿長阿,經有兩本,有作長短兩阿者;有作惡阿者,將惡字代於短阿。然經中多作長短阿,此須依字而讀不須刊治也。

> 所以作長短兩阿者,外國有長短兩字形異,此間無有長短兩
> 形異,所以以長短阿來標之。

這個話説得真是清楚極了。他説"外國有長短兩字形異"這個就是説梵文長短 a 寫法不同,或者我們簡單地説,梵文有長短兩個 a,而我們沒有,他説"外國有,此間無有"。然後呢,他又説"然經中多作長短阿,此須依字而讀不須刊治"。作上聲的短阿,只要按舒聲來唸,"不須刊治"。爲什麼?因爲按"嗯"唸的話,後面就有個塞音尾。我看它所有用入聲的部分,通通是-k 尾,沒有-p,沒有-t 尾。這個很自然,因爲 ak, a 後頭有一個-k 很自然,所以他都是用-k 尾字來代,這個地方當然需要"刊治"。如果你唸短 a,就把"阿"唸短一點,這樣就不需要"刊治"了。所以,在這種情形底下,我就覺得大概平聲既不長,也不短,是個普通音高。

還有別的資料,請看 780—804 年智廣的《悉曇字紀》所説的話:

> 短阿　上聲短呼,音近惡……　短伊　上聲,聲近於翼反
> ……　短甌　上聲,聲近屋。

我看到這個地方的時候就覺得好奇怪,他説短阿是上聲,而且是短呼,音近惡。我就不懂:假如上聲是短的話,那就不應該説"短呼",它就説是"上聲"好了,後面也説"短伊　上聲""短甌　上聲"。假如這三個地方都是這樣的話,那上聲真可能是短聲,我就不能夠否定它。可是,當他説"上聲短呼"、音近一個入聲"惡"的時候,我就可以否定它了。基本上所有的短的都對入聲,因爲入聲是短的。可是入聲後面有個-k 嘛,麻煩。所以,他就希望用一個沒有-k 的東西來短呼,而且上聲,我的解釋是説這個上聲可能是個高的調,往上去。這個看法實際上跟梅祖麟的看法差不多,他也認爲是個高調。可他那個是高平調,而我認爲是個高升調,有一點不一樣。

我的《平仄新考》(1975b/1998:77)引用了安然的《悉曇藏》裡頭安然自己説的話:

> 我日本國元傳二音,表則平聲直低,有輕有重;上聲直昂,
> 有輕無重;去聲稍引,無重無輕;入聲徑止,無内無外。平中怒
> 聲與重無別;上中重音與去不分。

安然有解釋,我覺得他解釋得很好。我們大致來說,"表"是一個人,我認為表信公。他說:"平聲直低,有輕有重",換句話說,有一個輕平,有一個重平。上聲是直昂,有輕沒有重。假如我們了解濁上的歷史變化的話,這裡的濁上顯然不見了,歸去了。"去聲稍引,無重無輕",變為一種去聲。如果我們假定"無重"的上聲也往這裡去的話,那麼就是陰平、陽平、上聲、去聲。"入聲徑止,無內無外。"我們對"無內無外"的了解不是很清楚,但是顯然不是兩個調。然後說"平中怒聲與重無別",這個大概是說平聲當中,次濁聲調跟全濁聲調不分。"上中重音與去不分",這個就是說濁上歸去了。大概的解釋是這樣。

可是"上聲直昂"這個東西,我回頭想,這個地方也很難說。因為梅祖麟的意思是"直而平",高平。我的意思是高升。等一下我再補充一點東西,來論證我的說法。具體到這個地方來講,"昂"我總覺得有"升"的意思,好像不是"高"的意思,不是"平而直"的感覺。對文獻上的解釋可能個人有不同的看法。

假如是這樣的話,我就提出一個假設:

> 平仄的對立是平調與非平調的對立,非平調包括升調、降調及促調,從四聲到平仄只是自然的分類,不見得有演變的過程。平聲因為是平調,易於曼聲延長,仄聲則不易延長。

我認為,"平仄的對立是平調與非平調的對立",不是長短的對立,也不是高低的對立。但是,照梅祖麟的意思,有高有低,而平聲是低的。我認為,"非平調包括升調、降調及促調,從四聲到平仄只是自然的分類,不見得有演變的過程。平聲因為是平調,易於曼聲延長,仄聲則不易延長。"比如,[o 54321]——,可以有限度地延長,但是不能一直延長。

因此,我的結論是:平聲是個平調,大概比較低,長度普通。因為我剛才已經證明過,他又說"長阿",又說"短阿",可見平聲無長無短。上聲是個高升調,長度普通。因為如果它特別短的話,他何必要說"上聲短呼"呢?去聲是個降調,可能是中降調,所以他要"稍引",長度普通。入聲是個促調,高低難說,但是長度一定短,因為用仄聲來對短音時,很多地方都是用入聲。這個是我從文獻上推斷的四個調的大致情形。

元刻本《玉篇》神珙序引唐《元和韻譜》說：

> 平聲者哀而安，上聲者厲而舉，去聲者清而遠，入聲者直而促。

這個記載相當含混，不太好了解。可是剛才說，上聲究竟是一個平調，還是一個升調？這個地方，他說"厲而舉"，"舉"的意思好像是上升，對不對？說它平的話，好像不大容易。所以，我剛才說要增加一點證明，據此我想，上聲應該是稍微上去一點。在這個資料以外也還有別的資料，不過時代比較晚一點，不大能夠肯定說早期是怎麼樣的。

我的《平仄新考》(1975b／1998：79) 提到 1287 年日本了尊《悉曇輪略圖抄》的一段資料，這個資料妙得很，它用四季比附四聲，說春天是天氣平和，夏天溫氣上騰，秋天果葉落去，冬天草木歸入。這個資料是個晚期的東西，可是也對我有利。因為他說"上騰"，恐怕上聲是升調。所以，我才覺得我們從文獻上推得的結果是上聲高升。如果它是一個平調，它就是平。如果是上聲、去聲、入聲，它就是仄。這個"仄"的意思就是不平。我曾經說過，這實在是"卑之無甚高論"。因為，早先我們中國人的"平仄"的"仄"就是斜歪的意思，它老早的意義就很清晰。

我可以在這打一個岔。我曾經想，平上去入，這四個字的排列為什麼是這個樣子？為什麼不是"平去上入"，或者"平入去上""平入上去"？我覺得這其間可能有一點點道理，我跟你們講過這個故事沒有？我是在報紙上看到的，好像跟你們講過，夫妻倆吵架的故事。夫妻倆吵架。丈夫說：男女男女，男在前。太太說：雌雄雌雄，雌在前。然後丈夫說……，反正說了很多，都是男性的詞在前，女的也說了好多，都是女性的在前。這個東西我在報紙上看到以後，我心裡想，這是什麼意思呢？你說"雌雄"，但說"公母"，不說"母公"，對不對？陰陽呢？你說"陰陽"，不說"陽陰"。這完全是我偶然看見的，我看到這個東西以後，我就想這裡面可能有一個道理。所以，我就徹底地把那部《國語辭典》通通翻一遍。你做研究，得要相當的徹底才行。通通翻一遍找出三千多條來，我才發現這個東西很難作。因爲,有的東西,它的排序是有意思的,譬如說"李杜",或者像"元白",可能有歷史的原因。還有的跟中國的社會有關係,譬如說"父母""男女",可能跟中國的宗法社會男爲重的觀念有關係。要把這些資料剔掉,看其他的東西。序列的因素當然也不行,譬如說"秦漢",這個當然不行,因爲秦在前嘛!大家都知道。把這些因素通通去掉以後,我就得到一個看法,基本上80%的材料的情形是這樣:有平聲的話,平聲在前,有入聲的話,入聲在後,上、去平列的話,上聲在前。所以,我告訴你,平上去入這樣的排序是有道理的,它是兩分,每組兩個字,像什麼"梅蘭竹菊"啦、什麼"油鹽醬醋"啦,這種四個字的,分成兩組以後,你就看哪個字在第一,哪個在第二。它是兩個字爲一組,組內的排序跟四聲是有關係的,可是沒有一個絕對的規律,是百分之八十幾的規律。所以,我就猜想,"平上去入",原來說這個次序就是順口,排序跟調值絕對是有關係的。我做到這裡,我在想,從現在的國語詞典看這個問題不合理。因爲,有好多的詞彙是中古的時候產生的,也有的可能是上古產生的,對不對?那你以現代音來看,怎麼對呢?所以,我後來就徹底地做,做《詩經》,做《論語》,做《孟子》,把這三個地方所有的並列詞拿出來做。做的結果更好,符合規律的比現在的比例更高,大概85%左右的詞組是靠聲調來控制它的次序的。所以,"平上去入"並不是隨隨便便說的,不能說"平去上入"。只有少數詞組才可以兩說,比如"東南西北",你可以說"東西南北",爲什麼?因爲"西"跟"南"都是平聲。這裡頭可能有一些規則在這個地方,可是不是鐵的規則。

我到這裡爲止,解釋了我對平上去入的看法,同時從文獻的角度看中古聲調的調值以及平仄的意義。底下我說說上古聲調的類別及其起源。

二、上古聲調的類別及其起源

對了,還有一點我跟你們提一下,這是我很得意的事情。我跟梅祖麟先生爭論,我說,平仄的區別是平調、非平調,他說短調、高調。有一次在康奈爾大學開會,他說:"我現在宣佈,我放棄我的說法,我贊成丁先生的說法。"我非常高興,不曉得他現在又改回來了沒有。當時他在會上講,他相信我關於平仄是平調、非平調的說法是對的。

假如中古是平、上、去、入四個聲調,我們把這四個聲調推上去,說上古也有四個調,道理在哪裡？段玉裁說古無去聲,王力先生也同意的。現在,我請大家看一看我常常講到的夏燮的"述韻"論古四聲的一段很精辟的話：

> 古無四聲,何以《小雅‧楚茨》之二章,《魯頌‧閟宮》之三章連用至十一、十二韻皆平聲；《小雅‧六月》之六章,《甫田》之三章,連用至七韻、九韻,《大雅》之《蒸民》五章,《魯頌》之《閟宮》之二章,合用至十韻、十一韻皆上聲；《邶‧柏舟》之二章,《魏‧汾沮洳》之一章,《衛‧氓》之六章,連用四韻、五韻、七韻,以至《楚辭》之《惜往日》,連用至十韻皆去聲；……

我覺得夏燮的證明非常堅強,假如古時候沒有四聲,在押韻的時候,為什麼平自韻平,上自韻上,去自韻去,這是說不通的,而且這是清朝人作的研究。他說,你怎麼解釋在某一章裡連用十個字都是去聲,連用十個字都是平聲？假如平去、平上沒有區別的話,他為什麼不平上跟去一起押？有些問題,我覺得做到某一個程度以後,我們就可以講,這恐怕是一個既定結論,可以不再在這個地方作文章。所以,我老早看到這個東西的時候,我就想恐怕不應該再有新的看法。等一下我會再說一點這個問題。

夏燮接著又說：

> 《大雅‧洞酌》三章分平、上、去三韻,《召南‧摽有梅》三章……分平、去、入三韻,《鄘‧墻有茨》三章……分上、去、入三韻,若古無四聲,何以分章異用,如此疆爾界,不相侵越？

就是說,《詩經》不是分章嗎？一章全部用平,一章全部用上,一章全部用去,或者上、去、入,或者平、去、入。他說,假如古時候沒有四聲,"何以分章異用,如此疆爾界,不相侵越？"我覺得,這個理由,我沒有辦法駁倒他。所以,我一直相信根本古時候就是四聲,說是四聲,是說《詩經》以後,根本就是四聲,沒改變,一直到唐的時候,然後才有分化,有合併,有些內容改了。我常常提到江有誥的《唐韻四聲正》,他作了很詳細的工作,他說這個字怎麼樣,那個字怎麼樣。後來,董同龢先生在他的《漢語音韻學》裡頭有一個概要,其中有兩個地方就特別提到《唐韻四聲正》,董先生的《漢語音韻學》(1968/2001:246)指出,韻書的去聲字古代完全不與去聲押韻而專與平聲字押韻的,有"鳳、頌、憲、戲、震"等13個字,不與去聲押韻而專與上聲字押韻的,有"狩、獸"兩字。這些字後來才改為去聲的。值得注意的是,完全不與去聲押韻而專與入聲字押韻的中古去聲字,沒有。

江有誥的統計對不對,是一個問題,可是,他是清代晚年讀古書的能力好得很的人。這裡頭容或還有一點出入,後來,周法高跟張日昇作《詩經》押韻統計的時候,有些地方跟他看法不同,可能陸志韋先生和王力先生也有不同。但是,差別都很小。江有誥這個地方指出來,去聲字不跟去聲字押韻而專門跟入聲字押韻的,沒有。你們想一想,假如說古無去聲,去聲對應的是長入,入聲對應的是短入,平聲對應的是長平,上聲對應的是短平,如下表:

大分是平、入。可是,去聲字不跟去聲字押韻、只跟入聲字押韻的,居然一個字都沒有。照說應該有啊,為什麼沒有呢?

董先生的《漢語音韻學》(1968/2001:246)又指出,韻書的去聲字古代與去聲字押韻外,更與平聲字押的,有"用、頌、誦、議"等46字;與去聲字押韻外,更與上聲字押韻的有"試、餌、記、御"等20字;與去聲字押韻外,更與入聲字押韻的有"悴、備、肆、氣"等17字。

這個地方,你可以看到,去聲字與去聲字押韻以外,跟平、上、入相押的字都有。還有兩個字"至""事",與去聲字押韻以外,還跟上、入兩聲的字押韻。你看,現在有兩個去聲字,居然跟上聲字、跟入聲字押韻,這兩個字你歸在哪裡呢,歸在哪個部分呢?所以,我一直覺得夏燮的說法恐怕不大能夠推翻。你說沒有去聲,有很多問題不好解決。

董先生的《漢語音韻學》(1968/2001:247)作了一個簡要的說明,他說"平、上、去多兼叶",即平聲、上聲、去聲常常一起諧音。又說"去與入多兼叶","平、上與入兼叶的極少"。平、上、去多兼叶,如果認為是聲調的不同而一起押韻,這個是很自然的,元曲就是這樣。我以前好像說過了,元曲一個部裡面有陰、陽、上、去,這些陰、陽、上、去的字是可以一起押韻的,押韻的東西似乎是一類,所以,董先生後來才說,去聲與入聲多兼叶,可能是由於去聲的調值跟入聲的調值高低相同。然後,他又說"平、上跟入兼叶的極少"。所以,接著上一次的話題,如果認為平上聲字都有韻尾,而只有去聲跟入聲一起諧聲的次數特別多,恐怕是由於調值相同,我到目前為止,我是相信聲調接近的說法。

這些押韻現象會不會是由不同的韻尾造成的呢?請看下表:

平	上	去	入
-d	-dʔ	-ds(-ts)	-t
-n	-nʔ	-ns	

平聲韻尾是-d,上聲韻尾是-dʔ,去聲韻尾是-ds(-ts),入聲韻尾是-t。如果是-n類的話,平、上、去的韻尾就是-n、-nʔ、-ns。假如上古押韻的東西非常凝固,上韻上,去韻去,平韻平,彼此幾乎不來往。這個時候,我們得要懷疑是不是果然韻尾後頭有一個成分,這個成分使得彼此不可以相叶。但是你們看,我們剛才說的,"平、上、去多兼叶",看到沒有?如果你要說-nʔ、-ns 可以一起押韻,這對我來說有一點困難。我不敢講它絕不可能,我沒有說過這樣的話,但是我覺得有點困難。即使是去聲跟入聲,即-ts 跟-t 一起押韻,是可能的,但是,我覺得好像不是那麼自然的押韻,而且入聲、去聲相叶的又那麼多,所以,從《詩經》押韻來看,我基本上不贊成"上古音上聲來自於喉塞音、去聲來自於-s"這個說法。可是,我的立論是站在《詩經》的角度上,脫離了《詩經》,上古音中就沒有有力的證據來說話。所以,各位看,我在文章裡,幾乎是沒有提上聲來自於什麼韻尾,去聲來自於什麼韻尾。可是,我不排除它的可能。你說上聲來自於喉塞音,去聲來自於-s,這是有可能的,我不敢講沒有可能。但是,

從《詩經》押韻來看，我不大相信。可是，你知道，有人說元音相同就可以押韻，把後面的韻尾給馬虎掉。這話有問題，既然元音相同可以押韻，為什麼 am 跟 an、跟 aŋ 不一起押韻呢？為什麼偏偏 an 跟 an?、跟 ans 押韻呢？我覺得用元音可以押韻的理由，不見得能夠解決上古音的問題。所以，我基本上不大同意這個辦法。我底下就要談有些先生對上古聲調起源的看法，說聲調這個東西是從喉塞音來的，是從-s 來的，這代表好些先生的看法。我為什麼反對？我反對得有沒有道理？底下我就講這個理由。

最早說上古去聲-s 尾，這個說法來源的是一個法國人歐德利古爾(A. G. Haudricourt 1954)，他的根據什麼呢？他說，越南語有一部分漢字音，六個調中有問聲和跌聲，是從-h 來的。從這上面的資料可以看得出來，果然是證明了這個-h 是從-s 來的。因為這個原因，他就說中國字借過去的時候有一些規則是可以看得出來的，所以，問聲和跌聲都是從-s 來的。他舉了 23 個漢越語借字，具體情況如下表：

清聲母的字有 14 個，是問聲，全濁聲母、次濁聲母的字有 8 個，都是所謂跌聲。換句話說，這是有規律性的現象，清聲母都是問聲，全濁聲母、次濁聲母都是跌聲。只有 1 個次濁聲母字是問聲，我們可以不管它，當作例外來看待。我看到這個東西以後，就覺得很確鑿，它不僅是對的，而且還有規則，哪一個聲母是借的，就對應相應的聲調。我心裡想，這是怎麼回事呢？所以，我就查了一下王力先生(1948/1958)的《漢越語研究》，裡面可以看到哪個字對應哪個字。我查的結果如下表資料所列：

	平聲	弦聲	問聲	跌聲	銳聲	重聲
清聲母	綉 theu 販 buon 放 buong 豹 beo 慣 quen		芥 cải 嫁 gả 卦 quả	價 cã	信	
濁聲母		夏 hè	墓 mả	箸 dũa 畫 vẽ		地 dia
次濁聲母	雁 ngan	霧 mù 味 mùi 未 mùi		義 nghĩa		御 ngya 命 mang

各位可以看，這六個聲調當中的問聲、跌聲是有從-h、從-s 來的。但你可以看去聲字有一大部分字都是唸平聲的，有一堆字是唸弦聲的，有一堆字是唸重聲的。這個資料裡頭有很多字是跟歐德利古爾一樣的，只是作了一個不同的歸納。當你看到這麼一個資料以後，你怎麼能夠相信去聲就借用成問聲、跌聲？不是嘛！明明有借用平聲的，明明有重聲的，明明有弦聲的。歐德利古爾的規則顯然不對，是不是？王先生《漢越語研究》的資料當然就比較多了。我就把他的資料跟前面的資料一比，我就覺得這個說法不行啊。當然，有的時候說有些資料沒見到，沒有辦法。但是，我覺得歐德利古爾當時作的時候，難道一個例外的字都沒發現嗎？漢越語一個平聲字都沒有嗎？我就覺得這個不可靠。不可靠的原因是，歐德利古爾資料只說了一部分的東西。假如你只說了一部分的東西，另外一部分故意地沒有說，或者裝作不知道，那麼，我覺得這個推論一定有問題。所以，我根本不贊成歐德利古爾的看法。顯然這個資料有問題。但蒲立本又加上了一些證明。所以，有時候的難處就是，一個人說的，我後來發現他不對了，可是別人為始倡者增加了證明。這就好像開會的時候，一個人提議，另外一個人附議。提議的人說"我撤回我的提議"，但是，這不行了，不能撤回，因為有別人附議了。要等到這個附議的人撤回才行啊，就是這個樣子。而且，蒲立本是大名家，反對他要小心。我這裡沒有把他的例子列

出來，因爲太瑣碎了，我沒有辦法一個一個跟各位講，反正他舉了15個例字。我的論文《漢語聲調源於韻尾說之檢討》(1981a/1998：94)指出："以上在十五個例字中指出八個可能有問題"，其中有八個我覺得是有問題的，還有七個，"即使暫時不管枝節的問題，這些例字何以全部屬於南北朝以前收-d尾的韻部，也值得深入討論"。他那些例字都是跟-d尾來往的去聲字。"這個-d尾是我根據兩漢、魏晉及南北朝詩文用韻的情形擬測的。即使-ts或-ds最接近外國語的-s，難道連一個例外的-ks或-gs都沒有？"他指出來對音的部分都是-ds。可是奇怪了，怎麼一個-gs、一個-ks都沒有呢？爲什麼只是舌尖音呢？當然-gs、-ks是很可能的，但是一個都沒有。我就有一點懷疑："會不會根本就是收-d尾的字，因爲舌尖音接近的關係用來代替外國語的-s？而入聲的-t由於聲調短促，比較不適合表現外國語帶-s的不短促的音節？"這是我解釋其中的一個問題而做的假設。可是即使是這樣，我也有懷疑。

這個地方，我希望從資料上把從-s變爲-h(去聲)的説法推翻，我畢竟還有六七個字不敢設定，不見得能夠推翻蒲立本，但是我不覺得他對。其中最大的一個原因，我一再在這裡說，外國語言中的資料你要用的時候，你要了解它借的過程，至少儘可能知道一些。同時你應該知道外國語的歷史，萬一不知道，就不知道發生了什麼。所以，在《語言學論叢》(第二十八輯)發表的張雁(2003)和李香(2003)兩個人寫的關於去聲跟上聲的問題的文章，我覺得他們的態度是非常正確的。他們說，我們儘可能地看一看，這個語言裡面，你說它是日本的借音，到底日本的借音是怎麼回事？你說它是韓國的借音，到底韓國的借音怎麼回事？你要追根究底，找到它的原因，然後你說這個我不贊成。各位想一想，就算是我們承認越南的問聲、跌聲是-s來的，就算是這樣，你怎麼知道我們有這兩個聲調，你怎麼知道的呢？關鍵是我們的去聲變過去的時候，它到底怎麼個變法，也許是調的關係，也許是其他種種可能的情形。是不是能夠把問聲、跌聲現象從越南語挪到漢語？我覺得有一點難，我比較不願意接受。

同時，這還有一個喉塞音韻尾就是上聲的問題。蒲立本說，-s挪過來可以變成去聲，漢越語中有兩個字是從喉塞音來的，喉塞音的這個字是上聲。好！我們退一步想，就算-s是去聲，你憑什麼說喉塞音是上聲呢？這明明只是一個類比嘛，反正不算個理由，這一下子就可以推翻了。因爲那個地方的-s對應去聲，所以，這個地方的喉塞音就對應上聲，哪有這樣的推論？你總得有一個證明給大家看嘛，他沒有。可是，梅祖麟一下子就給出三個證明，但他的立論可以設法推翻。我的論文《漢語聲調源於韻尾說之檢討》(1981a/1998:96)指出：

> 梅祖麟提出三種證據來推定上古漢語到漢代時，上聲字還有喉塞音尾。第一種證據是現代的方言，他說，有的方言上聲還保存喉塞音尾。第二種證據是佛經中有關中古漢語的材料可以證明中古漢語的上聲字還是短調，從實驗語音學看來，短調正是早期有喉塞音尾的特徵。第三是漢越語的借字，顯示漢代的上聲字相當於越南語的銳聲和重聲，這兩種聲調正是從-ʔ韻尾變來的。

對於第二個理由，我剛才已經否定了上聲是一個短調的說法，在中古的材料裡，我發現"上聲是短聲"並不是完全正確的。梅祖麟說："從實驗語音學看來，短調正是早期有喉塞音尾的特徵。"這個話也有問題，因爲我們現在知道，有些喉塞音尾有高調，有短調，短調不一定就是從喉塞音來的。可是，他這裡加了現代方言證據，現在方言顯示上聲有喉塞音尾。我覺得很奇怪，所以我就去細看這些方言，分兩類：一類是低的降調，一類是高的。我自己調查海南島就有這樣的音，ma213，因爲它太低了，是個213的調，很低很低的時候，就在低的地方出現一個ʔ，因爲你聲門低不下去了，就好像有喉塞音。所以，我就說這是低調的緣故，不是上聲的原因。因爲我找到了平聲是低調時，它也有喉塞音韻尾的例子。我可以說，這是由於調值的關係附加的喉塞音，不是上聲的問題。高的那個調，我沒有好的說明。可是我不相信他的說法。爲什麼不相信呢？其中一個理由就是，我們的聲調經過了這麼多年的改變，至少兩千年以後，居然現在的方言裡頭還保留著從前的喉塞音尾，我難以相信這個東西。所以，我就想大概不見得正確。張雁的文章裡頭就指出來，高的那個調可能也是因爲短而加上去的，也是附加的東西。那麼簡單地說，現代方言裡面上聲的喉塞音尾不是上古遺留到現在的東西，大概是後來的。上古的東西是不是一定不可以遺留到現在？這個話我也不能講。因爲很多東西都遺留到現在，-p、-t、-k 不就是遺留到現在了？但是，你想，假如上聲字有喉塞音韻尾的話，爲什麼把-p、-t、-k 作爲入，把-ʔ 作爲上？我告訴你，方言裡頭喉塞音最靠近的就是-k。有很多方言，不同的人作發音人，有的人發-k，有的人發-ʔ。所以，有的人記-ʔ，有的人記-k，這種例子不止一個。你有什麼理由說上古的平、上、去、入，偏偏把上聲的-ʔ 跟入聲的-p、-t、-k 分開，而不把它們合在一起？而它們都是短調。所以，我不相信，我不能接受這個看法。以上是我反駁他的第一個理由，就是說方言裡的喉塞音恐怕是伴隨性的。他的第三個理由又是古漢越語的借字，我的論文《漢語聲調源於韻尾說之檢討》(1981a/1998:97)指出：

> 古漢越語的問題和上文討論去聲字一樣，借字的時代仍然不敢肯定，Haudricourt 以爲從漢代到唐初，梅祖麟直接說是漢代，不知有何證據？他指出上古上聲字和越南聲調對應的規律是：清聲母和次濁聲母讀銳聲，只有全濁聲母讀重聲。次濁聲母他舉出"舞、藕、瓦、染"四字都讀銳聲，但是 Haudricourt (1954b:77)的字表中就有"染、忍、午、酉、禮、每、冷"七字都是讀重聲的。(請注意，我是用 Haudricourt 的字表來反駁梅先生的。)材料顯示的現象並不一致。究竟哪些字是借字並無客觀的標準。因此，古漢越語的材料恐怕還不能作爲肯定的證據。

我以爲梅祖麟的證據不大可靠。所以，我基本上連梅祖麟的兩條理由都反對。可是，我再強調一下，我的反對只是說他們用的資料我不贊成。並不是說去聲絕對不可能從-s 來，上聲絕不可能從-ʔ 來，我不敢說。我們下次講課會再回到這個問題上來。因爲我想漢藏語問題中有一些可以跟這個有一點聯繫。究竟該怎麼辦，我想是個爲難的問題，我們得要想一想。我在這裡，等於是對喉塞音作爲上聲的來源、-s 作爲去聲的來源這些問題，說明了我的不同看法。蒲立本的文章裡頭把上聲的喉塞音跟去聲的-h 一直拉到《切韻》時代，說《切韻》平聲跟仄聲的不同就是開音節跟閉音節的不同。你可以看,假如去聲是-s,上聲是-ʔ,入聲是-p、-t、-k。平就是開,韻母後面都沒東西;仄就是閉的,韻母後面都有東西。這種說法我根本就不相信。把它拉到《切韻》時代,就是更奇怪的一說。最簡單的例子就是,我剛才不是講到了嘛,爲什麼他把這三個韻尾-p、-t、-k歸一類,而喉塞音韻尾-ʔ不歸在裡頭?我覺得根本沒辦法解釋。那個時候的人審音那樣精確,喉塞音韻尾-ʔ是個上聲,-p、-t、-k韻尾是個入聲,可以這樣地區別嗎?現代方言當中,喉塞音韻尾-ʔ跟-p、-t、-k應該一起,像閩語;有的地方是-p、-t跟-ʔ並列,有的地方是-p、-t跟-k並列。我一點都看不出有這種上、去的塞音尾保留到中古漢語的可能性。你們還記不記得《切韻序》裡的話?《切韻序》裡頭說:"秦隴則去聲爲入,梁益則平聲似去。""去聲爲入",蒲立本在文章裡頭說到,他認爲可能是-ts跟-t有所轉換。可以啊,可是"平聲似去"就難解了,一個有-s,一個沒-s,怎麼辦呢?"平聲似去"是什麼?我覺得只能用音高來解釋,只能說,這個地方,他們讀平聲讀起來像我們的去聲。所以,我覺得把上聲是-ʔ韻尾向下拉到《切韻》,這更不可能。在《詩經》的時候,我已經覺得是不大可能。你們還記不記得我上一次講韻母的時候,曾經列出一個異調押韻的表。那個表裡頭說有平上押韻的,有平去押韻的,還有三個調一起押韻的。像那樣的資料,我覺得,假如解釋成-an、-anʔ、-ans一起押韻,我不能接受這種押韻。你如果要說"我接受這個押韻",那我沒有話說。畢竟在道理上,我感覺我的説法比較好一點。因爲,我們承認都是-an,就像元曲一樣,所以,不同調的-an可以押韻。這跟-ʔ同-s一起押韻的説法相比,總是比較好一點。還有 an 加-ʔ這個東西,我的文章裡頭沒有提過,可是別人提過,別人跟我講,所有別的語言裡頭,沒有看到鼻音後面有-ʔ。這不一定。因爲閩南語有鼻音後頭有-ʔ的例子,我不記得那個字,那是鼻化音後頭有-ʔ。可是-n、-m後面有喉塞音的例子畢竟少見。最近,鄭張尚芳(1987/2012)的《上古音系》還維持這個説法,對於我的有些批評他有辯解,我還沒有仔細地看這些東西。但是,到現在爲止,我還不大相信在古時候有那麼奇怪的押韻。

三、合併與分化：從中古至現代

現在我講第三個問題，這個問題其實我不要詳細講，只說幾句話。從中古到現在，聲調有合併，有分化。分化，比如從中古的平聲變成陰平跟陽平。合併，才出來一個陰上、陽上，陽上就跑到去聲裡頭去了，而且這個變化相當早，大部分中國方言都這個樣子。閩語有八個調的，其他差不多都是陽上歸了陽去。中國方言裡面還有其他八個調存在的，至少是陽上沒有歸入陽去的。你要談聲調的合併與分化，那是有合併，又有分化。入聲可以分陰、陽入。入聲也有丟掉了的，像官話的方言。在西南官話裡頭，有些入聲丟掉了，同時它還保存為一類，有的聲調短一點，有的連短都不短，跟普通調一樣，但是入聲是一類。我們很容易看入聲走的方向，究竟走到哪裡去。有的方言可以清楚看得出來，它歸到另外一個調，可能是因為早期調值高低一樣，後面的塞音一丟，就合併了。

聲調的合併與分化現象，我想都有，而且可以舉出很多的例子來，各式各樣的分化和合併都有。從聲調的演變來講，恐怕沒有一個固定的方式。你可以問，是不是從調類演變出八個以後，從此這八個就開始合併？也不一定。有的地方有十個調，可能次清的說法不同，而變成另外一個調。葉祥苓(1958)說吳江方言有十二個調，清、次清跟濁分開。別人不大相信這個發現，可是我相信趙元任先生(1928)的調查，趙先生的耳朵絕對沒有問題，他記的就有十個調的，像黎里的去聲清和次清是分開的，一個高，一個低。這裡我想就是進一步的分化。當然廣東話現在還有九個調的，入聲有三個，現在我也不去談。

四、聲調的擬測

現在我們談聲調的擬測。我剛才不是講嗎，我希望能夠從古文獻中找到一些證據，也從現代方言往上推。我的意思是文獻跟現代方言結合起來，我比較不贊成做聲韻學的就不管現代方言，就把方言資料放在一邊，只從文獻上看，我有一點點不贊成，因為這兩者之間實在需要互相配合。所以,我才希望有兩條線來作這個研究。

第一,我提出一個基本的看法,我的論文《吳語聲調之研究》(1984/1998:259)說:

> 第一、以閩南語的晉江音來說(參董同龢 1960:796),一共有陰平、陽平、陰上、陽上、去聲、陰入、陽入等七個本調,但變調卻有八個。其中去聲有兩個變調,例如:半[puaɑ 31],半路[puaɑ 55][lɔ31];飯[pŋ31],飯匙[pŋ11][si24]。

各位看一下,"半"跟"飯"的本調都是 31,可是變調的時候,一個是 55,一個是 11。是什麼道理?"半"是陰去,對不對?"飯"呢?陽去。換句話說,這地方有七個調,平、上、入分六調,去聲本調只有一類,單獨唸的時候唸 31 調。可是在變調中它有兩個調。一個變成高的,一個變成低的。那麼,我問你,這個方言有幾個調?你怎麼回答呢?尤其從方言比較這個角度來看,你說是七個?明明加上變調有八個。你說是八個?它本調是七個。所以,我就提出一個觀念,我說,是不是可以在本調、變調以外,我們弄個"基調"。如果問這個語言幾個調,你說基調是八個。那麼,你比較起來才好比,明明是陰去一類,陽去一類。陰去、陽去是什麼調值呢?就是一個 55,一個 11 嘛,是不是就是這麼簡單?當然不一定,但是,至少這個是一條路。類似的例子還有。蘇州話很複雜,蘇州話大概也是陽上的部分看得出來不同的來源。所以,假如我們每一個方言裡面都來個基調,好比說一個方言有四個本調、五個變調,我們就推求一下,看究竟有幾個調,它的基調是什麼。這是第一個觀念。

第二,從一個很簡單的例子裡頭,我才想起,可能變的這個調值是它早期的調值。所以,我提到"變調即原調"的看法。這個觀念,我是怎麼來的呢?其實,我是在調查海南島臨高話的時候得到的,並沒有發表。當時做的時候,是什麼情形呢?甲、乙兩個方言很靠近,都是五個調,四個調都一樣,有一個調絕然不同,偏偏絕然不同的那個調出現在甲方言的變調中,這個變調跟乙方言的一個本調一樣。懂我的意思沒有?四個都一樣,只有一個不一樣,一個是平,一個是35,可是偏偏平調的一個變調是35,所以,我就覺得恐怕這個變調的35是早期的東西。你說,怎麼變調是早期的呢?我想,變調是連讀的調,本調是單字的調。單字的調跟連讀的調不同,我們說話不都連著說嗎?我們很少一個字一個字說。由於在語流當中,連讀的音裡面保存一個更早的調值,極有可能。我是從這個方向想的。後來何大安在這個方面有進一步的推展,他覺得是有變調即本調的方言,但是從其他的一些方言可以看得出來,也有變調不是本調的。我的論文《論官話方言研究中的幾個問題》(1987/1998:238)指出:

> "變調即本調"的說法在北方官話也可以找到證據。如張盛裕(1984)調查的銀川方言單字只有三個調:平、上、去。從歷史音韻的角度來看,上聲包含北京的陽平和上聲,這個區別只有在連續變調時才保存。例如:鞋 = 海[xɛ35],鞋帶[xɛ53][tɛ13] ≠ 海帶[xɛ35][tɛ13]。

照我的看法,我們推測銀川方言有幾個調的時候,要看它的基調是幾個,是四個。因為,你不能夠說是平上去,得要說是陰平、陽平、上聲、去聲。你要問:"你怎麼找到一個陽平的,這個陽平的調值是什麼?"那麼,我就說:"你要從變調中尋找,陽平的調值是53。"所以,我說:"變調即原調。"早先的調值一定是保存在變調裡,因為"鞋帶""海帶"這兩個詞,我們說話的時候常常連在一起說,所以連讀中保存了原來的聲調。如果只看本調的話,只是三類,所以,"變調即原調"的說法我是很相信的。

我曾經告訴過你們關於閩南語"變調即原調"的說法的例證,橋本萬太郎跟我是一個看法,後來他說台灣的宜蘭方言正是如此,所以,我才趕緊發表我的文章。我跟你們講過,後來在同一期發表。我就是希望不至於說我的一個發現,要引用他的看法。這個看法在好多的方言裡面都可能是對的,也許在個別的方言不見得對。因為,調的變化,不一定都是如此,也許有別的。所以,何大安後來把這個推進一步,我倒覺得這是條正確的路。我們不能夠只是一心想着所有的變調都是原調。但是,變調可能是原調這個方向,你如果從來沒有想過,我覺得這就是個不同的想法。而且,我的這幾個論證,你幾乎沒有辦法辯駁。

當我有了這樣一個想法以後,我就做吳語的方言,我就研究它的位置和它的變調,研究它的每一個方言基調是什麼?譬如蘇州方言是七個調,可是變調是八個。那我問你,它有幾個調?蘇州方言一百年前就是七個調,但是變調的時候,它可能有八個。這個時候你怎麼辦?我就推測它的基調。這裡是我推的結果,各位可以看,從蘇州一直到溫嶺,有十個地方。我推每一個地方是什麼樣的調。這是我推測的基調,以及從"變調即原調"這個角度來看的結果,每一個調都證明給你看,指出證明的過程是什麼。推出來的結果,你們可以看我的論文《吳語聲調之研究》(1984/1998:293)所列的一個表:

基調\方言調類	蘇州	常州	丹陽	崇明	海鹽	紹興	永康	平陽	溫州	溫嶺
陰平	55	33	55	55	54	33	44	33	44	55
陽平	22	11	24	24	31	11	22	22	31	35
陰上	52	53,35	33	42	434	335	35	54	45	53
陽上	24		11	241	242	115	13	35	34	31
陰去	41	55	42	33	25	43	52	32	42	33
陽去	31	32	21	31	23	21	241	21	22	11
陰入	<u>55</u>	<u>55</u>	<u>33</u>	<u>55</u>	<u>55</u>	<u>33</u>	<u>33</u>	<u>33</u>	323	<u>44</u>
陽入	<u>23</u>	<u>23</u>	<u>11</u>	<u>23</u>	<u>22</u>	<u>11</u>	<u>22</u>	<u>22</u>	212	<u>22</u>

請看陰平的部分:55、33、55、55、54、33、44、33、44、55。我推出來的結果,較古形態是個55,你沒有話講吧?陽平呢?有22、11、24、24、31、11、22、22、31、35,我就把陽平推作22。你說:"你這個推法不是有一點勉強呢?"是有一點。陽平五個地方是平調,三個地方是升調,可是這三個升調我們可以設想是濁聲母的關係,把前面壓低了。有兩個31調,是不好解釋。可是,各位記不記得我曾經在黑板上寫過一個東西。雲南方言的調值可以從51甚至變到15。所以,你從這個裡面發現一點例外,一點不奇怪。好了,我們把陰平、陽平確定以後,我們看陰入陽入。陰入、陽入很簡單,情形跟平聲非

常相似，所以，我就把陰入跟陽入擬成 55 跟 22，跟陰平、陽平完全是一樣的，只是一長一短。你們一定還記得，我曾經講過，有很多地方，陰聲跟入聲調值高低是一樣的。從這個地方看，也是如此，蘇州的陰平是 55，陰入是 55，陽平是 22，陽入是 23；崇明陰平是 55，陰入是 55，陽平是 24，陽入是 23。不是一定的，但是其中有相當的規律性。所以，我就把這四個調值給定下來。

陰去呢？請看陰去這個部分：41、55、42、33、25、43、52、32、42、33。有六個地方是偏高的降調。陽去也有六個地方是降調，但是比較偏低。你把陰去跟陽去對比着看，一高一低是一般的趨勢。所以，我就說大概陽去是個低的調，陰去是個高的調，我就把它們定成 42 跟 21。這個地方有一點點人為，但是基本上大部分方言都是如此。

上聲是麻煩，你可以看陽上，只有九個地方有聲調，常州沒有。有五個地方是低升調，24、13 什麼的。假如方言中是升降調的，我就想可能是升調的調尾稍微降一降。同時，永康話的 241 跟 24 是自由變音，基本上認為是個升調，沒問題。假如把升降調也認為是升調，這樣就可以把陽上定作 13。可是，陰上我就沒有辦法，有四個升調、五個降調、一個平調、一個降升調，我沒有辦法看出它的趨向來，我基本上無所用其技。最後怎麼辦呢？我就看各方言中陰上、陽上相對的高低，我們總結陽上比陰上要低一點。我在這個地方作了一個人為的選擇。因為它們高低相對，陰上比較高，陽上比較低，有五個地方有一高一低相對的關係，陽上是升調，所以，我就講陰上大概也是個升調，我在這裡定的結果是陰上 35 調。在這裡頭，我自己最沒有把握的就是陰上。但觀察一高一低的趨向，當陰平陽平、陰去陽去、陰入陽入都是一高一低的時候，我們好像沒有理由不相信陰上和陽上也是一高一低。因為有這個關係，可能可以這麼樣擬測。所以，我就覺得基本上吳語的八個調大概是這個樣子：55、22；35、13；42、21；55、22。各位可以想一想，這樣的八個調，如果陰平、陽平來自於一個平調，上聲也來自於一個上聲，去聲來自於一個，入聲來自於一個，那麼，最自然的是什麼呢？最自然的平聲是 33 調。我前面從文獻推測的是個長度普通的平聲，大概比較低，是個 33 調；上聲有點人為；去聲是個降調，可能是個中降調。你看這個地方,吳語陰去、陽去兩個都是降調:42、21。如果我們說它是從 31 過來的,高的就變成了 42,低的就變成了 21。因爲濁聲母的關係,這個很可能的。前面我說,入聲,高低難說,但從這個地方看,一高一低,假如我們說入聲是個 33,短調;平聲是個 33,長調;那麼,這個去聲是 31 調。上聲是一個問題,要怎麼辦? 是 24 還是什麼的? 這個我只是推測。你拿這個擬測跟我推測的文獻的資料來看,吳語的聲調跟我推出來的平仄調是蠻近的。

那麼,你說南北有沒有不同? 我還沒想過,我那時做這個東西的時候,我沒想過,只是就資料來分析。是不是南北有不同? 極可能啊,"梁益則平聲似去",也許那個時候的調值有方言的不同,這個極可能。但是,我目前做的只是吳語。我不敢說吳語的這個結果跟《切韻》是完全相合的。但我是從兩個方向作的,我先做文獻,做文獻的時候,我根本還沒有想到吳語的事情。而做吳語的時候,我的根據都在這個地方,我也沒有想古文獻的東西,但是兩條路還是往同一個方向走。所以,我就覺得也許將來有一天,我們可以把吳語的這個調值,跟古的調值完全配合起來。

第八講　漢藏語的比較研究

當我們從中古音上推上古音，看上古音的時候，漢藏語的研究就成爲一個很重要的的問題。所以，我考慮了半天，決定在今天最後一講的時候，談談漢藏語的問題。漢藏語的研究已經有了很長的時間了，但是到現在還有許多問題沒有解決，而且有一些很關鍵的、重要的問題沒有解決。所以，今天的講課首先從漢藏語的定義與研究方法來談。

一、漢藏語的定義與研究方法

什麼是漢藏語？漢語我們懂，藏語我們也懂，其他的語言呢？即使是漢語跟藏語的關係也可能還有的學者懷疑，二者究竟有沒有關係。

僅就漢藏語系的分類問題而言，目前基本上有3種主要的分類意見：第一，(上個世紀)30年代著名語言學家李方桂提出，漢藏語包括4個語族，即漢語、侗台語、苗瑤語、藏緬語，這一觀點得到羅常培、傅懋勣、馬學良等老一輩語言學家的支持，中國境內多數學者基本支持這一觀點。第二，(上個世紀)70年代美國學者白保羅提出漢藏語系僅包括漢、藏緬兩個語族，把李方桂劃分在漢藏語系中的侗台、苗瑤兩個語族歸入澳泰語系，這一觀點得到歐美多數語言學家的贊同，在中國也有部分學者支持。第三，(上個世紀)90年代以來，法國學者沙加爾提出南島語(澳泰語系中的一個語族)和漢語有親緣關係，中國學者邢公畹等支持這一觀點，並進一步提出把南島語、漢藏語、南亞語歸爲一個大語系，稱華澳語系。

這是最基本的三個說法，究竟哪一個比較正確？我自己原來覺得第二種可能是最好的,可能是外國人提出的研究比較切合實際,而且漢語與藏緬語的研究很清楚,它們的關係也建立起來了。我曾經學過一年多的泰語,所以看台語的東西還是比較熟悉的,我覺得台語的系統與漢語的系統,關係好像不是很密切。

但是最近,我改變了看法。我寫了一篇文章,專門討論漢語與台語的關係,文章還沒有發表,只是在會議上宣讀過。我今天會講一講這篇文章。如果我的看法對的話,那麼,漢語與侗台語的關係恐怕不能否認,等一下請諸位看看有沒有道理。關於苗瑤語,目前還沒有完全的肯定,我自己並沒有做研究,僅僅做了一點點,只是因為跟孫宏開先生合作研究漢藏語的同源詞,做一個交代而已。所以,我現在相信第一個說法的四分之三,即漢語與侗台語、漢藏語有關係。至於苗瑤語,我跟孫宏開先生做了一部分的研究,可是還沒有到發表的時候,實在是不能夠說得很確定。所以,我個人的看法也是有改變的。

第三種說法我是一直不贊成的。因為我自己調查過南島語,我對南島語的一支卑南語,擬測了它的古音,曾經做過比較徹底的調查,六個方言都做了,由於做南島語卑南語的關係,也注意南島語的古音,也曾經看過一些學者的擬音,所以,我對南島語的情形比較了解,當然對古漢語也是相當了解。所以,我最不贊成沙加爾的說法。最主要的原因是,他們找出的同源詞不大可靠,同時南島語的音節結構與漢語音節結構離得很遠,南島語有兩種音節結構:CVCVC、CVCCVC。如果說南島語與漢語有關係,就得說漢語有兩個音,後來掉了一個音節。沙加爾現在提出來的一些東西,我不敢說他錯,但是,我不敢相信。因此,在這方面,我基本上不大同意。我同意李壬癸先生的研究,他是專門研究南島語的,我們在一起談過幾次,說起沙加爾的意見,他問我贊不贊成,我不贊成;問他贊不贊成,他也不贊成。所以,我們基本上都不同意。後來李壬癸先生發表了文章,說明他不同意的原因。

第二種意見,我原來贊同,但是現在我轉回到第一種意見,有一點兒傾向相信李先生當年的看法可能是對的。既然李先生這麼說了,到了他晚年的時候,別人批評他,說他提出來的問題,即漢語、藏緬語、苗瑤語、侗台語都是漢藏語系,這只是類型學上的相似,這是白保羅的指責,李先生一直沒有反應,直到晚年的時候,他寫了一篇文章 Sino-Tai(《漢語台語》1976),對這個問題沒有直接的回應,可是他說:漢台語之間的關係,我舉出若干字來給各位看,大約有 100 多個字,它們之間的關係不只是類型學上的相似。這句話雖然沒有明說,可是意思是很清楚的,即漢語跟台語是有關係的,而且他在談這個問題的時候還說,我們不要有預先的偏見。我覺得這話很清楚,但是他畢竟沒有說漢語與台語有關係,或者類似的話。我最近因為在寫《李方桂先生全集》序,需要查資料,我發現有一個資料非常好,這就是趙元任寫的《李方桂》。當初趙先生在的時候,大概是 1975 年左右,李先生也在,有一天,李先生把一篇文章給了我,說:"這是趙先生寫我的,你看看。"那時還沒有影印機,所以,這是趙先生打字機上複寫的東西,用複寫紙複寫的,這是很珍貴的資料,因為是趙先生寫李先生的,他們都是大師。李先生給我的時候,神態好像很開心,"這是趙先生寫我的",意思是這是趙先生對他的評價。在這一次的寫作中,我翻譯成中文,寫在那個序裡。其中有一段話是趙先生對漢藏語的看法,這是意外的收穫,請看趙先生說:

> But Chinese linguistics is not only a matter of dealing with the speech of Chinese proper; Li's work covers also, and at times concentrated on, the non-Chinese languages of the Sinitic group. Among these the Tibetan and Tai languages formed some of Li's important contributions from data gathered in his extended field trips.

我的翻譯是:

> 中國語言學並不僅是研究漢語的學問,李氏的工作涵蓋華夏語群中的非漢語,有時也專注於這些語言的研究,其中包括他在藏語和台語兩方面的重要貢獻,來自於他所做的大量的田野調查工作。

這句話等於說到一九七幾年的時候,在漢藏語的分類上,趙先生相當同意李先生的看法。我覺得這是中國語言學家中兩位大師看法接近一致的地方。趙先生最初,或者是極少研究非漢語,但是我們可以猜測到李先生的文章他一定看過，所以，有些看法趙先生是同意李先生的。

這裡，我提出了漢藏語的定義以及現在的分歧，還有我個人的看法。龔煌城先生在這裡講了一個月，我想他決不談台語，他講藏語，講西夏語，講緬語，我的文章他已經看了，我在開會的時候宣讀了，等一下我會談我的看法。

但是，在談之前，我在方法上要談一談。

李方桂 1951 年發表《藏漢系語言研究法》（其實這是李先生 1939 年做的講演），他說：

> 比較的研究就是歷史的研究的變相，主要的目的是想把兩個或兩個以上的語言找出多少套的相合點（correspondences），從這些相合點，我們可以假設它們有同一的來源，所以每一個相合點我們可以擬定一個原始型，並且從這個原始型可以依一定的規律變成現在的形式及狀態。

換句話說，如果我們說漢語與藏緬語、侗台語有關係，那麼，我們所擬測的古漢藏語應該用規律說明它怎麼變藏語、漢語等。我覺得這是歷史比較語言學上的一個很簡單的方法，可是中國好幾個學者不全都是這樣做的，所以，我對他們有一些批評，其實我寫那篇批評的文章（丁邦新 2000《漢藏系語言研究法的檢討》），也是沒有辦法，因為我跟孫宏開先生合作同源詞的研究，我總要有點貢獻吧，就對一些方法進行檢討，那個倒是我主動寫的批評文章。在那篇文章裡，我對很多人的研究方法做了檢討，提出了我看法，並做出了我的結論，有四點：

第一，語音對當的數量很關重要，這是一個程度的問題，不能說要有多少套的對當就能確定親屬關係，當然越完整越好。

這個意思是說，如果找對當，找出兩條來，它們就有親屬關係，別人是不會相信的；如果有三條對當，猶疑；如果有 50 條，通通對當，就沒有人敢懷疑。所以，對當是一個程度問題，究竟到什麼程度才能確定它們的關係，也沒有很好的界限。但是，在這方面，我們儘可能地做，數量越多越好。

第二，語音的對當要和基本詞彙相合。語音的對當關係越全面越好，上文已經提到很難說多少的對當就可以證明有親屬上的關係。如果語音的對當能跟基本詞彙結合，那麼，可信度就大為增加。

這個意思是說文化詞容易借，基本詞比較難借。如果說基本詞彙，例如太陽、月亮，基本上都是對當的，那麼，它的可信度很大。

第三，構詞法和語法的研究。語法的研究不見得能解決同源的問題，例如藏語是"主語—賓語—動詞"的語言；漢語是"主語—動詞—賓語"的語言，連最基本詞序都不同。藏語的動詞有豐富的形態變化，而漢語則很少。可是漢藏語同源卻無可置疑，可見語音和詞彙的研究在找尋語言之間的歷史淵源時占有更大的比重。

因為構詞法是很難借的，兩種語言如果構詞法都相同，那就極可能同源。例如四聲別義、清濁別音，這種東西不大容易借，當然也不是不能借，借一兩個是可能的，但是借一整套就很奇怪了。所以，構詞法照說是最牢靠的東西。

第四，同源詞的比較。要討論漢語和侗台語的關係，現在還沒有到下定論的時候，發掘更多語音對當的詞彙是當務之急。如果找到許多套的對當，到了一個程度，我們就不能否認兩者的親屬關係；如果找不到對當，無法說明上古漢語四個元音和古台語九個元音的關係，那麼我們就不能認為兩者有親屬關係。

到這裡為止，我講完了第一部分，除掉什麼是漢藏語以外，也還有研究方法的問題，實在是沒有什麼特別多的貢獻，基本上就是說我們現在的研究還不夠。如果過早說出哪個跟哪個有關係，非常不可靠。如果有人問：白保羅（Paul Benedict）認為漢語與藏語有關係，很肯定，把侗台語和苗瑤語排除在外，他的根據是什麼？我告訴諸位，白保羅沒有受過嚴格的語言學訓練，他是一個心理醫生，絕頂聰明。所以，他看看字典，查查資料，然後就寫文章。他的看法有些可能是對的，但是如果說他有嚴密的推論，沒有。他只是說這個跟那個有關，演變的條件是什麼，也不知道。在白保羅的《漢藏語概論》（Benedict 1972）中，馬蒂索夫（James Matisoff）受過嚴格的歷史比較語言學訓練，他支持白保羅，所以做了許多注，使得那本書看起來比較好。可是他只做了漢語跟藏語，侗台語他一腳踢開了，沒有研究。所以，我們要花一點時間看看漢語跟台語的關係。

二、漢語跟台語的關係

1. 以基本數詞證明漢語和台語的同源關係

現在我以基本數詞爲例作一個試驗，因爲我們一向相信基本數詞都是借的，中國的數字很早就有了，其他地方與我們比較近的都是借的：

詞義	古台語	漢字	漢語上古音
一	ʔi̯et D	一	·jit 入
二	ni B	二	njid 去
三	səm	三	səm 平
四	si B	四	sjid 去
五	ha C	五	ngag 上
六	xrok D	六	ljəkw 入
七	cĕt D	七	tshjit 入
八	pɛt D	八	prit 入
九	kjəu C	九	kjəgw 上
十	sip D	十	djəp 入

以上擬音都是李方桂先生的。一、二、三、四看起來都像，五、六不同，七、八、九、十像。顯然可以分爲兩組，一、二、三、四、七、八、九、十是一組，像；五、六是一組，不像。它們爲什麼不像呢？這個問題，根本沒有人管，也沒有人去做研究。看了之後，我覺得奇怪，如果說是漢語借過去的，借過去才會變成台語的這個樣子，試問，怎樣從中國的"五"＊ngag，疑母字，變成 ha C？中國所有的方言，從古至今 ng- 從來沒有變成 h- 的。我的話說得過分，"五"從來沒唸過 ha 的。但疑母字唸 h，是有的，閩語中就有，比如說"螞蟻"的"蟻"，唸 hia 6，"魚"唸 hi 2。可是"五"這個字從未有過唸 h 的，如果說是從中國借過去的，有什麼根據呢？同樣，"六"也是如此，中國方言中從未有過 xr，有人說可能是從早期的複聲母的字借過去的，可是它的複聲母是什麼呢？我們知道來母字可能是從 r 來的，如果是這樣的話，那麼 r 跟 l 很配，而且可能有別的關係。於是，我就來

看這個問題。請注意台語的 ABCD 是四個調,相當於我們的平去上入。請看以下資料:

意義	泰語	龍州	剝隘	水家話	古台語	漢語上古音
鵝	haan B1	—	haan B1	ŋan B2	* han B	雁 * ŋran 去
下腭	ŋiak DIL	hïïkDIL	ŋïïkDIL	—	* hŋiakD	顎 * ŋak 入
五	haa C1	haa C1	haa C1	ŋo C2	* ha C	五 * ŋag 上

這三個字我花了很長的時間才找到,其實有兩個字是邢公畹用過的,他已經指出來了,不過他當時的看法與我的看法有點不同。

B1 是指陰去,B2 是陽去。很顯然,我們的 ng,台語的 h,顯然不是從漢語借過去的,理由我已經在前面說過了。它們的關係一定是有親屬關係,而且它們的聲調有對應,他們是陰的,我們是陽的,這三個字都是疑母字,疑母字是濁聲母,是陽調。DIL 是長陰入,都是陰調。所以,我有如下的推測:

　　　古漢台語 * * hŋag → 上古漢語 * ŋag 上
　　　　　　　　↘古台語 * ha C

這個時候有一個重要的演變,是我後來想通了以後,覺得沒問題的,就是聲調的產生。聲調是什麼時候產生的呢?我認為是在聲母分化以後產生的。所以,台語的 h 當然是陰調,漢語的 ng 當然後來走向陽調。我的證明是三個字,而且這三個字都是基本詞彙,符合我自己剛才提出的條件。

接下來,我們再看"六"字,類似。請看:

意義	泰語	龍州	剝隘	邕寧	柳江	古台語	漢語上古音
魚網	hɛɛ A1	hee A1	lee A1	hle A1	hje A1	* xrɛ A	羅 lar 平(l<r)
魚簍	—	khïïŋA1	—	hlu:ŋA1	hjɯ:ŋ A1	* xrïŋ A	籠 ljung 平(l<r)
六	hokD1	hukD1	lək D1	hlok D1	hjok D1	* xrok D	六 ljəkw 入(l<r)

"羅、籠、六"這三個字在古臺語中都是 r,我們都是 l,如果我們的 l 是 r 變來的,奇怪的是 xr-裡的 x 從哪裡來的呢?可以看出它們都是陰平或陰入,我們的 l 都是陽聲,都是向次濁的方向變化。我的

意見跟上面一樣,即:

古漢台語 * * xr → 上古漢語 * r
　　　　　　　　↘ 古台語 * xr

漢語中 x- 丟掉了,古台語保留了 xr。換句話說,它的發展有兩條線,一條線是漢語把清的成分丟掉,保留 r,後來就變成 l,陽調、濁母,古台語是清的。當我做到這裡的時候,我是爲了告訴諸位,從數目字的"五"和"六",我否決了它們從漢語中借過去的可能,然後我又說它們有演變規則,這個規則是在聲調產生之前,一邊是 ŋ、h,一邊是 r、xr,分化以後,古漢語是陽調,古台語是陰調。

　　做到這裡,諸位有沒有看到,水語的"雁"是陽調,我才發現這是台語中的層次問題。我們漢語方言的層次研究已經有好多年了,大家對層次都很重視,我們不知道台語中的層次,現在我們看一看侗台語的層次。請看:

	壯語	布依	傣語	侗語	仫佬	水語	甲姆	拉珈
五	ha3	ɣa3	ha3	ŋɔ4	ŋɔ4	ŋɔ4	ŋu4	ŋo4
六	ɣok7	zok7	hok7	ljok8	lɔk8	ljok8	ljok8	lok8

這種字有層次關係,前面的三種讀音是早期的,後面五種讀音是後期的,這是無法推翻的。而且,後面五種讀音會不會是中國話的借詞,我雖然不敢肯定,但它們與中國話太像了。而且,我們要注意的是,前面三個是的聲調是 3、7,是陰調,後面的聲調是 4、8,是陽調。所以,我覺得在這種情況下,無法推翻我的論點。

　　到此爲止,我舉了一部分的例子,即,"五"和"六"不能從中國話借過去,而且台語本身有層次問題,它古的層次與漢語對當非常不整齊,沒有辦法借,陰調與陽調是不同的。所以,我認爲漢台語之間有演變的規則,它們有同一來源。

2. 以構詞法證明漢語和台語的同源關係

　　我已經說過四聲別義這種構詞法很難借。李先生在 Sino-Tai 中舉出了若干字,我挑了一些字,他另外有一篇文章專門講台語中的聲調不規則的現象,我也挑了一些字。請看:

(1) 四聲別義

意義	泰語	龍州	剝隘	古台語	漢語上古音
價格	khaa B2	(kjaa B1)	kaa B2	* ga B	價 * krag 去
做買賣	khaaC2	——	kaa C2	* ga C	賈 * kag 上
浸泡	čum B1	——	——	* čum B	浸 * tsjəm 去
浸泡	čumC1	——	——	* čumC	浸 * tsjəm 上

漢語有四聲別義，台語也有，台語跟漢語的對應非常整齊，這難道是借的嗎？如何知道這種對應是同源造成的呢？分化的條件是什麼？古台語保留了 g-，產生陽調；古漢語則是 k-，產生陰調。古台語有好好的 k-，不可能從漢語借過去變成 g-。所以古台語的 g-，對古漢語的 k-，顯然它們有親屬關係。

(2) 清濁別義

請再看：

泰語	意義	泰語	意義
čum B1＜ * č-	浸泡	čhum B2＜ * j-	浸濕
khiau C1＜ * kh-	犬齒	khiau C2＜ * g-	咀嚼
khot DIS＜ * kh-	纏繞	khot D2S＜ * g-	弄彎
nii C1＜ * hn-	這裡	nii C2＜ * n-	這個

這裡的關係是一清一濁，就像中文的清濁別義，這難道也是借的嗎？

我認為漢語跟台語有關係，證據是漢語和台語有相同的構詞法，這是很難借的。

3. 以鼻音聲母字證明漢語和台語的同源關係

當我想到我在前面提到疑母字是 h，原來是 hŋ，然後 ŋ 丟掉，變成 h，這時候我們自然會想到 m 的字有沒有 hm 呢？n 的字有沒有 hn 呢？這是一整套的東西，即：

台語 hm-、hn-、hŋ-：漢語 m-、n-、ŋ-

前面我只用了一個例子，就是疑母的例子。現在請看別的對當：

意義	泰語	龍州	剝隘	古台語	漢語上古音
墨	mïk DlS	mïk D2S	mak D2S	*hmïk D	墨 mək 入
男巫、醫生	mɔɔ A1	moo A1	moo A1	*hmɔ A	巫 mjag 平
萬	mïïn B1	?	?	*hmïn B	萬 mjan 去

這些也是相當普通的詞彙，聲母和聲調的對應非常整齊。"墨"字特別有意思，董先生根據"墨"和"黑"來推測 m-與 hm-的關係。在早期的文章中，我以為台語的"墨"字對應漢語的"黑"字，因為"黑"是 hm-，正好對應。後來我才發現不對，這根本就是個"墨"字，台語的 hm-跟漢語的 m-有關係，就像漢語疑母字 ŋ-對應古台語 hŋ-的關係。

漢語的上古音 *n-相當於古台語的 *hn-的例子也有，請看：

意義	泰語	龍州	剝隘	古台語	漢語上古音
弩	naa C1	——	naa B1	*hna C	弩 *nag 上（李：43）
膿	nɔɔŋ A1	nooŋ A1	nooŋ A1	*hnɔŋ A	膿 *nəngw 平（Manomaivibool：19）
鑷子	nɛɛp DIL	——	nɛɛp DIL	*hnɛp D	鑷 *njiap 入

這些字漢語都是 n-，台語都是陰調。弩字有一點問題，有人說它是文化借字，"弩"究竟是在什麼時候發明的，恐怕不是太早，大概在漢代。我最近沒有注意考古的情況，不知道有沒有新的看法，如果是在漢代的話，可能是借字，可是借字也挺奇怪的。畢竟借的是漢語的 n，只是推上去的時候，古台語是清聲母 hn，因為是陰調，不可能是陽調的濁聲母。

如果我的說法成立，我已經有三個理由證明漢語和台語是同源關係："五""六"的比較、構詞法的比較、鼻音聲母的系統性比較。如果要推翻我，需要花一點工夫。我的文章還沒有發表，將要在紀念李先生誕辰 100 週年的會上發表。我對此蠻有信心，我已經說過，我以前對這個看法也是不相信的，我原來相信第二種分類，侗台語我不放在裡面，可是當我面對這樣的材料，面對這樣的證據的時候，我根本沒有辦法懷疑。原來我想究竟漢語跟侗台語有沒有關係,看了半天,說它們沒有關係眞是危險,恐怕它們有親屬關係,所以,李先生不是隨便說的。那麼,下一步,我將要找更多的同源詞,確定它們的對當。我現在的對當不是一組,而是三組,而且是一套,如果要推翻我,還眞的要花點功夫。從這個角度看漢語跟侗台語有關係,你要說它們是借字,你要解釋好,h怎麼來的,r怎麼來的,這些關係怎麼來的。當然我的說法不一定全對,但是到目前爲止,就材料來看沒有辦法推翻我,這個材料非常堅強。假如我的觀點對,就是漢語跟侗台語有親屬關係,那麼,我的看法就回到第一個分類的意見,只是苗瑤語還不清楚。

關於漢語和台語的關係,是我最近才寫的文章,而且是翻案的文章(丁邦新 2005),與大多數人的意見不同,所以我多花了點時間講。

三、漢語和藏緬語的關係

漢語和藏緬語的關係屬於同一個語族,現在大概是定論,我就是這樣認爲的。龔煌城先生在北大這裡已經講了很久的課,我想他一定給大家講了很多例子爲什麼會是這樣,我只是從他的文章(龔煌城 1980)中拿出一部分的例子,而且是連續的六個字,我沒有動,只把名詞改成了中文。因爲這篇文章是他的奠基之作,是漢語、藏語、緬語之間元音對當的關係,他提出了幾百個例子,我看證據確鑿,無法推翻。請看他給的例子:

1	上古漢語	*ngag 上 五	five
	書面藏語	lnga	five
	書面緬語	nga C	five
2	上古漢語	*ngag 平 吾	we,my,our
	書面藏語	nga	I,we
	書面緬語	nga A	I
3	上古漢語	*ngjag 上、去 語	speak
	書面藏語	ngag,dngag	speech,talk,word

4	上古漢語	*ngjag 平 魚	fish
	書面藏語	nya	fish
	書面緬語	nga C	fish
5	上古漢語	*khag 上 苦	bitter, suffer
	書面藏語	kha	bitter
	書面緬語	kha C	bitter
6	上古漢語	*khag 去 苦	difficulty, hardship
	書面藏語	khag-po	difficult, hard
		dka-ba	difficult, hardship
	書面緬語	Khak	difficult, hard

這種對當，給我的感覺是相當的可靠。要把他推翻，很難，而且他有幾百個例子，a 對 a，i 對 i，u 對 u。近來他又研究西夏語，我覺得這是很確鑿的證據。如果說他有 200 個例子，你推翻他 20 個，他有 180 個，你再推翻他 20 個，他有 160 個，很難推翻。要徹底地推翻他，根本做不到。所以，我覺得漢語跟藏緬語的關係是一個鐵案，現在恐怕沒有辦法推翻。如果現在還有人相信漢語跟藏語沒有關係，我想這不見得是一個正確的看法，漢語跟藏緬語就是有親屬關係。所以，對漢語跟藏緬語的關係我不講了。

北大出版社把龔先生的文集（2004）印出來了，很厚的一本，如果有興趣，諸位可以看看，是很實在的，並不是說他的意見我都贊成，不見得，但是漢語跟藏語的關係推翻不了。他用的西夏語是什麼東西呢？西夏語大概是羌語的一支，是藏緬語中有文字的語言，可以從文字推出上古音。在一次講演中，我當面問他："你把西夏語的三等韻擬測有介音-j-，究竟有沒有根據？假如不存在，可不可以？"他說："沒辦法，種種的規則，不是因為漢語的三等有介音，就把西夏語的三等字擬測出介音-j-，不是。西夏文本身一定要有介音，才能解釋。"所以，他現在有相當強的力量支持三等韻有介音-j-的存在。昨天，羅傑瑞的講演，講三等韻的-j-，他認為三等是一個最自然的音節，是 unmark，所以，是一個自然的音，元音前一點，可能產生-j-，一二四等有喉壁化，所謂 laryngealization。可是，這個東西,我覺得最大的困難在於,一等字與三等字諧聲的非常多,有喉壁化的聲母與沒有喉壁化的聲母,可以那麼自由的諧聲。我覺得是一個困難。所以,我下來問他,三等的諧聲怎麼辦?他說,照你現在的說法,普通的一二四等與三等諧聲也有困難啊!我說,不覺得有困難,一個是k,一個是kj。他說,他也可以把喉壁化的j寫在前頭。我後來就沒有再辯論。他的說法,認爲-j-是從自然的音節來的,這個不一定錯,但是,我是說有的現象不能解釋。我覺得對一等、三等那麼自由的諧聲,認爲一種聲母前面有一個喉壁化,另外一個沒有,我覺得不好解釋。正如我覺得《詩經》裡一等與三等諧聲那麼多,你說它從短元音來的也好,從長元音來的也好,我不相信。

四、從漢藏語比較研究看上古音的問題

現在包括龔先生在內,他拿漢藏語比較,比較以後,他說中國的上古音是怎麼樣的。昨天,羅傑瑞也提到了。我的看法完全一致,就是當我們的資料做到什麼程度,我們的話就說到什麼程度。假如說藏文有-s,漢語的去聲與之相當,這個時候,能不能說我們的去聲有-s尾?張雁(2003)在《語言學論叢》第二十八輯提到了這個問題,其中他引用了徐通鏘先生的看法:

> 徐通鏘(1998,2001)先後指出:這在方法論上難以成立,因爲漢語和藏緬系語言的聲調都是各自獨立形成的,沒有任何發生學的聯繫,無法進行歷史比較;即使漢語的去聲字全部對應於藏緬系某一語言的-s尾,它也不能成爲漢語去聲字有-s尾的根據。

我們再想想這段話,漢語的聲調是獨立發展的,藏語的聲調也是獨立發展的,因爲現在像安多方言還沒有聲調,有的方言有,有的方言沒有,而聲調的來源可能是聲母清濁的關係使得它變。換句話說,跟漢語的東西相比,有的可能接近,有的不一定接近,但是漢語的聲調畢竟有了幾百年了、上千年了,而藏語可能是最近才有的,而在古藏語中沒有看到有聲調的痕跡。所以,徐通鏘先生說聲調

各自發展,沒有發生學的關係,所以,漢語和藏語不能比較。這句話,有一點兒小問題,問題在哪裡呢?假如說,我們比較的結果,某一種音節全部都對應-s,注意,是全部。這時候,我們不談中古的東西,如果推到上古,我們該怎麼辦?比較語言學的一個觀點是,一個東西當一邊有,一邊沒有,推上去的時候非有不可,上推以後,說祖語中有-s,然後說一邊保存,一邊丟掉了,只能這樣解釋,沒有辦法。除非我們能夠證明-s是後起的,不是早先就有的,那完全可以。所以,假如說藏語的-s,不只是使動的意思,有很多-s就是跟漢語的去聲相對應,那麼,我們恐怕要說在古漢藏語中就有-s。徐先生的話對不對呢?他的話也對。他的話是說,因為漢語中不存在-s,所有的漢語材料中都沒有,憑什麼說漢語有-s呢?所以,我覺得這個問題仍然存在,還沒有到真正定案的時候。現在,我看張雁的文章裡邊說,還有許多平聲字,如"慚""新"也有-s尾,怎樣解釋呢?所以,需要比較全面的看。我想,有一個簡單的辦法,把龔先生的可靠的例子中所有的有-s尾的例子拿出來看看,對應中古音的情況是怎樣的,是不是果然都是對應去聲?我相信大多數是,少數不是,這個時候就會產生一個問題,藏語的-s尾是一個來源嗎?兩個來源嗎?是由於構詞的關係表示使動嗎?然後哪一個部分跟中文的去聲相對呢?所以,這個問題現在並不能論定。我上一次已經說過,我不贊成在《詩經》時代說有-s尾,或者是喉塞音尾,但是我並沒有否認有可能來自-s尾,或者是喉塞音尾,我的文章說得很清楚。所以,我不是絕對反對-s尾,而是現在證據不足。即使現在列出若干字說有-s尾,我想徐先生的話對,憑什麼給漢語擬測-s尾?因為這是古漢藏語的情況。昨天羅傑瑞講的一個看法,我也同意,他說,引用的資料,這個有,那個沒有,如果推上去應該是說在原始祖語中有,而不應該說是在分化以後有。如果因為一邊有-s,得出古漢語也有,這話是沒有根據的。所以,我覺得這句話對。

徐通鏘先生又說:"南亞語系,如越南語、佤語、布朗語都沒有親屬關係,卻產生了和漢語、藏語同類型的聲調。"這表明"不能用歷史比較法去研究聲調的起源和它的歷史演變"。

我剛才已經說了,如果我們聲調的各自發展,顯然沒有關係,徐先生說得完全對。但是,假如有一種聲調就是對應-s,推上去以後,就非得說它有-s不可。在推論上,徐先生的意見主要是對的,就是說漢語,不能因為其他語言的比較,就說它有-s尾,這話有危險。但是,如果推到漢藏語或者更早的時候,我們就不能說了,也許是有-s尾的。

可是,我們對漢語跟藏緬語的比較,覺得相關的現象,有些東西是可以從外面來看,然後回頭再到漢語裡來推,這不能把話說死,不能一下子通通解釋掉。比如龔先生說(2001):

> 上古漢語帶r複聲母的構擬獲得重大的突破,是由於後來許多學者的研究與發現所促成。雅洪托夫(Yakhontov 1960)發現,與來母字諧聲的其他聲母的字,原則上都是二等字。由此而開闢了不依賴別的諧聲字,而可以有系統的構擬帶l的複聲母的大道。李方桂先生(1971)根據二等韻有卷舌成分而假定聲母與元音之間有 * -r-音,因而在上古音的構擬中第一次出現了成系統的 * pr-、* phr-、* br-、* mr-、* kr-、* khr-、* gr-、* ngr-等的複聲母。

我在前面已經說了這是很可靠的,原因是一等韻跟二等韻從上古到魏晉都是一直押韻的,我們就非得假設二等有一個介音不可。當我們發現二等字與來母字諧聲,pr-、tr-跟來母字諧聲,假如來母字是l,顯然不好,現在的研究是說來母字是從r-來的,r-就跟 pr-、tr-非常配合,這個現象是可以拿到漢語中來的,因為漢語所有的方言中,所有的來母字都是l-,包括閩語。閩語中有一些來母字變成s-,我覺得是這樣的變化:l->l->s-。有人說 s-來自於複聲母,我不相信。我認為是經過了清化,因為這些字都唸陽調,這是另外一個問題。基本上是說我們上古音有 pr-、tr-,有 r-,r-本來是來母,我們說它是l-,中國各方言都是l-,只能是l-。但是,我們現在由於漢藏語的比較,同時上古音本身二等字與來母諧聲的關係,因此,我們把來母字擬成r-,這是中國方言沒有的現象,但是,這純粹是由於漢藏語的比較,然後根據中國的二等字的諧聲,擬出 r-以後推出來的一個結果,這個結果不能不用在上古音。我們不是用漢藏語來看漢語,而是由於漢藏語的關係,等於是借旁邊的東西做參考,參考了以後,就在上古音裡面發現是有另外解釋的可能,而這個解釋的可能是,來母是從 r- 來的。如果是從 r- 來的,那麼,它跟二等字諧聲,非常的好。至於說來母字爲什麼出現在三等,龔先生還有一些說法,好像是一二四等變成定母了,三等保持來母,他的說法,我沒有辦法置疑,因爲我沒有研究。一個人的精力有限,我不能做很多事。但是,我現在慢慢注意漢藏語跟侗台語的關係,所以我稍微留意了一下。我希望將來有人能很徹底的看一下藏語的問題。弄清楚藏緬語跟漢語的比較裡,哪些可以推到上古,哪些不可以推到上古。-s 尾推到上古合適還是不合適,這個問題真是難講。假如 l- 來自 r-,而喻四李先生原來是擬測成 r-,怎麼辦呢?

所以,龔先生在文章中說:"上古漢語聲母與介音的 *l- 都變成 *j。"這是前面的一個規則,即 *l-→ *j,這是很自然的演變,我曾經說明中古三等韻的來源,可能有些字是這種演變,比如複聲母的"變"字。

然後,龔先生又說:"上古漢語複聲母的第二成分的 *r- 對部分的元音發生影響後消失。"也就是說 r→ø。

第三,龔先生說:"上古漢語聲母的 *r- 變成 *l-。"也就是說 r-→l- 的時候 l- 已經變了,二等的 -r- 也丟了,然後 r- 變成 l-,所以不會衝突。他的規則很清楚,問題是它們演變時間是在什麼時候,能不能從資料上看出來。

柯蔚南(South Coblin 1983)研究東漢聲母的演變,我最近沒有再回去看,我記得不是很清楚,大概意思是說,有些複聲母在東漢時還存在,很少,但是,有些關係是可以看出來的。

所以,從漢藏語比較看上古音,我們採取一個折中的辦法,哪些可以用來漢藏語的比較,回頭來看,發現上古音果然可以改變,比如說,來母改成 r-,而且,從諧聲字上得到自己的證明。但是,如果說因爲那個語言有,因此漢語就有,這就是"無中生有",很難說。所以,這裡我們很難拿捏究竟哪一些東西是這樣,哪些東西是那樣。如果說所有漢藏語的東西都不能用來擬測上古音,這就可惜了。因爲,明明有一些比較的東西,我們可以看一看,看完以後,我們要有一個結果,要有選擇,哪些資料可以用,哪些資料不可以用。我個人對漢藏語跟上古音的關係是一個折中的看法,就是要看材料說話,決不比附。可是,我所用的資料只到諧聲,只到《詩》韻,推上去以後，這純粹是一個擬測。可以推，沒有問題，但是這就是個人相信與否的問題。同樣的問題有不同的看法，有不同的解決之道，就像三等韻介音-j-究竟是古時候就有的，還是後來變出來的，各人有不同的看法。但是，我們慢慢地證明，根據資料的研究，非得有介音-j-不可。或者沒有也可以，這個時候就有兩種說法。如果說非有不可，那麼就沒有辦法。所以，我問龔煌城先生西夏文的-j-究竟是怎麼來的。他說，絕對是內部研究的結果，非有不可。西夏語既然有了，如果說漢語完全沒有，這話說得武斷。因爲我不知道有多少中國的三等字是有介音的，我沒有仔細看，但是有一個線索。所以，我覺得這個問題還需要更多的研究。

在第一次演講的時候，我說，要有英雄豪傑之人來研究音韻學。後來還有同學問我爲什麼要有英雄豪傑之人。我想到了這個程度，不能不有英雄豪傑的氣概，才會想辦法。年輕的時候，就把基礎加厚，然後才能掌握這麼多的問題來談。龔煌城先生剛到史語所的時候，他才做了一點點西夏語的研究，我看著他，一年年的下來，寫了若干的文章，對西夏文的文字怎樣分析，文字中的聲符怎樣分析，一步一步走過來，我看到了他的過程。這個過程是很艱辛的，西夏語是死文字。我曾經學了不到兩個學期的藏文，我根本不會說，能用字典，知道藏文中的一些規則，慢慢的做。所以，非得英雄豪傑之人，現在就要下狠心徹底研究梵文，這樣對中古音的研究就有很多說話的權力。然後，再從它看藏語，藏語是怎樣的，此時，我們就能說明漢藏語的關係。陳保亞先生研究傣語，他會傣語，我覺得他的學生應該在這個方面下工夫，看看台語怎麼回事。李方桂先生學暹邏話，他只是花了三四個月的工夫學習入門的東西，後來他的研究都是自己看的，包括像"豆芽菜"的泰文怎樣寫。我也學了，我現在差不多忘光了，還會說一兩句。所以，我講要"英雄豪傑之人做音韻學"是對的。

我想我講課的部分就到此爲止。我這一次講課很有一點感想，在這樣一個大雪紛飛之日，還有這麼多人來聽課，我很感動。音韻學畢竟是一門艱難的學問，要費精力做的。但是，還有這麼多人來聽課，不容易，我很感動，也很感謝各位。我想，這一段在我自己的學術生涯中，也是一個難得的記憶。我在台灣講演可以有很多的人，但是，上課從來沒有這麼多人，所以，我覺得這裡的學生真是不錯！你們給我的問題，有的真是很難，我回答問題的時候煞費思量。也許有的地方回答得不盡滿意，不過我已經盡力了。有些我不懂，我只能告訴你們我不懂。我希望聽了我的八次講演，還能夠有人果然以後繼續做聲韻學的研究，而且是做很難的聲韻學。你說話，別人就得聽，就像龔先生做西夏文的研究，我只能聽，不能跟他討論。當然，我不是鼓勵你們學西夏文，那個東西真是很難！但是，有很多活的語言，所以，千萬不要做音韻不做方言，千萬不要做漢語不做非漢語，儘可能把自己的研究放得寬一點，那麼，將來的發展是今非昔比的。

參考文獻

陳重瑜(1991)從中古音到北京音系:陰平調流入與流出的字數比較,《世界漢語教學》第 1 期。

丁邦新(1975a)Chinese Phonology of the Wei-Chin(魏晉音韻研究),見《史語所集刊》第 65 種。

丁邦新(1975b/1998)平仄新考,見《丁邦新語言學論文集》,商務印書館。

丁邦新(1979/1998)上古漢語的音節結構,見《丁邦新語言學論文集》,商務印書館。

丁邦新(1980/2008)Archaic Chinese *g, *gw, *ɣ, and *ɣw,見《中國語言學論文集》,中華書局。

丁邦新(1981a/1998)漢語聲調源於韻尾說之檢討,見《丁邦新語言學論文集》,商務印書館。

丁邦新(1981b/1998)與《中原音韻》相關的幾種方言現象,見《丁邦新語言學論文集》,商務印書館。

丁邦新(1982/2008)Some Aspects of Tonal Development in Chinese Dialects,見《中國語言學論文集》,中華書局。

丁邦新(1983/2008)從閩語論上古音中的 *g,見《中國語言學論文集》,中華書局。

丁邦新(1984/1998)吳語聲調之研究,見《丁邦新語言學論文集》,商務印書館。

丁邦新(1986/2008)17 世紀以來北方官話之演變,見《中國語言學論文集》,中華書局。

丁邦新(1987/1998)論官話方言研究中的幾個問題,見《丁邦新語言學論文集》,商務印書館。

丁邦新(1987/1998)上古陰聲字具輔音韻尾說補證,見《丁邦新語言學論文集》,商務印書館。

丁邦新(1989/1998)漢語聲調的演變,見《丁邦新語言學論文集》,商務印書館。

丁邦新(1994/1998)漢語上古音的元音問題,見《丁邦新語言學論文集》,商務印書館。

丁邦新(1995)重建漢語中古音系的一些想法,《中國語文》第 6 期。

丁邦新(1999/2008)上古音聲母 *g 和 *ɣ 在閩語中的演變,見《中國語言學論文集》,中華書局。

丁邦新(2000/2008)漢藏系語言研究法的檢討,見《中國語言學論文集》,中華書局。

丁邦新(2000/2008)非漢語語言學之父——李方桂先生,見《中國語言學論文集》,中華書局。

丁邦新(2003/2008)漢語音韻史上有待解決的問題,見《中國語言學論文集》,中華書局。

丁邦新(2004/2008)《李方桂全集》總序,見《中國語言學論文集》,中華書局。

丁邦新(2005/2008)論漢語與台語的關係——李方桂漢台語同源論的檢討,見《中國語言學論文集》,中華書局。

丁邦新(2005/2008)說"五"道"六",見《中國語言學論文集》,中華書局。

丁邦新(2006/2008)論《切韻》四等韻介音有無的問題,見《中國語言學論文集》,中華書局。

丁邦新(2008)漢藏語中的基本數詞,見《中國語言學論文集》,中華書局。

董同龢(1945/1948)《廣韻》重紐試釋,《史語所集刊》13本。

董同龢(1952/1981)全本王仁昫刊謬補缺切韻的反切上字,見丁邦新編《董同龢先生語言學論文選集》,台灣食貨出版社。

董同龢(1954)《中國語音史》,台灣中華文化出版事業委員會。

董同龢(1960)四個閩南方言,《史語所集刊》30本。

董同龢(1968/2001)《漢語音韻學》,中華書局。

杜其容(1976)論中古聲調,《中華文化復興月刊》第3期。

高本漢(1915—1926/1994)《中國音韻學研究》,趙元任、李方桂、羅常培譯,商務印書館。

龔煌城(1980/2004) A Comparative Study of the Chinese, Tibetan, and Burmese Vowel Systems, 見《漢藏語研究論文集》,北京大學出版社。

龔煌城(1997/2004)從漢藏語的比較看重紐問題(兼論上古 *rj 介音對中古韻母演變的影響),見《漢藏語研究論文集》,北京大學出版社。

龔煌城(2001/2004)上古漢語與原始漢藏語帶 r 與 l 複聲母的構擬,見《漢藏語研究論文集》,北京大學出版社。

龔煌城(2004)《漢藏語研究論文集》,北京大學出版社。

何大安(1981)《南北朝韻部演變研究》,台灣大學博士學位論文。

何大安(1984)變讀現象的兩種貫時意義——兼論晉江方言的古調值,《史語所集刊》55本1分。

何大安(1985)雲南漢語方言中與顎化音有關諸聲母的演變,《史語所集刊》56本2分。

黃笑山(1995)《〈切韻〉和中唐五代音位系統》,台灣文津出版社。

江敏華(2003)《客贛方言關係研究》,台灣大學博士學位論文。

李方桂(1936—1937) Languages and Dialects, *The Chinese Year Book*, 商務印書館。

李方桂(1944) Some Old Chinese Load Words in the Tai Languages, *Harvard Journal* of Asiatic Studies 8.

李方桂(1951)藏漢系語言研究法,《國學季刊》7 卷。
李方桂(1953)論中國上古音的 * iwəng, * iwək, * iwəg,《史語所集刊》5 本。
李方桂(1976a/1980)幾個上古聲母問題,見《上古音研究》,商務印書館。
李方桂(1976b)Sino-Tai, *Computational Analysis of Asia and African Languages* 3.
李方桂(1977)*A Handbook of Comparative Tai*, University Press of Hawaii.
李方桂(1980)《上古音研究》,商務印書館。
李壬癸(1984)關於 *-b 尾的構擬及其演變,《史語所集刊》55 本 4 分。
李方桂(1995) Is Chinese Genetically Related to Austronesian? *The Ancestry of the Chinese Language*, Monograph Series No. 8, *Journal of Chinese Linguistics*.
李榮(1956)《切韻音系》,科學出版社。
李榮(1965)從現代方言論古群母有一、二、四等,《中國語文》第 5 期。
李香(2003)關於"去聲源於-s 尾"的若干證據的商榷,《語言學論叢》第二十八輯,商務印書館。
劉勳寧(1983)陝北清澗方言的文白異讀,《中國語文》第 1 期。
羅常培(1931)知徹澄娘音值考,《史語所集刊》3 本 1 分。
羅常培(1933)唐五代西北方音,《史語所單刊》之十二。
羅常培、周祖謨(1958)《漢魏晉南北朝韻部演變研究》(第一分冊),科學出版社。
龍宇純(1970)《廣韻》重紐音值試論——兼論幽韻及喻母音值,《崇基學報》九卷二期,香港中文大學。
龍宇純(1989)論重紐等韻及其相關問題,見《中研院第二屆國際漢學會議論文集》,中研院。
陸志韋(1939)三四等與所謂喻化,《燕京學報》第 26 期。
陸志韋(1946/1988)記邵雍《皇極經世》的天聲地音,見《陸志韋近代漢語音韻論集》,商務印書館。
陸志韋(1948/1985)古音說略,見《陸志韋語言學著作集》(一),中華書局。
馬學良、羅季光(1962)《切韻》純四等韻的主要母音,《中國語文》第 12 期。
梅祖麟(1970/1974)中古漢語的聲調與上聲的起源,黃宣範譯,(台灣)《幼獅月刊》40 卷 6 期。
梅祖麟(1999)吳語閩語和南朝江東方言之間的關係,第六屆閩方言國際研討會論文。
梅祖麟(2001)現代吳語和"支脂魚虞,共為不韻",《中國語文》第 1 期。
聶鴻音(1984)《切韻》重紐三四等字的朝鮮讀音,《民族語文》第 3 期。
潘悟雲(2000)《漢語歷史音韻學》,上海教育出版社。
潘悟雲、朱曉農(1982)漢越語和《切韻》唇音字,見《中華文史論叢增刊語言文字研究專輯》(上),上海古籍出版社。
平山久雄(1984a)江淮方言祖調值構擬和北方方言祖調值初案,《語言研究》第 6 期。
平山久雄(1984b)官話方言聲調調值の系統分類,(日本)《言語研究》第 86 卷。

橋本萬太郎(1978—1979)Phonology of Ancient Chinese, *Study of Languages and Cultures of Asia and Africa*, *Monograph Series*, No.11.

橋本萬太郎(1979/1982)The So-called "Original" and "Changed" Tones in Fukienese,《史語所集刊》53本4分.

邵榮芬(1982)《切韻研究》,中國社會科學出版社.

斯塔羅思京(Starostin, Sergei A.)(1989/2012)《古漢語音系的構擬》,張興亞譯,北京大學出版社.

王力(1948/1958)漢越語研究,見《漢語史論文集》,科學出版社.

王力(1985/2008)《漢語語音史》,商務印書館.

王士元(1967)Phonological Feature of Tone. *International Journal of American Linguistics* 33.2.

王士元(1969/2010)Competing Changes as a Cause of Residue,見《王士元語音學論文集》,世界圖書出版公司.

王士元(1987)A Note on Tone Development, *Wang Li Memorial Volumes*.

謝美齡(1990)慧琳反切中的重紐問題(上、下),(台灣)《大陸雜誌》第1、2期.

徐通鏘(1991)《歷史語言學》,商務印書館.

徐通鏘(1998)聲母語音特徵的變化和聲調的起源,《民族語文》第1期.

徐通鏘(2001)聲調起源研究方法論問題再議,《民族語文》第5期.

雅洪托夫(Yakhontov, S. E.)(1960/1986)上古漢語的複輔音聲母,見唐作藩、胡雙寶選編《漢語史論集》,北京大學出版社.

楊耐思(1981)《中原音韻音系》,中國社會科學出版社.

楊耐思(1991)《中原音韻》研究概述,見《中原音韻新論》,北京大學出版社.

葉祥苓(1958)吳江方言的聲調,見《方言與普通話集刊》第5本,文字改革出版社.

尉遲治平(1982)周隋長安方音初探,《語言研究》第2期.

尉遲治平(1984)周隋長安方音再探,《語言研究》第2期.

尉遲治平(2002a)論中古的四等韻,《語言研究》第4期.

尉遲治平(2002b)欲賞知音,非廣文路——《切韻》性質的新認識,見《第三屆國際漢學會議論文集》,"中研院"語言學研究所籌備處2002年.

張琨(1972/1987)古漢語韻母系統與《切韻》,張賢豹譯,見《漢語音韻史論文集》,台灣聯經出版事業公司.

張琨(1985)《切韻》的前*a和後*a在現代方言中的演變,《史語所集刊》56卷1期.

張渭毅(2003)魏晉至元代重紐的南北區別和標準音的轉變,《語言學論叢》第二十七輯,商務印書館.

張渭毅(2006)《集韻》的反切上字所透露的語音信息,見《中古音論》,河南大學出版社.

張雁(2003)上、去二聲源於韻尾說不可信,《語言學論叢》第二十八輯,商務印書館.

趙元任(1928/2011)《現代吳語的研究》,商務印書館.

趙元任(1980)《語言問題》,商務印書館。

鄭錦全(1980)明清韻書字母的介音與北音顎化源流的探討,《書目季刊》第 2 期《董同龢先生紀念專號》。

鄭張尚芳(1987/2012)上古韻母系統和四等、介音、聲調的發源問題,見《鄭張尚芳語言學論文集》上冊,中華書局。

周法高(1945/1948)《廣韻》重紐的研究,原刊《六同別錄》,又見《史語所集刊》13 本。

周法高(1948)說平仄,《史語所集刊》13 本。

周法高(1989)隋唐五代宋初重紐反切研究,《"中研院"第二屆國際漢學會議論文集》,語言文字組。

周祖謨(1942/1966),宋代汴洛語音考,《問學集》下冊,中華書局。

周祖謨(1966a)《切韻》的性質和它的語音基礎,《問學集》上冊,中華書局。

周祖謨(1966b)《顏氏家訓音辭篇》注補,《問學集》上冊,中華書局。

Benedict, Paul K. (白保羅) (1972) *Sino-Tibetan: A Conspectus*. Cambridge University Press.

Bodman, Nicholas. C. (包擬古) (1980/1995) 原始漢語與漢藏語,潘悟雲、馮蒸譯,中華書局 1995 年。

Coblin, W. South(柯蔚南)(1983)*A handbook of Eastern Han sound glosses*. Hong Kong: The Chinese University Press.

Coblin, W. South (1986) *A Sinologist's Handlist of Sino-tibetan Lexical Comparisons*. Nettetal: Steyler Verlag.

Egerod, Søren (1956) *The Lungtu Dialect: A Descriptive and Historical Study of A South Chinese Idiom*. Copenhagen: Ejnar Munksgaard.

Haudricourt, A. G. (歐德利古爾) (1954/2006) 越南語聲調的起源,馮蒸譯,見《馮蒸音韻論集》,學苑出版社。

Maspero, Henri (馬伯樂) (1920/2005) 唐代長安方言考,聶鴻音譯,中華書局。

Norman, Jerry (羅傑瑞) (1994) Pharyngealization in Early Chinese, *Journal of the American Oriental Society* 114. 3.

Norman, Jerry L. & W. South Coblin (1995) A new approach to Chinese historical linguistics, *Journal of the American Oriental Society* 115. 4.

Ohala, John J. (1978) Southern Bantu vs the world: The case of palatalization of labials. *Berkeley Linguistics Society*, Preceedings, Annual Meeting 4.

Pulleyblank, E. G. (蒲立本) (1962/1999)《上古漢語的輔音系統》,潘悟雲、徐文湛譯,中華書局。

Pulleyblank, E. G. (1973) Some New Hypotheses concerning Word Families in Chinese, *Journal of Chinese Linguistics* 1.

Pulleyblank, E. G. (1984) *Middle Chinese: A Study in Historical Phonology*, Vancouver: University of British Columbia Press.

Pulleyblank, E. G. (1993) Old Chinese Phonology: A Review Article, *Journal of Chinese Linguistics* 21.2.

Sagart, Laurent（沙加爾）(1993) Chinese and Austronesian: Evidence for a Genetic Relationship, *Journal of Chinese Linguistics* 21.1.

Sagart, Laurent (1999/2004)《上古漢語的詞根》,龔群虎譯,上海教育出版社。

Serruys, Paul L. M.（司禮義）(1959) *The Chinese Dialects Of Han Time according to Fang Yen*, University Of California Press, Berkeley and Los Angeles.

附錄一

論切韻四等韻介音有無的問題[*]

切韻四等韻有沒有介音是一個老問題,從高本漢(1915—1926,1940:473)認爲四等韻有一個強的元音性的-i-之後,趙元任先生(1940:213)就說四等韻的開頭有一個低而開的-i-,贊成的如周法高(1948:216)、董同龢(1954:98),反對的如陸志韋(1947:20)、李榮(1956:112)、邵榮芬(1982:126)。反對的理由之一是梵漢對音中漢語的四等字對梵文的-e-,但劉廣和(2002)也根據梵漢對音卻認爲從漢代到唐代四等字一直就有-i-介音。尉遲治平(2002)從隋唐詩文用韻證明四等韻也有-i-。我在討論重紐的文章中(丁邦新1997:51)曾經提出四等韻有介音-i-的想法,現在希望作一個徹底的梳理。

1. 四等韻合口音的演變

《切韻》中只有八個韻是四等韻:齊、先、蕭、青、添,跟先、青、添相配的入聲韻則是:屑、錫、帖。這些韻的字有的有開合口之分,有的只有開口,它們的分佈並不相同:

	齊	先	青	蕭	添	屑	錫	帖
開口:	＋	＋	＋	＋	＋	＋	＋	＋
合口:	＋	＋	＋	－	－	＋	＋	－

蕭、添、帖三韻並沒有合口字,主要的原因是蕭韻收-u尾,添韻收-m尾,而帖韻收-p尾。這三種有合口性質的韻尾跟合口的介音-u-牴觸,所以沒有合口字。其他齊、先、青、屑、錫等五韻是開合口

---

[*] 本文在付印前承龔煌城兄指正數處,在此致謝!

具全的，如果不給它們擬測介音，像李榮的系統就如下表：

	齊	先	青	屑	錫
開口：	-ei	-en	-eŋ	-et	-ek
合口：	-ei	-uen	-ueŋ	-uet	-uek

先屑韻開口的字演變到國語大致都有-i-介音，例如："先、賢、顯、屑"。這個-i-介音的來源可以解釋爲後起的。如果再看合口字，例如：先韻的"玄、淵"，入聲屑韻的"血、穴"，現在國語都有介音-y-，試問這個介音是怎樣變來的？怎麼樣會從合口變成細音，變成撮口呢？按照李榮的擬音，就要說這個-y-是從介音-u-變來的。問題是在他的系統中還有別的帶介音-u-的韻，例如：皆韻合口是-uäi，山韻合口是-uän，耕韻合口是-uäŋ。皆韻的合口字"乖懷"，山韻的合口字"鰥頑"，耕韻的合口字"轟宏"都還保存介音-u-，這些字的介音爲什麼不變爲-y-？最主要的一個現象是四等齊韻的"圭"字，去聲的"桂"字現在國語的韻母都讀-uei，爲什麼出現在類似的音韻環境裡，而這個介音又保存-u-，不變爲-y-了？

如果我們換個說法，承認四等韻有介音-i-，像高本漢的系統就是：

	齊	先	青	屑	錫
開口：	-iei	-ien	-ieŋ	-iet	-iek
合口：	-iei	-iuen	-iueŋ	-iuet	-iuek

開口的字演變到國語保存-i-介音，例如："先、賢、顯、屑"。合口字，例如：先韻的"玄、淵"，入聲屑韻的"血、穴"，則是-iu-合起來變成了-y，這是非常自然的演變。其他皆韻、山韻、耕韻合口字只是保存了原來的-u-，不造成演變的問題。至於四等齊韻的"圭"字，去聲的"桂"字韻母現在國語都是-uei，是因爲後面的-i韻尾使得前面的介音-i-產生異化作用而消失的結果。沒有介音-i-，這個韻母的來源簡直不好解釋。

現在再來看跟以上五個四等韻相當的三等韻的情形，高本漢擬作：

	祭	仙	清	薛	昔
開口：	-jäi	-jän	-jäŋ	-jät	-jäk

合口： -juäi　　-juän　　-jâŋ　　-juät　　-juäk

祭韻的例字如"瑞、歲"都讀合口，也因爲後面的-i韻尾使得前面的介音-i-產生異化作用而消失，跟齊韻一樣。仙韻的例字如"圓、全"，入聲薛韻的"雪、絕"，清韻的"瓊"都是合口三等字，[①]現在國語也有介音-y-。換句話說，三四等的演變模式完全平行，可見都有介音。我們可以不同意高本漢所擬的元音，自然也可以另行擬構，但是介音的框架很難更動。

因此，從語音演變的角度來說，我認爲四等韻有介音-i-。在《切韻》系統裡把四等介音去掉，一點沒有問題，但是，要談到四等韻演變的時候，沒有介音-i-就產生了很大的困難。

2. 漢越語中重紐四等字的讀音

我以前討論重紐介音的時候（丁邦新 1997），曾經指出《切韻》三四等的介音系統如下：

重紐三等介音　　　-rj-
重紐四等介音　　　-i-
普通三等韻介音　　-j-
純四等韻介音　　　-i-

把重紐四等字跟純四等韻介音都擬成-i-有兩個原因，現在不憚辭費，略加說明。第一、從音類的關係來說，根據李榮（1956：140）的研究，《切韻》裡重紐四等字的"又音"都是純四等韻，他說："從又音上可以看出'三等'和'四等'的不同。韻圖上列'三等'的重紐字又音是純三等韻（子類），韻圖上列'四等'的重紐字又音是純四等韻（齊蕭添先青五部）。"後來謝美齡（1991：90）研究慧琳《一切經音義》的反切關係，發現重紐三、四等不互作反切上字，而重紐三等字和純三等韻來往，重紐四等字則和純四等韻混用。這表示從《切韻》到慧琳《一切經音義》重紐四等字都和純四等韻的字有密切關係。如果重紐四等字有介音-i-的話，那麼純四等韻的字極可能也有介音-i-。

---

① 入聲昔韻的"役"字國語沒有介音-y-，可是西南官話、江淮官話都還保存。

第二、從擬音來說，重紐四等字如何證明有介音-i-呢？因爲在漢越語譯音裡，重紐三等唇音字讀 p-、m-等重唇音，而重紐四等唇音字則變讀 t-、t'-、z-等舌尖音。我的推測是，重紐四等唇音字有介音-i-，使得這些本來讀 p-、p'-、m-的音讀成 t-、t'-、z-，正好純四等韻的字本來讀 p-、p'-的也發生同樣的變讀。① 當時我只找到"並 tinh、酩茗 zanh、霹 t'-it"等四個字，張渭毅（2003:113）又從三根谷徹討論"中古漢語與越南漢字音"的書裡找到八個字：例如"篦 ti、劈 tich、僻癖 tich"，同時有好幾個字有兩讀，例如"麵 mien/rien、酩茗 dinh/minh"，這些純四等的字不僅聲母讀舌尖音，跟重紐四等字完全一樣；而且有兩讀的字還帶著介音-i-。重紐四等的"面 dien/rien"也有介音-i-。

從音類上說，重紐四等字的"又音"都是純四等韻；從語音上說，漢越語證明重紐四等字跟純四等韻的字都有介音-i-，這個介音使得《切韻》裡重紐四等跟部分純四等韻的唇音字在漢越語裡都讀成舌尖音。重紐四等字跟純四等字既然都有介音-i-，他們的差異就在於主要元音。

3. 梵文對音裡的四等字

研究的人對《切韻》四等字在梵文對音裡的情形說法不一，最早是李榮（1956:114）引用下列七家的對音：

東晉法顯（417 年）
劉宋慧嚴等（424—432？年）
北涼曇無讖（414—421 年）
梁僧伽婆羅（518 年）
隋闍那崛多（587—591 年）

---

① 中國方言中也有類似的情形，潘家懿（1985）指出山西聞喜方言"古幫組開口三四等字，今讀[p、p'-、m]聲母的，逢細音在口語裡可以變讀爲[t、t'-、ɹ]"。以前崔盈科（1929）就報導過這個現象，最早的記載見於 1918 年編纂的聞喜縣志，可惜不能說明這種音變發生的年代。我雖然相信這是早期由於三四等介音所造成的音變，別人儘可以說那是四等介音-i-產生以後才發生的音變，不如漢越語譯音的資料時代比較明確。

唐玄應（649？年）
唐地婆訶羅（683年）

他指出："從法顯（417）到地婆訶羅（683）二百六十多年當中，譯梵文字母的人一直用四等字對'e'，西域記注又特別說明'多ta＋伊i＝低te'，這證據是強有力的。"我覺得問題在於假如當時漢語根本沒有te這樣的音，只有四等字"低tie"，會不會用"低"字去對te？同時，會不會也用"低"字去對ti呢？例如現代國語沒有te這樣的音，對於美國的旅遊聖地Yosemite，趙元任先生用"遊山美地"來譯音，近年來也有人用"優勝美地"或者"優森美地"，我們能不能據此推論一百年來國語的"地"字讀te？稍微觀察一下，原來"地"字也用來對di或ti，Madison是"陌地生"，Tahiti就是"大溪地"，就立刻知道前面的推論有問題。因此，我覺得西域記注的證據未必是強而有力的。

施向東（1983:35）研究玄奘（600－664）的譯著，他指出："對譯以i為主元音的音節的，只要有重紐，就一定用四等字，不用三等字，例如，pāram itā 一詞，在佛典中出現極其頻繁，玄奘譯作'波羅蜜多'，mit對'蜜'，從不省筆作常見的'密'，因為'蜜'在四等，'密'在三等。"這個說明玄奘用重紐四等字對譯以"i"為主元音的音節，上文已證明重紐四等字是跟純四等有密切關係，大概可以說四等字不是只對以"e"為主要元音的音節。

這樣的證據似乎太間接了，是不是有直接的四等韻的對音證明呢？Coblin（1991）研究義淨（635－713）的資料，關於純四等韻的對音有以下的發現：

純四等韻	梵文對音
齊韻開口	e/i/ai
先韻開口	yan（舌尖塞音聲母之後）
	ain/im（舌根音聲母之後）
屑韻開口	yat（d-後）
青韻開口	i＋m, ṅ
錫韻開口	yag
添韻開口	yam, im

蕭韻及帖韻沒有資料，其餘六韻都有對音。對音顯示齊韻開口字可以對 e、i、ai，難以說定它的音值。其他所有四等韻的開口字不是對 i，就是對 y，很顯明地表示有一個 -i-、-y- 之類的介音。

最近劉廣和（2002:205－220）的研究，根據漢譯佛經的梵漢對音資料，推斷翻譯佛經的語言裡純四等韻的字有 -i 介音，因爲對梵文 -y- 的四等字有以下的情形：

東漢有 3 個字：提 tya，填 dyan，黎 rya

兩晉有 5 個字：提 tya，填 dyan，田 dyan，梨 riya、rya，麗 riya

唐代有 9 個字：諦 tye，店 tyam，甸 dyam，鈿 dhyam，殿 dhyan，淰 dham，細 sye，係 hye，系 hye。

西晉增加三個字，到唐代用了九個字對譯 -y-，都是東漢和兩晉沒有出現過的，因此他說：

> 純四等字對音東漢就有 i 介音，兩晉增強，唐宋大備。假定有誰主張《切韻》純四等沒有 i 介音，而且這種情況代表中古的通語，咱們就要提出懷疑，因爲它跟對音文獻不合，譯音語言應當代表通語或者當時影響很大的方言。

我相信他的論斷正確無疑。

所謂"譯音語言"指什麼方言呢？以唐代來說，上面引用了玄奘跟義淨的對音。玄奘是河南人，他大量翻譯佛經的工作在當時的長安進行，他的方言代表北方。義淨是范陽人（可能在今北京西南），二十三歲之後至鄴（在今河南），其後也轉至長安，直到 670 年，他的方言應該也是北方話。這兩個人的方言跟《切韻》中北方話的成分大概很相近。根據他們的對音討論《切韻》，在地域上應該沒有問題。同時值得注意的是玄奘和義淨的對音是上述李榮所引的七家對音中所沒有的，而玄奘的譯經最有系統，分量也多，根據他的資料立論應該最可靠。

利用梵漢對音的資料來討論漢語歷史的問題，必須注意梵文本身可能有的變化以及方言差異，也要注意翻譯者的方言背景，才不至於爲材料所誤。

4. 魏晉南北朝四等字押韻的趨勢

按照李方桂先生(1971)的系統,因爲上古同韻部的一、二、三、四等的字可以一起押韻,所以相信元音跟韻尾是相同的,例如葉部四等的擬音就是:

　　　一等　　　　-ap：盍 gap、臘 lap
　　　二等　　　　-rap：甲 krap、狎 grap
　　　三等　　　　-jap：接 tsjap、涉 djap
　　　四等　　　　-iap：協 giap、帖 thiap

二、三、四等的不同歸之於介音。到了兩漢的時候,一、二、三、四等的字還可以一起押韻,所以我的擬測(丁邦新 1975：238－247)完全遵照李先生的原則。

現在我們來看魏晉南北朝韻部演變的情形,根據我(1975)跟何大安(1981)的研究,絕大部分的三四等字還在同一個韻部,還是一起押韻。現在把魏晉南北朝詩文韻部中三四等字的押韻趨勢及擬音情形列舉如下:

魏　晉：宵部：三等宵-jau 跟四等蕭-iau 通押
　　　　　藥部：三等藥-jakw 跟四等錫-iakw 通押
　　　　　佳部：三等支-jei 跟四等齊-iei 通押
　　　　　錫部：三等昔-jiek 跟四等錫-iek 通押
　　　　　祭部：三等祭-jad 跟四等齊-iad 通押
　　　　　月部：三等薛-jat 跟四等屑-iat 通押
　　　　　耕部：三等清-jieng 跟四等青-ieng 通押
　　　　　元部：三等仙-jan 跟四等先-ian 通押
　　　　　談部：三等鹽-jam 跟四等添-iam 通押
南北朝：蕭宵部：三等宵-jiau 跟四等蕭-iau 通押
　　　　藥鐸部：三等藥-jak 不跟陌麥昔錫部：四等錫-iek 通押
　　　　支部：三等支-je 不跟齊部：四等齊-iəi;-iæi 通押
　　　　陌麥昔錫部：三等昔-jiek 跟四等錫-iek 通押
　　　　祭霽部：三等祭-jai 跟四等齊-iai;-iæi 通押
　　　　黠屑薛部：三等薛-jat 跟四等屑-iat 通押

庚耕清青部：三等清-jieŋ 跟 四等青-ieŋ 通押
山仙先部：三等仙-jian 跟 四等先-ian 通押
鹽添嚴凡部：三等鹽-jam 跟 四等添-iam 通押

這裡有幾個問題需要先說明：

(1) 魏晉跟南北朝的韻部名稱頗有差異，完全根據原著的用法，但上面列舉的兩個時代的資料還是互相對照的。例如：魏晉的佳部相當於南北朝的支部。

(2) 這裡只談大勢，各部韻字押韻的行為容或有個別的改變，並不影響整個的趨勢。

(3) 爲了瞭解的方便，用《切韻》韻目顯示押韻的情形，但某一韻目並不包括該韻全部的字。例如：魏晉的"錫"韻分別見於藥部和錫部，"齊"韻分別見於佳部和祭部。

(4) 按何大安的意見，南北朝分爲三個時期：宋北魏前期，北魏後期北齊，齊梁陳北周隋。這裡討論三四等字押韻的趨勢並不分期，只就籠統的情形立說。但是擬音的部分就用分號把前後期隔開。例如：齊-iəi;-iæi 表示齊韻前兩期是-iəi，而後期則是-iæi。

(5) 因爲這裡討論押韻的趨勢，擬音只列出三四等最基本的開口韻母，暫時不管合口，也不管重紐的不同。

根據上面的資料，我們可以得到幾點結論：

第一、從上古到南北朝《切韻》寫成的時候，絕大部分同部的三四等字都還在一起押韻，它們的不同只是介音的不同。如果認爲四等字沒有介音，三四等字的不同就是元音的差異，對於它們押韻的行爲就難以解釋。

第二、儘管各人對擬音的內容可能有不同的看法，也還有個別的音值可以商討，但從擬音的大勢來看，到南北朝的時候，除去主要元音已經是-e-的各韻以外，主要元音-a-受介音-i-的影響舌位提高爲-e-的演變是最自然的。等到這種演變固定下來之後，四等韻就獨立了。

第三、詩文的押韻各家容或有寬嚴的不同，例如南北朝四等青韻獨用的問題。何大安(1981：一四〇)發現："清青分用分別是 70 次和 53 次，可見許多人都覺察到二者的不同。——齊謝朓《酬德賦》連用六個青韻上聲字；北周王褒《從軍行》連用十一個青韻平聲字，都可看出詩人們在掌握青韻特點上所作的努力。"但是，審音和押韻不是一回事，庚清青三韻或清青兩韻的字也時常一起押韻。何大安的解釋是："這表示審音雖然有別，但元音與韻尾既然相同，而介音又無妨於押韻之和諧，則不妨同用。"我完全同意他的看法。

5. 反對四等韻有介音的理由

對高本漢構擬四等介音-i-的辦法，李榮（1956：109－115）早就提出反面的理由。最近張渭毅（2003：113）歸納爲三點，其中一點關於梵文對音一直用四等字對"e"的問題，上文已經探討過。現在就另外兩點加以評論。

（1）《切韻》的反切上字有分成兩組的趨勢，一二四等一類，三等一類。四等如果有介音-i-，而三等有介音-j-，何以四等跟一二等一樣不用三等字爲反切上字？

我覺得一般音韻學家對反切上字分類的趨勢可能看得太重，也許有一點誤解。反切上字主要管聲母，分兩類只是一個趨勢，我們不能要求上字連介音都要能分別，這是不切實際的。介音通常由下字區別，反切的設計原來應該能清楚地照顧介音，但是上字的介音無可避免地介入其中，因此常常引起混淆。以至於大部分的字用下字照顧介音，有時還要求上字的介音和諧，小部分的字則偶爾用上字照顧介音。

即使分兩類的趨勢也還有問題，李榮（1956：109－110）就曾指出："反切上字雖然有分組的趨勢，卻並不清清楚楚的分成兩類。""一二四等字也有拿三等字作反切上字的，三等字也有拿一二四等字作反切上字的。"董同龢先生（1952：512）研究《全王》（王三）的反切上字，就曾指出幫母大體可分"博、方"兩類，但是"'博'類之中又有'并、彼、陂、兵'是三等字，佔全數的五分之二，一二四等韻的字只佔五分之三。""兵、并"是清韻重紐三等、重紐四等的字，"彼、陂"都是支韻重紐三等的字，卻可以跟一二四等的字系聯，因此聲母不一定管得到介音。同時重紐三四等的字既可以跟一二四等的字系聯，可見用反切上字的分類判別介音的是非恐怕不能成立。

（2）如果四等韻有介音-i-，三等韻的重紐四等字也有介音-i-，何以重紐四等可以配章組聲母，而純四等韻沒有配章組聲母的例字？

這是演變空缺的問題。我們也可以問：何以國語陽聲韻中沒有配全清聲母的陽平字？例如有陰平的"幫 pāng，當 tāng，姜 tɕiāng"，也有陽平的"旁 p'áng，唐 t'áng，強 tɕ'iáng"，爲何沒有陽平的"páng，táng，tɕiáng"？這是因爲陽聲韻中全清聲母"幫、端、見"變陰平不送氣聲母，全濁聲母"並、定、群"變陽平送氣聲母，陽平的"páng，táng，tɕiáng"雖然是普通而且可能的音節，卻因爲歷史演變的結果產生了空缺，沒有來源。四等韻沒有配章組聲母的字也是自然演變的結果。原來上古章組聲母大部分是舌尖音，本來可以配各種韻母，在一四等韻母之前的到中古仍然保留舌尖音，在介音-r-之前的變爲捲舌音，但在介音-j-之前的就變爲舌面音，成爲後來的章組聲母。沒有經過重新分配的演變，自然章組聲母就不跟四等字相配了。[①]

還有一個反面的證明，就是李如龍(1996：72—82)發現閩語裡純四等字有讀爲洪音的現象。他推測原來"齊、先、蕭、青、添"各韻分別讀爲-ai、-an、-au、-aŋ、-am，同時在閩東寧德實際的讀音是齊-ɛ、先-en、蕭-ɛu、青-eŋ、添-em，跟李榮所擬的中古音很接近。所以，他認爲《切韻》的四等韻沒有介音-i-。

最近吳瑞文(2002)專門探討閩語四等韻的語音層次，他的結論是：除去文讀音以外，閩語還有兩個層次。一個是秦漢時期的第一層次，"這一層次的音韻特徵是普遍缺乏介音-i-，表現出上古韻部的特徵。"另一個是六朝時期的第二層次，"這一層次的音韻特徵是有介音-i-，而且仙先有別。"

我覺得吳瑞文的分析很有道理，李如龍指出的現象是秦漢時期閩語讀音的遺留，我們現在所要探討的是《切韻》的四等韻有沒有介音-i-的問題。恰好閩語的第二層次是有介音-i-的，時代也正是六朝時期。

6. 結語

這篇文章的結語很簡單，從四等韻合口音的演變規則，漢越語

[①] 章組聲母的另一個來源是複輔音，詳見李方桂(1976)的討論。

中重紐四等的讀法,梵文對音裡四等字的表現,魏晉南北朝四等字押韻的趨勢來看,我認爲《切韻》的四等韻具有介音-i-是無可懷疑的。繞了許多冤枉路,還是回到了高本漢的原點,但這個結論是經過重新論證的結果。

(原載《中國語言學集刊》1.1:1—14,2006)

引用文獻

丁邦新(1975)*Chinese Phonology of the Wei-Chin Period—Reconstruction of the Finals as Reflected in Poetry*(魏晉音韻研究),*Special Publications* No. 65,Institute of History and Philology.

丁邦新(1997)重紐的介音差異,《聲韻論叢》6:37—62,台北:台灣學生書局。

何大安(1981)《南北朝韻部演變研究》,台灣大學博士學位論文。

吳瑞文(2002)論閩方言四等韻的三個層次,《語言暨語言學》3.1:133—162。

李榮(1956)《切韻音系》,北京:科學出版社。

李方桂(1971)上古音研究,《清華學報》新九卷1、2:1—61。

李方桂(1976)幾個上古聲母問題,《"總統"蔣公逝世週年紀念論文集》1143—1150,台北:"中央"研究院。

李如龍(1996)自閩方言證四等韻無-i-說,《方言與音韻論集》72—82,香港:香港中文大學中國文化研究所吳多泰中國與文研究中心。

周法高(1948)古音中的三等韻兼論古音的寫法,《史語所集刊》19:203—233。

邵榮芬(1982)《切韻研究》,北京:中國社會科學出版社。

施向東(1983)玄奘譯註中的梵漢對音和唐初中原方音,《語言研究》1:27—48。

崔盈科(1929)山西聞喜之方言,《中山大學語言歷史研究所週刊》9.106:9—11。

張渭毅(2003)魏晉至元代重紐的南北區別和標準音的轉變,《語言學論叢》27:99—171。

尉遲治平(2002)論中古的四等韻,《語言研究》4:39—47。

陸志韋(1947)《古音說略》,燕京學報專號之二十。

董同龢(1952)全本王仁昫刊謬補缺切韻的反切上字,《史語所集刊》23:511—522。

董同龢(1954)《中國語音史》,台北:中華文化出版事業委員會。

趙元任(1941) Distinctive and Non-distinctive Distinctions in Ancient Chinese, *Harvard Journal of Asiatic Studies* 5. 3 & 4:203—233

趙元任、羅常培、李方桂譯(1940)《中國音韻學研究》(高本漢原著,見 Karlgren, Bernhard 1915—26),上海:商務印書館。

劉廣和(2002)《音韻比較研究》,北京:中國廣播電視出版社。

潘家懿(1985)山西聞喜方言古幫組聲母字的讀音,《方言》4:305—308。

謝美齡(1991)慧琳反切中的重紐問題,《大陸雜誌》81. 1:34—48,81. 2:85—96。

Coblin,W. South(柯蔚南)(1991) A Survey of Yijing's Transcriptional Corpus,《語言研究》1:68—92.

Karlgren, Bernhard(高本漢)(1915—1926) *Etudes sur la phonologie chinoise*, Leiden: E. J. Brill.

附錄二

從《切韻》的結構論擬測中古音系介音及元音的原則*

0. 引言

  《切韻》音系已經有許多家的擬測，比較完整的擬音如高本漢（Karlgren 1915—1926，趙元任等 1940）、陸志韋（1947）、董同龢（1954）、李榮（1956）、橋本萬太郎（1984）、邵榮芬（1982）、黃笑山（1995）、潘悟雲（2000）等。在這篇文章裡，我不準備討論各位學者擬音的方法及其優劣，只從切韻結構的特點以及上古音到中古音的韻部演變，來討論擬測中古音系介音及元音的原則。希望以下的說明是別人沒有注意到的，或者雖然注意到但語焉不詳的地方。

1.《切韻》中包含兩種不同等第韻母的韻

  《切韻》中各韻的韻母基本上屬於一種等第，例如唐韻是一等韻，肴韻是二等韻，陽韻是三等韻，青韻是四等韻。包含兩種不同等第韻母的韻一共只有四個：

  東韻：一等韻母、三等韻母
  戈韻：一等韻母、三等韻母
  麻韻：二等韻母、三等韻母
  庚韻：二等韻母、三等韻母

這種現象透露以下的信息：只有一、二等韻母跟三等韻母有同韻的

---

* 本文承張洪年先生審閱，提出修正意見，在此誌謝。

事實,沒有一等跟二等,一等跟四等,二等跟四等以及三等跟四等韻母同韻的例子,為什麼?同時,一等韻母跟三等韻母同韻顯示什麼意義?二等韻母跟三等韻母同韻又顯示什麼意義?因為上述的信息都牽涉到二、四等韻,我們現在就從二、四等韻著手,分別來解釋這些現象,也試著尋找問題的答案。

1.1 二等韻的整體情形

從上古到中古,各家都認為一等韻是沒有介音的元音韻母,有時加上韻尾,大家都沒有異議。上古韻部中二等韻字跟其他等第的韻字,同在一個韻部可以彼此押韻的例子很多。例如:之部的麥韻跟德、職韻字,宵部的肴韻跟豪、宵、蕭韻的字,文部的山韻跟魂、痕韻字等等。就因為一、二等韻的字在一起押韻,李方桂先生(1971:17)給二等韻擬測了一個捲舌化的介音-r-,也就是說同韻部的一、二等韻元音是相同的。這個說法到現在已經成了研究上古音學者的共識,並沒有不同的意見。

一、二等韻同在一個韻部的現象一直延續到魏晉。漢代非常接近上古,現在不再贅引。① 魏晉也沒有獨立的二等韻,各韻部的二等韻跟一等韻字一起押韻,有時也跟三、四等字一起押韻(丁邦新 1975:238—247)。例如:

魏晉韻部	一等韻	二等韻	三等韻	四等韻
哈部	哈、灰	皆		
豪部	豪	肴		
歌部	歌	麻	麻	
支部		佳	支	齊
皆部	哈、灰	皆		齊
泰部	泰	夬		
祭部			皆	祭齊
耕部		耕庚	清庚	青
冬部	冬	江	東	

---

① 請參考羅常培、周祖謨(1958)。

東部	東	江	鍾	
元部	山		元仙	先
寒部	寒	刪		
談部	談	銜咸	嚴鹽凡	添
侵部	覃	咸	侵	添

所以我(1975)也給魏晉各韻部的二等韻擬測了一個介音-r-,並認爲二等韻的獨立是南北朝時代的事。

這個-r-介音到南北朝時代漸漸失落的情形,可以從詩文韻部的演變觀察到,何大安(1981)把南北朝時代分成兩期,第一期是宋北魏前期;第二期又分南北兩系,北方系是北魏後期北齊,南方系是齊梁陳北周隋。到了第二期南方系獨立的二等韻有:江部、刪部、銜部、覺部、肴部、佳部、皆部、夬部。

我(1975:258)推測二等韻的元音一定跟相當的一等韻不同,從上古到魏晉一值保留的介音-r-使得後面的元音央化之後就開始失落了。何大安(1981:一一四)認爲:"魏晉的擬音中只有一種a元音,原不分前後。不過到了南北朝第二期,由於韻部的分化,一、二等韻的a顯然有了不同。所以,現在假定魏晉的a,音值上比較偏後,可以寫作$ɑ$;後來一等韻仍是$ɑ$,二等韻前央化爲a。"李方桂先生(1971:18)早就指出介音-r-的這種影響是"中央化的作用","使後面的較高元音下降,——也可以使後面的低元音上升一點。"

除了韻文押韻的現象以外,《切韻》序中所說的五家韻書處理二等韻也相當複雜。五家韻書就是呂靜《韻集》、夏侯該《韻略》、陽休之《韻略》、李季節《音譜》、杜臺卿《韻略》。周祖謨認爲,夏侯該"可能是北人南渡之後而定居於江南的",而其他四人則"都是當時所謂河北地方的人"。周氏詳細分析了唐本王仁昫《切韻》韻目下的小注,關於二等韻的問題,他(1966:455)說:"《切韻》中的獨立二等韻,如江、怪、臻、肴、耕等,在夏侯書中都獨立爲一韻,別家或分或否,《切韻》皆從夏侯。""別家或分或否"這句話的內容究竟是什麼?不分的時候,二等韻何去何從?現在重新整理,請看以下的現象:

別家皆分的二等韻（舉平以賅上去入）：江、佳①、刪（上聲產韻有相混的問題）。

　　別家不分的二等韻：
　　冬（陽與鍾江同韻）：一等與二、三等相混。
　　皆（呂、陽與齊同）：二等與四等相混。
　　怪（夏侯與泰同）：二等與一等相混。
　　夬（呂別與會同）：二等與一等相混。
　　臻（呂、陽、杜與真同）：二等與三等相混。
　　產（呂與旱同）：二等與一等相混。
　　山（陽與先仙同）：二等與三、四等相混。
　　肴（陽與蕭宵同）：二等與三、四等相混。
　　巧（呂與晧同）：二等與一等相混。
　　耿（李、杜與迥同）：二等與四等相混。
　　耿（呂與靖迥同）：二等與三、四等相混。
　　談（呂與銜同）：二等與一等相混。

　　觀察以上的現象，我們可以說五家韻書中，當時絕大部分的二等韻都跟其他等第的韻相混。周祖謨"《切韻》皆從夏侯"的話也不盡然，因為夏侯的二等怪韻與跟一等泰韻混同，而陸法言的《切韻》卻是分的。可見陸氏當時在語音上必然有所本才能分得如此清楚，這個"本"是什麼呢？我相信就是因為介音-r-在影響各韻的元音之後脫落，成為沒有介音的元音韻母，而且這個元音跟一等韻的元音不同。

　　整體說來，由於-r-影響元音之後脫落，二等韻就獨立了，一、二等韻的元音就分道揚鑣，不再在一起押韻。

1.2 四等韻的整體情形

　　李方桂先生（1971）並沒有給上古韻部中的四等韻字擬測介音，而是認為有一個元音-i-：

---

① 凡是跟另外的二等韻有混淆現象的，例如佳韻的上聲："蟹：李與駭同"，因為蟹、駭都是二等韻，不牽涉其他的等第，現在就略而不論。

緝部：-iəp- 　　　　　　 侵部：-iəm-
微部：-iət-、-iəd- 　　　　文部：-iən-
幽部：-iəkw-、-iəgw-
葉部：-iap- 　　　　　　 談部：-iam
祭部：-iat-、-iad- 　　　　元部：-ian-
歌部：-iar-
宵部：-iakw-、-iagw-
脂部：-it-、-id- 　　　　　真部：-in-
佳部：-ik-、-ig- 　　　　　耕部：-ing-

複元音-iə-、-ia-裡的這個-i-似乎跟介音沒有什麼不同，例如文部的-iən 跟-ən、-rən、-jən 押韻；元部的-ian 跟-an、-ran、-jan 押韻。上列各韻部中也都有相當的三等韻，通常三、四等韻的字都在一起押韻。

我最近(2006)討論《切韻》四等韻介音的問題，同時指出到魏晉南北朝的時代，絕大部分上古同韻部的三、四等字還在一起押韻。但是四等字是不是還跟一、二等字一起押韻呢？以下是魏晉跟南北朝時代的實況：

魏晉韻部	一等韻	二等韻	三等韻	四等韻
宵部			宵	蕭
藥部	鐸	陌	藥昔	錫
佳部		佳	支	齊
錫部		麥	昔	錫
祭部		皆	祭廢	齊
月部		黠	薛月	屑
耕部		耕庚	清庚	青
元部		山	元仙	先
談部	談	銜咸	嚴鹽凡	添
侵部	覃	咸	侵	添

表上的情形一目了然，絕大部分的四等韻是跟二、三等韻一起押韻的。但是也還有跟一等韻押韻的，可見當時這些韻的元音一定相同。

南北朝的情形不必列舉，從何大安的韻部名稱就可以看出：蕭宵部、陌麥昔錫部、祭霽部、黠屑薛部、庚耕清青部、山仙先部、鹽添嚴凡部。換句話說，三、四等韻在一起押韻是大趨勢，二等韻陌、麥、黠、耕獨立以前也跟三四等韻同部，但是已經不再跟一等韻押韻了。

　　關於三、四等韻的區別，何大安（1981）歸之於介音。以清、青兩韻為例，庚清青合用 215 次，庚清合用 130 次，清青合用 130 次，庚青合用 87 次，可見關係之密切。但他（1981：一四〇）同時也指出："清青分用分別是 70 次和 53 次，可見許多人都覺察到二者的不同。——齊謝朓《酬德賦》連用六個青韻上聲字；北周王褒《從軍行》連用十一個青韻平聲字，都可看出詩人們在掌握青韻特點上所作的努力。"

　　五家韻書對於四等韻是如何處理的呢？

　　霽（李、杜與祭同，呂別，今依呂）：三等與四等相混，《切韻》有別。

　　先（夏侯、陽、杜與仙同，呂別，今依呂）：三等與四等相混，《切韻》有別。

　　屑（李、夏侯與薛同，呂別，今依呂）：三等與四等相混，《切韻》有別。

　　篠（李、夏侯與小同，呂、杜別，今依呂、杜）：三等與四等相混，《切韻》有別。

　　嘯（陽、李、夏侯與笑同，夏侯與效同，呂、杜並別，今依呂、杜）：三等與四等相混，《切韻》有別。

　　靜（呂與迥同，夏侯別，今依夏侯）：三等與四等相混，《切韻》有別。

　　錫（李與昔同，夏侯與陌同，呂與昔別，與麥同，今並別）：二、三等與四等相混，《切韻》有別。

　　忝（呂與忝範豏同，夏侯與範豏別，與忝同，今並別）：二、三等與四等相混，《切韻》有別。

　　艷（呂與梵同，夏侯與㮇同，今並別）：三等與四等相混，《切韻》有別。

　　葉（呂與怗洽同，今別）：二等與三、四等相混，《切韻》有別。

這裡顯示的現象跟詩文韻字押韻的情形完全一致，三、四等韻同韻，二等韻有時也跟三、四等韻同韻，沒有跟一等韻押韻的。"今別，今並別"的說明表示《切韻》把四等韻完全分開，尤其呂靜對三四等韻或分或不分，《切韻》卻分得非常清楚。可見陸法言一定能分辨四等韻中某一種語音的特色，這種語音特色究竟是什麼呢？我想不會只是介音，而是介音-i-加上元音及韻尾的韻母綜合體。

2. 問題與答案

分析了二、四等韻的整體情形之後，在試著為上面提出的一些問題尋找答案之前，我們還要釐清一個觀念。《切韻》是一部韻書，目的是為寫詩作文押韻而設。陸法言採取當時參與討論音韻的八個人的看法，也參考諸家韻書，訂出一個兼顧南北是非的韻類。他並不懂得今天音位性跟語音性的區別，自然他的分析純粹是語音性的。《切韻》既然是為押韻而設，各家押韻難免會有寬嚴的不同，因此韻類的或分或否一定有陸氏個人的判斷。從上面對二、四等韻的處理看來，陸法言是從嚴認定的。也就是周祖謨（1966：457）所說的"審音精密，重分而不重合"，這一點下文再申論。

2.1 為什麼沒有一等跟二等韻母同韻的例子？

經過上述對二等韻整體情形的觀察以後，我們很容易回答這個問題。就是因為原來二等韻的介音-r-脫落，主要元音已經發生變化，所以《切韻》中沒有一等跟二等韻母同韻的例子。試看上面（1.1）五家韻書中一、二等相混的現象主要出現在呂靜的書中：

      快（夬）（呂別與會同）：二等與一等相混。
      產（呂與旱同）：二等與一等相混。
      巧（呂與皓同）：二等與一等相混。
      談（呂與銜同）：二等與一等相混。

而呂靜是晉代人，正是五家韻書中最早的。換句話說，到南北朝晚期時，各家韻書之中幾乎一、二等韻都可以分開了。只有陽休之冬與鍾江同韻，夏侯該怪與泰同韻兩條例外，一方面零星不成系統，另一方面也可能因爲字少而不分，現在難以追究。

2.2 爲什麼沒有一等跟四等韻母同韻的例子？

一等韻是只有主要元音的韻，有時加上韻尾；而四等韻基本上卻是介音-i-加上元音或再加韻尾的韻。相信介音影響元音產生了高化的現象，使得一等韻跟四等韻不僅有介音有無的問題，元音的音色一定也大有不同。上文提到魏晉的一等韻字有時也跟四等韻字一起押韻，但到了五家韻書已經完全沒有混用的跡象，可見兩者截然不同。

2.3 爲什麼沒有二等跟四等韻母同韻的例子？

跟上面一等韻的情形類似，二等韻也是只有主要元音的韻，有時加上韻尾；而四等韻基本上是介音-i-加上元音或再加韻尾的韻。兩者元音的音色也大有不同，自然不可能有同韻的例子。

上文討論過《切韻》的編者陸法言認爲二、四等韻應該獨立，一定有語音上的理由。兩者既然都獨立了，當然更不可能再有同韻的可能。

2.4 爲什麼沒有三等跟四等韻母同韻的例子？

這個問題跟前面的三個問題不大一樣，上文已經指出無論是南北朝時代的詩文押韻，或者五家韻書的分合都顯示三、四等韻是一起押韻的。現在《切韻》連一個三、四等韻母共韻的例子都沒有，可以作兩項推論：

第一，陸法言把四等韻獨立起來，實行得非常徹底，因此沒有同韻的例子。

第二，四等韻這種介音-i-加上元音或再加韻尾的韻母，跟三等韻的韻母有可分的語音特色，但是經常又可以押韻。最大的可能是三、四等韻只有語音性的區別而沒有音位性的區別，陸氏按照語音上可以辨別的差異加以區分。

3. 一、二等韻母跟三等韻母同韻的意義

現在要討論爲什麼有的一、二等韻母跟三等韻母同韻,另外的一、二等韻母跟相當的三等韻母卻不同韻。例如:東一東三同韻,一等唐跟三等陽卻不同韻;庚二庚三同韻,二等耕跟三等清卻不同韻。

3.1 音位性與語音性

上文已經提到陸法言的分析純粹是語音性的,可能有的語音性的區別就是音位性的區別,有的卻不是。以國語的韻母來說:

安:an
煙:ian[iɛn]
灣:uan
淵:yan[yɛn]

"安、煙、灣、淵"四個字是可以押韻的,許多羅馬字拼音的方法就用完全相同的主要元音跟韻尾。但是"煙、淵"兩個字的韻母已經稍有不同,受到介音-i-、-y-的影響,主要元音已經從 a 高化爲 ɛ。對於"安 an、灣 uan"跟"煙 ian[iɛn]、淵 yan[yɛn]"這兩組字可不可以押韻的認知,也隨著語音的改變因人而異。① 認爲可以押韻的人不覺得兩者有何不同,實際上就是高化的 ɛ 跟 a 在這個環境中還是同一個音位,差異只是語音性的;認爲不可以押韻的人已經察覺到兩者的差異,語音性的不同有發展爲音位性不同的趨勢。

陸法言對《切韻》的分合可能就遭遇到類似的問題,他把二等韻跟一等韻分開可能是音位性的區別,因爲南北朝第二期南方系的二等韻大部分都獨立了。但是把四等韻跟三等韻分開卻可能只是語音性的區別,因爲無論五家韻書或詩文押韻三、四等字都混用無別。進一步來說,一、二等韻母跟三等韻母的同韻或分韻只是程

---

① 我在不同的場合詢問過說標準北京話的人,對這兩組字能不能押韻的看法常常不同。

度的不同，共有三種情形，例如：

有音位性區別的	只有語音性區別的	沒有語音性區別的
	一等冬跟三等鍾	東一東三
二等耕跟三等清	三等清跟四等青	庚二庚三
一等豪跟二等肴	三等宵跟四等蕭	

根據什麼資料判斷兩個韻具有何種區別呢？主要就是根據南北朝的詩文押韻及五家韻書。例如：一等唐韻跟三等陽韻在南北朝時代的詩文押韻裡總是不分，何大安（1981：一三九）指出："陽韻獨用 357 次，唐獨用才 13 次"，而"陽唐通押 662 次"，可見兩韻完全可以互相押韻。在五家韻書裡，呂靜、杜臺卿唐陽同韻；夏侯該平聲陽唐、入聲藥鐸有別，但是上聲養蕩、去聲漾宕是否分韻卻不清楚；唐本王仁昫《切韻》韻目下的小注沒有提到李季節對唐陽的分合。大致可以肯定唐陽的區分不是很明白，至少呂、杜兩人是不分的。因此我們就可以把一等唐韻跟三等陽韻歸入只有語音性區別的一類，相信不是音位性的差別。

如果以東一、東三跟一等唐韻、三等陽韻作一個對比，那麼，東一、東三可以用規則表示如下：

uŋ→uŋ / j ____

也就是說 uŋ 在 -j- 之後讀音不變。而陽唐韻呢？則可能有下列的語音性的規則：

aŋ→ɒŋ / j ____

-aŋ 和 -ɒŋ 並沒有音位性的區別，只是仔細分辨的話，-aŋ 和 -jaŋ [jɒŋ] 的主要元音有點不同，就像前述國語裡 -an 跟 -ian[iɛn] 的不同一樣，並不影響彼此的押韻。

[jɒŋ] 的推測只是一種假設，實際上也可能是其他類似的語音，但都不構成音位性的區別。這裡只談原則，並無意一一檢討每一個韻的音值，所以以上的例證只是舉例性質。

3.2 二、三等韻的介音

東一東三、戈一戈三、麻二麻三、庚二庚三為何同韻，我已經解釋說因爲相關兩等的韻母沒有語音性的區別。最大的可能就是三等有-j-一類的介音，而這個介音對東一、戈一、麻二、庚二的主要元音沒有產生語音性的影響。例如東一東三是-uŋ、-juŋ，麻二麻三就是-a、-ja。這幾個韻的韻母一、二等都只是主要元音或者再加上韻尾，三等則是在這些韻母之前加一個-j-。

二等韻從介音-r-影響元音脫落之後，相信並沒有產生新的介音，因爲麻二麻三、庚二庚三同韻很像東一東三、戈一戈三的情形，不像是二、三兩等都有介音的樣子。試以麻二來說，如果認爲韻母-a之前還有某一種二等介音，但是這個-a又不單獨出現，而且另外一等歌韻還有一個可以單獨出現的-ɑ，卻又不在二等介音之後出現。實在令人難以理解，爲什麼會有這樣的語音分佈？如果承認麻二的韻母只是-a，那麼，歌一、歌三就是-ɑ、-jɑ，麻二麻三就是就是-a、-ja，似乎更能解釋音韻的分佈。按照這樣的推論，我們相信二等韻沒有任何介音。

三等韻的介音是否一定是-j-？有點難以肯定，要從四等韻說起。

3.3 四等韻的介音

我最近(2006)提出證據，認爲《切韻》的四等韻具有介音-i-。證據分成四個方面：第一、四等韻合口音的演變，第二、漢越語中重紐四等字的讀音，第三、梵文對音裡的四等字，第四、魏晉南北朝四等字押韻的趨勢。現在不避重複，節引我的文章(2006:4-6)簡略地來介紹第二、第三兩條證據。

在漢越語譯音裡重紐三等唇音字讀 p-、m-等重唇音，而重紐四等唇音字則變讀 t-、t'-、z-等舌尖音。我的推測是重紐四等唇音字有介音-i-，使得這些本來讀 p-、p'-、m-的音讀成 t-、t'-、z-，正好純四等韻的字本來讀 p-、p'-的也發生同樣的變讀。——同時有好幾個字有兩讀，例如"麵 mien/rien、酩茗 dinh/minh"，這些純四等的字不僅聲母讀舌尖音，跟重紐四等字完全一樣；而且有兩讀的字還帶著介音-i-。重紐四等的"面 dien/rien"也有介音-i-。

至於梵文對音，Coblin(1991)研究義淨(635－713)的資料，他發現齊、先、屑、青、錫、添等六個四等韻都有對音，顯示齊韻開口字可以對 e、i、ai，難以說定它的音值。其他所有四等韻的開口字不是對 i，就是對 y，很顯明地表示有一個-i-、-y-之類的介音。同時劉廣和(2002:205－220)的研究，根據漢譯佛經的梵漢對音資料，推斷翻譯佛經的語言裡純四等韻的字也有-i-介音，因為對譯梵文-y-的都是四等字，東漢有 3 個字，兩晉有 5 個字，到唐代用了九個字對譯-y-，都是東漢和兩晉沒有出現過的，他說："純四等字對音東漢就有 i 介音，兩晉增強，唐宋大備。"

我相信這樣的證據是堅強的，如果四等韻的介音是-i-，三等韻的介音只能是-j-了。

3.4 合口韻的介音

《切韻》的合口韻母通常跟開口韻母同韻，例如刪山仙先各韻都有開合不同的韻母；但是也有合口韻母跟開口韻母分屬兩韻的，例如：

```
開口韻  咍  痕  殷
合口韻  灰  魂  文
```

高本漢(1980:464－465)用合口元音的強弱來解釋，跟開口同韻的合口韻母具有弱的元音-w-，獨立的合口韻母則具有強的元音-u-。高氏在這裡用的"合口元音"相當於我們所說的"合口介音"，後來大部分的學者都只承認一種合口介音。

暫時離開《切韻》，來看國語中一個相關的問題。以國語的韻母來說："杯梅賊黑"等字的韻母是-ei，"堆追歸回"等字的韻母是-uei[-ui]。後者在語音上已經發生一點可以察覺的改變，至少設計普通話拼音法的語音學者就明白表示這一點，但似乎還沒有人認為這兩個韻母的字不能押韻了，這就表示兩者的差異只是語音性的區別，還不是音位性的區別。

回到《切韻》合口韻母不同韻的問題，我們再來檢看何大安(1981:一四六——一四九，二一四—二一八)所說南北朝押韻的情形：

文殷(欣)兩韻不同部,殷韻大多數跟真臻兩韻押韻,而文韻獨用,達 173 次。

痕魂兩韻跟元韻同部,他們通押的情形如下:

	元	魂	痕
元	66	173	35
魂		38	37
痕			0

可以看出痕韻不獨用,都是跟元魂兩韻通押的。所以《切韻》之分魂痕,可以說是陸法言特別的安排。

哈灰兩韻一直是一起押韻的,在第一期宋北魏前期及第二期北方系北魏後期北齊,都跟皆廢兩韻合成一部;在第二期南方系齊梁陳北周隋,則跟廢韻合成一部。

我懷疑痕與魂以及哈與灰的關係,正如國語裡-ei 跟-uei[-ui]的關係一樣,只有語音性的區別,還沒有成為音位性的區別。換句話說:

有音位性區別的	只有語音性區別的	沒有語音性區別的
殷(欣)與文	哈與灰、痕與魂	同韻的開合口韻母

那麼,給殷(欣)與文擬測不同的韻母,哈與灰、痕與魂只是同樣的主要元音加韻尾,唯一的不同是介音-u-的有無而已,並不需要擬測兩類合口介音。

4. 結語

根據以上所說,我認為《切韻》中一、二等韻都是元音起頭的韻母,二等韻並沒有介音,三等韻有介音-j-,四等韻有介音-i-。

回到一、二等韻母跟三等韻母同韻的問題,顯示介音-j-沒有影響到主要元音的話,就會有東一東三或麻二麻三同韻的情形出現;有時是介音-j-影響到元音,但只有語音性的改變,即使《切韻》分成兩韻,也無須擬測不同的主要元音,例如一等唐韻跟三等陽韻;但是如果介音-j-影響到元音,已經成為音位性的區別,就一定要擬測不同的主要元音，例如一等豪韻跟三等宵韻。

　　合口韻的情形也一樣，開合不同的韻母同在一個韻裡，顯然合口介音沒有影響到元音，例如刪山仙先等韻的開合口韻母；有時介音-u影響到元音，但只有語音性的改變，即使《切韻》分成兩韻，也無須擬測不同的主要元音，例如開口的咍韻跟合口的灰韻；但是如果介音-u影響到元音，已經成爲音位性的區別，就一定要擬測不同的主要元音，例如開口的殷韻跟合口的文韻。

　　這裡還有三點要交代：第一、三等韻的介音我只提到-j-，實際的情形比較複雜。因爲三等韻牽涉到重紐的問題，這裡只是就其共性而言，詳細的分析請看我以前（1997）的文章。第二、我（1995）曾經提議對於《切韻》的擬測要分南北兩個系統，這裡所談的原則應該都可以應用，整體的擬測還要繼續研究。第三、這篇文章裡的根據會不會過分倚重南北朝詩文押韻及五家韻書？上文已經說到，我覺得《切韻》本來就是爲寫詩作文押韻而設，既然押韻，各位詩人難免就有寬嚴的不同，韻與韻之間也就有語音性的區別和音位性的分化。

（原載《中國語言學集刊》2.2：1-14，2008）

引用文獻

Coblin，W. South（柯蔚南）（1991）A Survey of Yijing's Transcriptional Corpus，《語言研究》1：68－92.

Hashimoto，Mantaro J.（橋本萬太郎）（1984）*Phonology of Ancient Chinese*，*Study of Languages & Cultures of Asia & Africa* Monograph Series No. 10.

Karlgren，Bernhard（高本漢）（1915－26）*Etudes sur la phonologie chinoise*. Leiden：E. J. Brill.

丁邦新（1975）*Chinese Phonology of the Wei-Chin Period—Reconstruction of the Finals as Reflected in Poetry*（魏晉音韻研究），*Special Publications* No. 65，Institute of History and Philology.

丁邦新（1995）重建漢語中古音系的一些想法，《中國語文》6：414－419。

丁邦新（1997）重紐的介音差異，《聲韻論叢》6：37－62，台北：台灣學生書局。

丁邦新(2006)論《切韻》四等韻介音有無的問題,《中國語言學集刊》1:1—13。

何大安(1981)《南北朝韻部演變研究》,台灣大學博士學位論文。

李榮(1956)《切韻音系》,北京:科學出版社。

李方桂(1971)上古音研究,《清華學報》新九卷1、2:1—61。

周祖謨(1966)切韻的性質和它的音系基礎,《問學集》上冊434—473,北京:中華書局。

邵榮芬(1982)《切韻研究》,北京:中國社會科學出版社。

陸志韋(1947)《古音說略》,燕京學報專號之二十。

黃笑山(1995)《切韻和中唐五代音位系統》,台北:台灣文津出版社。

董同龢(1954)《中國語音史》,臺北:中華文化出版事業委員會。

趙元任、羅常培、李方桂譯(1940)《中國音韻學研究》(高本漢原著,見 Karlgren, Bernhard 1915—1926),上海:商務印書館。

潘悟雲(2000)《漢語歷史語言學》,上海:上海教育出版社。

劉廣和(2002)《音韻比較研究》,北京:中國廣播電視出版社。

附錄三

上古陰聲字濁輔音韻尾存在的證據及其消失的年代*

一、濁輔音韻尾及陰聲字

上古音有沒有濁輔音韻尾？到現在沒有定論，但在我的看法裡，濁輔音韻尾是清清楚楚存在的。所有提反面意見的人（如陳新雄 2006）似乎無意或有意地忽略了我的半鐵證（丁邦新 1987）。如果是鐵證就無法爭論了，半鐵證不大好辯論，只好各說各話，或者根本略而不談。在這篇短文裡，我想綜合一下我以前的意見，增加資料把幾個焦點問題加以說明，證明濁輔音韻尾確實存在，並進一步討論他們消失的年代。

基本上上古音有三種音節：收鼻音尾的陽聲韻、收入聲尾的入聲韻、跟韻尾不明的陰聲韻。由於陰聲字在《詩經》裡可以跟入聲字押韻，例如：

《詩・小雅・出車》一章：牧（入聲-k 尾）：來（平聲）：載（上聲）：棘（入聲-k 尾）

《詩・小雅・正月》十一章：沼（上聲）：樂（入聲-k 尾）：炤（去聲）：懆（上聲）：虐（入聲-k 尾）

在這兩章詩裡，平上去的字都可以跟入聲字押韻。而且，一章詩中的入聲字都是同一類，如果收-k 尾就無一例外。

在諧聲字系列裡陰聲字又可以跟入聲字諧聲。例如：

之（平聲）：寺（去聲）：等（上聲、陽聲）：特（入聲-k 尾）

---

* 這篇文章是綜合性的報告，有些內容引自我以往的論文。

由(平聲):迪(入聲-k 尾)
古(上聲):固(去聲):涸(入聲-k 尾)①
平上去的字都可以跟入聲字諧聲。

因爲詩韻跟諧聲有一致的現象,清人就把陰、入聲字合爲個別的韻部。如之部字有陰聲跟入聲兩類;陽聲則爲蒸部,並不能跟入聲字押韻。贊成陰聲字有濁輔音韻尾的人,中古的一等字在上古可以有如下的擬音:

之部　　陰聲:-əg　　入聲:-ək　　蒸部　　陽聲:-əng

不贊成的人則可以擬測爲:

陰聲:-ə　　入聲:-ək　　蒸部　　陽聲:-əŋ

或:

陰聲:-ɯɯ　　入聲:-ɯɯg　　蒸部　　陽聲:-ɯɯŋ

微部　　陰聲:-əd　　入聲:-ət　　文部　　陽聲:-ən

不贊成的人則可以擬測爲:

陰聲:-əi　　入聲:-ət　　文部　　陽聲:-ən

或:

陰聲:-ɯɯl　　入聲:-ɯɯd　　文部　　陽聲:-ɯɯn

這兩種擬測代表兩種學說,一種簡稱爲陰聲字具濁輔音韻尾說,另一種是陰聲字非濁輔音韻尾說。

二、陰聲字具濁輔音韻尾說的正面意見

2.1 陰陽入諧聲的現象

賴-d　　　　懶(嬾)-n　　　癩-t(盧達切)、獺-t(他達切)
許-d(居例切)　干-n、訐-n(巨言切)　訐-t(居竭切)、趕-t(其月切)
之、寺-g　　　等-ŋ　　　　特-k

---

① 例字引自董同龢(1993:267)。

這三組諧聲字牽涉三種韻尾，如果認爲是-d、-n、-t,-g、-ŋ、-k，都是同部位的塞音跟鼻音，那麼對當是順理成章的事。李方桂先生的擬音就是：賴 lad、懶（嬾）lan、癩 lat。最近，鄭張尚芳（2013）的擬音卻是：賴 raads、懶（嬾）raanʔ、癩 raad，他的 r-就是來母 l-,-d 就是入聲的-t。實在看不出來諧聲對當的關係。

"之、寺、等、特"的擬音是 *tjəg、*rjəg、*təŋ、*dək，看起來很整齊。鄭張尚芳的擬音是 tjɯ、ljɯs、tɯɯŋʔ、dɯɯg，幾乎無法解釋這些字爲什麼會在同一個系列裡出現。

2.2 域外借字的暗示

十二地支是漢文化特有的產物，借到台語中有一個特殊的現象。李方桂（1945）就指出台語中有三個方言"未"字讀法很特別：

阿函（Ahom）：mut　　仂語（Lü）：met　　册亨（Dioi）：fat

"未"字的-t 是從哪裡來的？根據陰聲字具濁輔音韻尾說的辦法，正好"未"字的上古擬音是 *mjəd。這個陰聲韻尾-d 在台語中變成了-t。大多數不贊成陰聲字具濁輔音韻尾說的學者都沒有解釋這個現象。鄭張尚芳的擬音是 mɯds，表面看來也可以解釋-t 的來源，但是他的-ds 是去聲，-d 才是入聲，"未"字並不是入聲字。-ds 不可能因爲-s 丟失成爲-d。

突厥語碑文中有一個詞 čigši，就是中國的"刺史"。"刺史"的官職西漢武帝元封五年才設置，見《漢書・百官公卿表》，大概就是那時之後借到突厥去的。這個-g 是哪裡來的？正好"刺"字的上古擬音是 *tshjig。突厥語中的 čigši 已經由官職變爲一般的人名了。①

2.3 台語中的同源字

最近，我發現一些漢台語同源詞：

台語意義	原始台語	漢字	上古音	
肺	*pət D1L	肺	*phjad	去
芥菜	*kat D1L	芥	*kriad	去

---

① 關於這兩個例子的詳細討論請見丁邦新（1979）。

| 霧 | * hmək D1L | 霧 | * mjəgw | 去 |
| 帽子 | * hmuek D1L | 帽 | * məgw | 去 |

這幾個例子都是李方桂（1976）指出來的，是上古音陰聲中的去聲字對當原始台語的 D 調字。原始台語的-t 對上古音的-d,-k 對-gw。台語的讀音可以反證漢語陰聲字的輔音韻尾。

三、陰聲字具濁輔音韻尾說的反面意見

3.1 批評一：如果陰聲字都有濁輔音韻尾，上古漢語就沒有開尾音節，世界上有沒有開音節這麼少的語言？

解釋：這個問題本身可能問得不大正確。如果我們不給上古音擬測唇音字，然後問世界上有沒有根本沒有唇音字的語言？結果我在 Language 學報裡找到一篇文章介紹一個沒有唇音字的語言，是不是就表示我們的擬測正確？現在世界上的活語言接近 7000 種，在沒有徹底檢查以前幾乎不能說肯定的話。

台灣南島語的邵語，根據李方桂（1956：24）的敘述，"邵語沒有用元音起首的字，總有一個喉塞音在前面；也沒有用元音收尾的字，也總有一個喉塞音在後面。"可見語音上是可能沒有開音節的語言，有無音位性是另一層次的事。

3.2 批評二：如果陰聲字都有濁輔音韻尾，漢語難道沒有單獨的 a 這樣的音節嗎？

解釋：漢語中古音的聲母有 36 字母，但沒有一個元音起頭的音節，至少也要有一個影母 ʔ-，所以，中古音就沒有 a 這樣的音節，更不必說上古音了。

3.3 批評三：如果陰聲字都有濁輔音韻尾，那麼像"井竈門戶，箕帚杵臼"的韻尾就是-ŋ、-g、-n、-g、-g、-g、-g、-g，"何等的聲牙？"（鄭張尚芳 2013：35）

解釋：按照鄭張尚芳的擬測，讀為-ŋ、-ws、-n、-ʔ、-ɯ、-ʔ、-ʔ、-ʔ，其佶屈聱牙的程度有增無減。因此不能主觀地加以評斷。

3.4 批評四：中古的陰聲字和入聲字也可以相配，如：質配脂、職配之、屋配侯等等，為什麼要給上古的陰聲字擬測濁輔音韻尾？

解釋:因爲相配並不是可以押韻,上古的陰聲字和入聲字卻可以押韻,和中古陰入相配的情形大不相同。

3.5 批評五:給上古的陰聲字擬測濁輔音韻尾-b、-d、-g,平上去跟入聲的關係應該接近,爲什麼去入聲押韻比較多?

解釋:不管給上古的陰聲字擬測什麼音,平上去跟入聲的關係永遠不平衡。即使全是元音尾,還是要解釋爲什麼去入聲押韻比較多。所以,這是另一個層次的問題。

四、陰聲字具濁輔音韻尾說的半鐵證

現在來看我所謂的半鐵證(丁邦新 1987)。如果把古音中不同聲調押韻的情形放在歷史的框架中來比較,我們發現下列的現象:

《詩經》陰入通押情形:

平入	5	平上入	1	平去入	4
上入	11	上去入	5	平上去入	4
去入	49				

兩漢韻文陰入通押情形:

	西漢		東漢
平入	1	平入	1
上入	2	上入	2
去入	26	去入	33

魏晉韻文陰入通押情形:

平入　0
上入　0
去入　86

南北朝韻文陰入通押情形:

平入　0
上入　0
去入　79

首先我們發現平上跟入的關係一般都必較少，而去入的關係密切。觀察上古到南北朝的演變，平上聲字漸漸跟入聲字沒有來往，表上的四個"0"字一定代表特別的意義。只有去入聲一直有押韻的情形。我們深入了解一下究竟是哪些去聲字跟入聲有來往呢？

	詩經	西漢	東漢	魏晉	南北朝	陰聲字
入聲收-p尾	0	1	0	0	1	（收-b尾）
入聲收-k尾	27	15	7	0	4	（收-g尾）
入聲收-t尾	22	10	26	86	74	（收-d尾）

當陰聲字沒有濁輔音韻尾的時候，從上古到中古韻母部分等於沒有太大的變化。那麼，為什麼中古音裡陰聲字不再跟入聲字押韻？如果中古不能押韻，入聲字可說又沒有太大的改變，可見上古跟中古的陰聲字必然有所不同。如果陰聲字有濁輔音韻尾，我們可以解釋這種現象。因為-b、-g、-d尾漸次消失，-b尾先丟，-g尾其次，-d尾最後。所以押韻的情形跟著不同，到魏晉南北朝的時代，-d尾還存在，-b、-g尾瀕於消失，自然不再跟入聲字押韻。從《詩經》到南北朝韻文，收-d尾的陰聲字一直跟收-t尾的入聲字押韻。如果不擬測濁輔音尾，不知該如何解釋。因此，我認為這是陰聲字具濁輔音韻尾說的半鐵證。

五、濁輔音韻尾消失的年代

我們能不能肯定濁輔音韻尾是何時消失的呢？

從例外押韻來看，《詩經》時代開始就沒有-b尾陰聲字跟-p尾入聲字押韻的痕跡了。西漢時有一例是去聲跟-p尾押韻，見於司馬相如的《封禪文》："際、答"，只有一例一個字，實在不能多說什麼。"際"是祭部祭韻字，根本也不是-b尾字，所以算不算韻組也有可疑。如果略去此例，那麼從《詩經》開始就沒有-b尾的痕跡了。從諧聲字的現象看來，董同龢（1993：268—269）解釋-p尾的"納"從-d尾的"內"得聲，可以認為上古的早期有 *-b，後來 *-b 變 *-d。這個說法李方桂也贊成，他（1971：33）說："跟以上這類字諧聲的，而在《詩經》裡跟＊-d押韻的，可以認爲上古的早期有＊-b，後來＊-b變＊-d。"

從押韻的現象觀察-g尾，跟-k尾來往的詩經時代有27次、西漢有15次、東漢有7次。東漢時（25—220）通押的7例，見於白狼王劉菆（公元57以後）、班固（32—92）、馬融（79—166）、蔡邕（132—192）、張衡（78—139）、黃香（公元122以後）。最晚的蔡邕已經接近東漢末年，魏晉時代則連一例都沒有。因此-g尾是在漢末失落的。

何大安最近（2006）寫了一篇文章，說明韻尾-d的下限。他把南北朝分爲三期：I代表前期（公元420—478），指劉宋和遷都洛陽之前的北魏；II代表後期，其中IIa（公元479—577）是遷都洛陽之後的北魏和北齊，IIb（公元479—618）是齊梁陳北周隋。其中有一段利用與入聲通押的去聲字討論-d尾的再確認。他說：

《切韻》的至、未、霽、怪、隊、代等韻，以及與其相配的脂、齊、皆、灰、咍等韻的平上聲，在上古還有收-g尾的來源。例如脂韻有來自之部的"否、龜、備犕"，齊韻有來自佳部的"圭"，皆韻有來自之部的"戒、挨、憊、怪"，灰韻有來自之部的"梅晦、賄、背、佩"，咍韻有來自之部的"哉、待、該、代、態、礙"等。不過，儘管上古兼有-g尾、-d尾不同來源的脂、齊、皆、灰、咍等韻在南北朝已經分別合併，如《切韻》中所見，這些來自上古收-g尾的字，卻都不在上述的去入通押之列。這顯示，南北朝時期，上古-g尾已經消失，但是-d尾並沒有完全消失。對-g尾和-d尾都消失的人而言，他們的去聲字都合併成了《切韻》的脂、齊、皆、灰、咍等韻的去聲字；由於消失了塞音尾，因此不再與入聲字通押。這也就是——大多數情形：去入不相通押。但是一定有少部分人，-g尾雖已消失而-d尾仍然存在。所以在這少部分人的去入通押的韻組之中，只有來自上古收-d尾韻部的字，而沒有上古收-g尾韻部的字。

其次，還應該注意到，雖然南北朝後期的南方（IIb），"之脂"合成一部，但在其與質術櫛物迄等收-t的入聲韻的通押韻例之中，絕無"之"韻去聲字，而"之"韻上古恰收-g韻尾。這一現象只有一種解釋，那就是這些去入通押之中的去聲字，原本就有-d尾。"之"既不具-d尾,所以自然不會跟-t押韻。此外,上文曾經提到,在去入通押之中,曾有一處摻入了支韻上聲的"邇"字。這個字雖然僅只一見,但是頗有啟示性。因為支韻大部分字都來自佳部,上古當具-g尾,南北朝-g尾消失後自無可能再生-d尾。唯獨支韻的"爾邇"等字上古入脂部,本來所具的就不是-g尾,而是-d尾。因此"邇"字能與祭霽黠屑薛未諸韻字通押,恐怕非盡偶然。

這兩段文字對南北朝去入通押的解釋,加強了陰聲字有韻尾的力量。如果不承認陰聲字尾,這個現象難以解釋。何大安同時推斷韻尾-d的下限:

除了顏之推和王冑,隋以後基本上不再出現這類的去入通押。顏之推的《觀我生賦》和王冑的《在陳釋奠金石會應令詩》,就是反映-d尾存在的最晚的作品。

顏之推卒於隋文帝開皇11(591)年,王冑卒於隋煬帝大業9(613)年,依史書通例,列傳於隋。所以不妨推論-d尾仍見於隋。但是隋立之年,即隋文帝開皇元(581)年,顏之推和王冑分別是50歲和23歲,早已習得自己的語言。因此真正成長於隋而其作品中表現-d尾痕跡的,可以說並無所見。綜合以上的考察,我們認為-d尾的真正下限為陳亡(589)。從隋文帝開皇元(581)年後成長的一代開始,不再有-d尾。陳亡,為南北朝的結束。

總之。我們可以認為-b尾在《詩經》時代已無痕跡,-g尾消失於漢末,-d尾的消失則在陳亡。

六、陰聲字-b、-d、-g以外的濁輔音尾

上文討論的可說是標準的陰聲字尾,現在想略說一下其餘幾個相關的韻尾。

6.1 -gw

李方桂(1971)給幽宵兩部的陰聲字擬測了-gw尾,解釋後來到

《切韻》時代變成的-u。有人懷疑這種圓唇舌根音是否存在，認為可能是-ug。但我(1979)卻在台語借字裡發現-g 跟-gw 的不同。除了"午"字是單元音以外，地支裡有三個收-g 的字：子、巳、亥，跟三個收-gw 的字：丑、卯、酉，兩組分別各有一個複元音尾。-g＞過渡音-ɯ＞再變成-ə(冊亨)、-u(阿函)、-i(仇語)；而-gw＞過渡音-u＞再變成-u(冊亨)、-o(阿函)、-u(仇語)。可見-g、-gw 是有差異的。

上文已經提到-g 是東漢末年失落的，因此台語借字不會晚於東漢。-gw 是何時失落的呢？根據我(1975:255—256)對詩文韻部的研究，同樣在東漢時-gw＞-u，-g＞-ï，正是不謀而合。主要的理由就是宵部字-agw 在漢代有跟魚部字-ag 通押的例子，而到魏晉完全沒有了：

宵部-agw：魚部-ag　西漢通押 7　東漢通押 14　魏晉通押 0

元音相同，韻尾略異，通押是意料中事，不再來往一定有了相當大的變化。幽宵兩部的陰聲字裡都有後來的豪肴韻字，也在魏晉時合流了。

6.2 -r

李方桂先生擬測-r 尾的有兩部分：上古的歌部字跟微部少數的字。歌部是上古音中唯一沒有入聲的陰聲韻部，所以在標準的複輔音尾之外擬測一個-r，這個-r 在西漢末年就失落了。主要的根據是，歌部-ar 的支韻字到東漢時就跟支部-ig 的支韻字合流了，同時也在歌部-ar 歌、戈、麻韻的字又跟魚部-ag 的麻韻字合流，顯示-r 尾一定產生了變化。

微部-ər 少數戈韻的字，如火、委、毀等，也在東漢跟上述歌、魚兩部的字合流。歌-ar、微-ər、魚-ag 一部分的字三合一，最大的可能就是-r 尾失落。

另外，龔煌城(1993)給上古音收-n 尾的陽聲字擬測了-r 跟-l 兩種韻尾，嚴格說來，不在本文的範圍之內，就不加以討論了。

(原載《政大中文學報》第 21 期 1-10 頁，2014)

引用文獻

丁邦新(1975)*Chinese Phonology of the Wei-Chin Period—Reconstruction of the Finals as Reflected in Poetry*（魏晉音韻研究），*Special Publications* No. 65，Institute of History and Philology.

丁邦新(1979)上古漢語的音節結構，《史語所集刊》50.4:717—739。又見丁邦新(1998)2—32。

丁邦新(1987)上古陰聲字具輔音韻尾說補證，《師大國文學報》16:59—66。又見丁邦新(1998)33—41。

丁邦新(1998)《丁邦新語言學論文集》，北京:商務印書館。

何大安(2006)-d 的下限，何大安、張洪年、潘悟雲、吳福祥主編《丁邦新先生七秩壽慶論文集》477—489。

李方桂(1945)Some Old Chinese Loan Words in the Tai Languages, *Harvard Journal of Asiatic Studies* 8:333—342.

李方桂(1956)邵語記略，《台灣大學考古人類學報》7:23—51。

李方桂(1971)上古音研究，《清華學報》新九卷 1、2:1—61。

李方桂(1976)Sino-Tai. *Computational Analysis of Asian and African Languages* 3:39—48.

陳新雄(2006)重論上古音陰聲韻部的韻尾，何大安、張洪年、潘悟雲、吳福祥主編《丁邦新先生七秩壽慶論文集》，171—193。

董同龢(1993)《漢語音韻學》，台北:文史哲出版社。

鄭張尚芳(2013)《上古音系》，上海:上海教育出版社。

龔煌城(1993)從漢藏語的比較看漢語上古音流音韻尾的擬測，《西藏研究論文集》4:1—18。

北京大學出版社語言學教材總目

博雅 21 世紀漢語言專業規劃教材：專業基礎教材系列

語言學綱要(修訂版)　葉蜚聲、徐通鏘著，王洪君、李娟修訂

語言學綱要(修訂版)學習指導書　王洪君等編著

現代漢語(第二版)(上)　黃伯榮、李煒主編

現代漢語(第二版)(下)　黃伯榮、李煒主編

現代漢語學習參考　黃伯榮、李煒主編

古代漢語　邵永海主編(即出)

古代漢語閱讀文選　邵永海主編(即出)

古代漢語常識　邵永海主編(即出)

博雅 21 世紀漢語言專業規劃教材：專業方向基礎教材系列

語音學教程(增訂版)　林燾、王理嘉著，王韞佳、王理嘉增訂

實驗語音學基礎教程　孔江平編著

詞彙學教程　周薦著(即出)

簡明實用漢語語法教程(第二版)　馬真著

當代語法學教程　熊仲儒著

修辭學教程(修訂版)　陳汝東著

漢語方言學基礎教程　李小凡、項夢冰編著

語義學教程　葉文曦編著

新編語義學概要(修訂版)　伍謙光編著

語用學教程(第二版)　索振羽編著

語言類型學教程　陸丙甫、金立鑫主編

漢語篇章語法教程　方梅編著(即出)

漢語韵律語法教程　馮勝利、王麗娟著(即出)

新編社會語言學概論　祝畹瑾主編

計算語言學教程　詹衛東編著（即出）
　　音韻學教程（第五版）　唐作藩著
　　音韻學教程學習指導書　唐作藩、邱克威編著
　　訓詁學教程（第三版）　許威漢著
　　校勘學教程　管錫華著
　　文字學教程　喻遂生著
　　漢字學教程　羅衛東編著（即出）
　　文化語言學教程　戴昭銘著（即出）
　　歷史句法學教程　董秀芳著（即出）

博雅21世紀漢語言專業規劃教材：專題研究教材系列

　　實驗語音學概要（增訂版）　鮑懷翹、林茂燦主編
　　現代漢語詞彙（第二版）　符淮青著（即出）
　　現代漢語語法研究教程（第四版）　陸儉明著
　　漢語語法專題研究（增訂版）　邵敬敏等著
　　現代實用漢語修辭（修訂版）　李慶榮編著
　　新編語用學概論　何自然、冉永平編著
　　外國語言學簡史　李娟編著（即出）
　　近代漢語研究概要　蔣紹愚著
　　漢語白話史　徐時儀著
　　說文解字通論　黃天樹著
　　甲骨文選讀　喻遂生編著（即出）
　　商周金文選讀　喻遂生編著（即出）
　　漢語語音史教程（第二版）　唐作藩著
　　音韻學講義　丁邦新著
　　音韻學答問　丁邦新著
　　音韻學研究方法導論　耿振生著

博雅西方語言學教材名著系列

　　語言引論（第八版中譯本）　弗羅姆·金等著，王大惟等譯（即出）

語音學教程(第七版中譯本)　　彼得·賴福吉等著,張維佳譯(即出)
語音學教程(第七版影印本)　　彼得·賴福吉等著
方言學教程(第二版中譯本)　　J. K.錢伯斯等著,吳可穎譯(即出)
構式語法教程(影印本)　　馬丁·希伯特著(即出)
構式語法教程(中譯本)　　馬丁·希伯特著,張國華譯(即出)